Nigel Browning
Haushaltsmanagement für Männer

Unser gesamtes lieferbares Programm und
viele andere Informationen finden Sie unter
www.sanssouci-verlag.de

Die englische Originalausgabe erschien 2012 unter dem Titel »Household Management for Men«.

Wichtiger Hinweis:
Die in diesem Buch veröffentlichten Ratschläge und Informationen wurden mit größter Sorgfalt von Verfassern und Verlag erarbeitet und geprüft. Eine Garantie kann jedoch nicht übernommen werden. Zudem ist dieses Buch kein Ersatz für die Bedienungsanleitungen der jeweiligen Hersteller von Geräten und Produkten, deren Anweisungen und Sicherheitshinweise in jedem Fall beachtet und vorrangig befolgt werden sollten. Eine Haftung der Verfasser bzw. des Verlages und seiner Beauftragten für Personen-, Sach- oder Vermögensschäden ist ausgeschlossen.

1 2 3 4 5 16 15 14 13 12

ISBN 978-3-8363-0271-5

Einbandgestaltung: Hauptmann & Kompanie Werbeagentur, Zürich
Satz im Verlag
Druck und Bindung: 1010 Printing International Limited
Printed in China

Nigel Browning

Haushaltsmanagement für Männer

Mit Illustrationen von Matt Pagett

Aus dem Englischen von Angelika Feilhauer

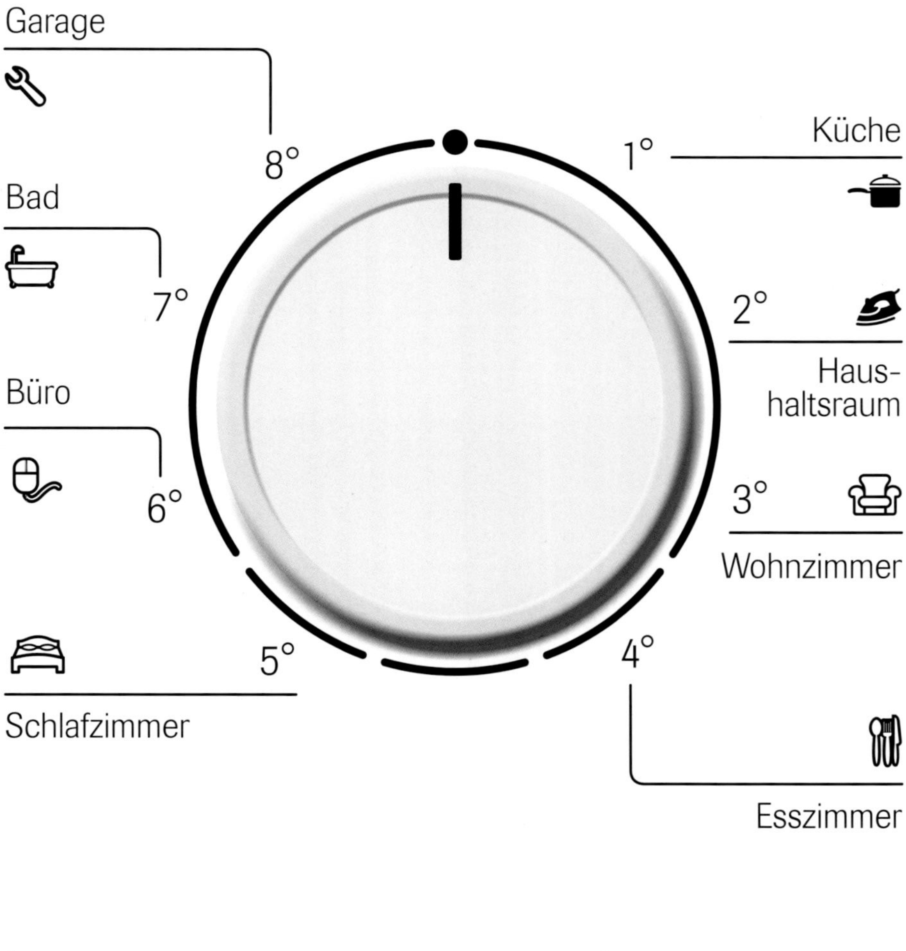

Überarbeitete und erweiterte Neuausgabe

sanssouci

Inhalt

Küche

Haushaltsraum

Wohnzimmer

Esszimmer

Büro

Schlafzimmer

Bad

Garage

Haushaltsmanagement – Kunst und Wissenschaft zugleich

Lassen Sie uns mit einigen wenig bekannten, aber interessanten Fakten beginnen. Haushaltsmanagement ist gleichermaßen eine Wissenschaft und eine Kunst. Es fördert beide Hälften des männlichen Gehirns und hat sowohl in praktischer als auch in geistiger Hinsicht positive Auswirkungen. Auf der praktischen Ebene gewährleistet es in der häuslichen Umgebung Ordnung, Hygiene und Sicherheit, auf der geistigen Ebene bewirkt es, dass Sie sich in Ihren vier Wänden wohler und geborgener fühlen (und mit sich selbst zufrieden sind). Mehr noch! Hausarbeit ist zudem ein Sport, bei dem Sie zu Hause Ihre Muskeln trainieren und sich in Szene setzen können, ohne anderen Leuten damit auf die Nerven zu gehen.

Hausarbeit ist keineswegs stumpfsinnig, langweilig oder die Verschwendung von Freizeit, die man vor dem Fernseher oder an der Bar angenehmer verbringen könnte. Sie spart Zeit, verwandelt Chaos in Ordnung, macht schlank und steigert Ihren Sexappeal. Neugierig geworden? Dann lesen Sie weiter.

Wenn Männer gefragt werden, ob sie etwas im Haushalt tun, antworten sie oft: »Nicht meine Baustelle«, »Bin im Beruf viel zu stark eingespannt«, »Wozu? Nach fünf Minuten sieht doch immer alles aus wie vorher«, oder »Glauben Sie, Herkules hat Staub gewischt?« Aber in unserer sich rasch verändernden Welt beteiligen sich immer mehr Männer an der Hausarbeit oder übernehmen diese sogar ganz. Es tut sich was. Echte Männer machen Hausarbeit – das ist Fakt. Und echte Männer erhalten Belohnungen.

Dieses Buch zeigt Ihnen, wie man Hausarbeiten positiv und effizient angeht, wie man Arbeiten plant, organisiert und ausführt – so wie jeden anderen Job, der im Eingangsfach landet –, und es verrät, wie man ein ähnlich befriedigendes Gefühl daraus ziehen kann, etwas geleistet zu haben. Manche Arbeiten sind dankbarer als andere. Staub kann sich, wie die Ablage, ansammeln und Ihnen ohne ernsthafte Konsequenzen eine ganze Zeit lang ins Gesicht lachen, doch das Vernachlässigen der Küchenspüle oder der Schmutzwäsche zieht sofort Unannehmlichkeiten nach sich. Denken Sie einfach daran, wie großartig man sich fühlt, wenn die Ablage erledigt ist. Mit der Hausarbeit verhält es sich ebenso. Und Sie haben danach keinen Nachhauseweg.

Dieses Buch richtet sich an ein recht großes Publikum – an Studenten, junge und nicht mehr ganz so junge berufstätige Männer, alleinstehend, verheiratet oder in Partnerschaften, an unerfahrene wie erfahrene Haushaltsmanager, die mit all jenen Frauen zusammen sind, die die Kunst des Haushaltsmanagements ihren Männern überlassen

DER HAUSHALTSGOTT

Achten Sie auf diesen Hinweis, wenn Sie auf der Überholspur zum eigentlichen Kern der Sache gelangen möchten.

möchten, egal welches Alter oder welche Vorkenntnisse sie haben. Für manchen Leser wird Haushaltsmanagement völliges Neuland sein. Andere haben vielleicht schon etwas Erfahrung. Sie können Bestätigung daraus schöpfen, dass sie bereits einige Techniken und Tricks kennen. Aber auch Anfänger werden den Dreh bald heraushaben und rasch Fortschritte machen. Auf → S. 176 sind Sie dann alle Experten in der Kunst und Wissenschaft des Haushaltsmanagements und in der Lage, auch ein paar Aufgaben abseits der Piste in Angriff zu nehmen.

Gute Zeiten

Wir alle brauchen ab und zu das Gefühl, anerkannt oder verwöhnt zu werden, vor allem wenn wir vor eine schwierige Aufgabe gestellt waren und diese erfolgreich gemeistert haben. Vergessen Sie daher nicht, sich zu belohnen (wenn es schon kein anderer tut), indem Sie sich im Geiste auf die Schulter klopfen und sich etwas Schönes gönnen – ein neues Buch, eine CD oder DVD, eine Massage oder eine Flasche guten Wein. Erzählen Sie jemandem, was Sie getan haben. Schon werden Sie sich besser fühlen.

HÄTTEN SIE'S GEWUSST?

Testen Sie mit diesem kleinen Fragebogen, was Sie schon alles wissen. Doch auch wenn Sie mehr Fragen richtig als falsch beantworten, sind Sie nicht allwissend. Sie brauchen dieses Buch dennoch dringend. Die richtigen Antworten finden Sie am Ende des Buches (→ S. 176). Aber nicht mogeln.

Wie oft oder wann sollten Sie die Badewanne putzen?

a) Immer nach dem Baden
b) Einmal im Monat
c) Wenn Besuch kommt
d) In den Monaten, die ein R im Namen haben
e) Ich wusste gar nicht, dass man das tun muss

Wie sollte Ihr Schlafzimmer aussehen?

a) Wie ein Heiligtum
b) Wie ein Lagerraum
c) Wie ein Schaufenster
d) Wie verbotenes Territorium
e) Wie ein Skandal

Wie oft oder wann sollten Sie Ihre Bettwäsche wechseln?

a) Zweimal in der Woche
b) Zweimal im Monat
c) Nachdem Sie Schlafbesuch hatten
d) Wenn Mutter zu Besuch kommt
e) Wenn Ihr Hund nicht mehr mit im Bett schlafen will

Welche Kleidungsstücke haben in Ihrem Wohnzimmer Aufenthaltsrecht?

a) Ein paar Socken und ein Pullover
b) Eine Socke und ein Paar Boxershorts
c) Ihr gesamtes Schuhwerk
d) Gar keine – schwer zu glauben
e) Ein Großteil Ihres Kleiderschranks

Wie lange können Sie für gewöhnlich eine geöffnete Konservendose im Kühlschrank aufbewahren?

a) Ein paar Tage
b) Ein paar Wochen
c) Ein paar Monate
d) Bis sie Ihnen ins Gesicht springt
e) Bis Ihre Partnerin sie entdeckt

Wer sollte reinlicher sein – Sie oder Ihr Hund?

a) Ich
b) Mein Hund
c) Schwer zu sagen
d) Beide ungefähr gleich
e) Ich habe keinen Hund

Weshalb sollten Sie regelmäßig Staub wischen?

a) Damit er Ihrer Liebsten nicht in die Nase steigt
b) Weil nie genug da ist, um Ihren Namen hineinzuschreiben
c) Er ist voller toter Staubmilben und kann Allergien auslösen
d) Weil er die Sicht auf den Fernseher beeinträchtigt
e) Völlig überflüssig – man dimmt einfach das Licht

Wie oft sollten Sie den Abfalleimer leeren?

a) Jeden Abend
b) Einmal pro Woche
c) Einmal im Monat
d) Weiß nicht, wo er ist
e) Nie

Was tue ich wann?

Lassen Sie sich nicht von dem bloßen Gedanken an Hausarbeit entmutigen. Gehen Sie die Sache locker an und machen Sie jeden Tag ein bisschen. Warten Sie nicht, bis die Dinge völlig außer Kontrolle geraten – dann dauert die Arbeit doppelt so lang und ist nur halb so effektiv. Für die richtige Durchführung brauchen Sie ein System, einen festgelegten Arbeitsablauf und einen Zeitplan. Ein gutes Arbeitsmotto lautet: »Im Kalender notieren, Prioritäten setzen, realisieren.« Es funktioniert zu Hause ebenso gut wie im Zeitmanagementkurs und im Büro.

Das Wichtige zuerst

Menschen sollten Verantwortung für ihre Unordnung übernehmen. Wenn man sich einem Problem stellt, ist es schon halb gelöst. Sich zu einem Paar müffelnder Socken unter dem Sofa zu bekennen, ist der erste Schritt auf dem Weg, sie zu entfernen, zu waschen, zusammenzulegen und ein gutes Plätzchen für sie zu finden. Sorgen Sie aber nicht für Irritationen, indem Sie ungefragt die Sachen anderer beiseite schaffen. Setzen Sie eine Frist für die »Hausentmüllung«.

Manche Arbeiten dauern länger als nur ein paar Tage wie z. B. das Aufräumen des Dachbodens, der durch alle möglichen Besitztümer aus allen Nähten platzt. In diesem Fall müssen Sie sich statt einiger kurzfristiger Ziele langfristige Ziele setzen.

Wenig hilft viel

Sie werden sich morgens beim Aufstehen sehr viel besser fühlen, wenn Sie am Vorabend nach dem Essen aufgeräumt, das schmutzige Geschirr in die Küche getragen, abgewaschen und weggeräumt und Ihre Schmutzwäsche aussortiert haben. Desgleichen steigt bei der Rückkehr nach einem harten Tag im Büro Ihr Wohlfühlfaktor und der Ihrer Mitbewohner oder Partnerin enorm, wenn die Wohnung ordentlich und sauber aussieht. Sie werden sich einfach besser fühlen – selbst Höhlenmenschen fühlten sich besser, wenn ihre Höhle mehr einem Heim als einer Metzgerei ähnelte.

Unordnung zieht Unordnung an – das ist nun mal Fakt. Zu drei einsamen, schmutzigen Tellern neben der Spüle gesellen sich rasch drei potentielle Paarungspartner, die sich schnell vermehren und bald eine kleine Familie bilden. Wenn andere schmutziges Geschirr herumstehen lassen können, weshalb nicht Sie? Moment mal! Was ist, wenn plötzlich jemand unangemeldet aufkreuzt? Vielleicht Ihr Chef oder jemand, den Sie gern näher kennen lernen möchten? Welchen Eindruck würde es auf die Dame machen, wenn sie das totale Chaos vorfindet? Zwischen leeren Bierdosen und den unappetitlichen Resten der Imbissmahlzeit vom gestrigen Abend wird möglicherweise nur schwer Romantik aufkommen. Der abgestandene Geruch von Essen ist ein äußerst wirksamer Leidenschaftskiller.

Wöchentliche Wunder, monatliche Mirakel

Wenn Sie Ihre Großmutter fragen, wie sie die wöchentlichen Hausarbeiten organisierte, werden Sie vermutlich erfahren, dass bestimmte Arbeiten bestimmten Tagen vorbehalten waren. So war es zum Beispiel früher in vielen Haushalten üblich, am Montag Wäsche zu waschen.

Aber nach der Einführung moderner Technologien und Veränderungen im allgemeinen Lebenswandel haben sich solche Traditionen nur selten bewahrt. Doch wie Ihre Situation auch sein mag, es hilft wirklich, wenn Sie einen Wochenplan aufstellen und befolgen. Und es gibt Schlimmeres, als in die Fußstapfen Ihrer Großmutter zu treten und die Woche mit Waschen und Bügeln zu beginnen. An der sozialen Front tut sich am Montagabend nicht viel, und nach dem Wochenende sollten Sie ausgeruht und energiegeladen sein.

Die vier kleinen Worte, die im Haushalt Wunder wirken, sind »Zeit und kurze Wege«, womit die Arbeitsabläufe gemeint sind. (»Ich liebe dich« zur rechten Zeit kann ebenfalls Wunder wirken.) Werfen Sie einen Blick auf die Liste der wöchentlichen Arbeiten, und entscheiden Sie, wie Sie Ihrem Zeitkonto und den Bedürfnissen Ihres Haushalts am besten gerecht werden. Für die monatlichen Arbeiten schauen Sie in Ihrem Terminkalender nach, wann Sie beruflich und sozial weniger beansprucht sind, und legen Sie für diese Arbeiten Termine fest. Dann kaufen Sie sich ein paar Sticker für Ihren Wandkalender, hängen einen Zettel an den Kühlschrank, geben die Daten in Ihren Computer ein – und halten sich an den Zeitplan.

Einen Arbeitsplan aufstellen

Betrachten Sie die Situation im größeren Zusammenhang. Schreiben Sie alle notwendigen Arbeiten auf und tragen Sie diese dann in eine Liste unter den Überschriften jährlich, monatlich (oder vierteljährlich), wöchentlich und täglich ein. Für diejenigen, denen das bereits zu schwierig ist, hier ein Arbeitsmodell:

ARBEITSPLAN

JÄHRLICH:
- Hineinschauen und entrümpeln: Dachboden, Garage, Keller, Schrank unter der Treppe
- Kleiderschrank ausmisten und alle Kleidungsstücke wegwerfen, die Sie in den letzten 9 bis 12 Monaten nicht getragen haben
- Werkstatt aufräumen und fegen
- Kühlschrank und Herd abrücken, um dahinter und darunter zu putzen
- Jalousien abwaschen
- Teppiche shampoonieren
- Steuererklärung abgeben
- Federbetten, Steppdecken und sonstige Decken reinigen lassen oder waschen

MONATLICH:
- Backofen reinigen (okay, vierteljährlich)
- Jalousien und Rollos abstauben
- Matratzen drehen (okay, vierteljährlich)
- Matratzen- und Kissenschonbezüge waschen
- Fenster putzen
- Ventilatoren abstauben
- Vorräte in Speisekammer und Gefrierschrank überprüfen
- Videos, CDs und Bücher aufräumen und archivieren

WÖCHENTLICH:
- Bestandsaufnahme der frischen Lebensmittel in Kühlschrank und Speisekammer machen
- Lebensmittel und Haushaltsbedarf einkaufen
- Bestände an lebenswichtigen Artikeln (Toilettenpapier, Waschmittel, Shampoo usw.) prüfen
- In den wichtigsten Räumen Staub wischen
- Handtücher und Bettwäsche wechseln (okay, Bettwäsche alle zwei Wochen)
- Badezimmer putzen (Waschbecken, Badewanne, Dusche, Toilette)
- Bügeln
- Kühlschrank auswischen
- Abfalleimer sorgfältig putzen
- In allen Räumen saugen
- Rechnungen bezahlen und Ablage machen
- Geschirrtücher wechseln (2–3 mal pro Woche)
- Wertstoffe sortieren

TÄGLICH:
- Persönliche Hygiene (→ S. 126)
- Bett machen
- Kleider aufhängen und Schmutzwäsche aussortieren
- Fußböden und Ablageflächen freiräumen
- Waschbecken, Badewanne und Toilette kurz putzen, Toilettenartikel überprüfen und ersetzen
- Alte Zeitungen in den Papiermüll bringen
- Kleidungsstücke aus dem Wohnzimmer entfernen
- Abfalleimer leeren
- Am Abend Geschirr wegräumen und abwaschen
- Arbeitsflächen und Fliesen in der Küche abwischen
- Zonen mit hohem Verkehrsaufkommen saugen
- Topfpflanzen gießen und Schnittblumen prüfen

Was mache ich wo?

Küche
Wichtige Themen

Haushaltsraum
Wichtige Themen

Wohnzimmer
Wichtige Themen

Esszimmer
Wichtige Themen

Büro
Wichtige Themen

Schlafzimmer
Wichtige Themen

Bad
Wichtige Themen

Garage
Wichtige Themen

KÜCHE

Fenster
Fenster müssen regelmäßig geputzt werden, damit in der Küche eine freundliche Atmosphäre und gute Lichtverhältnisse herrschen.

Pflanzenkultur
Kräuter gedeihen am besten auf sonnigen Fensterbänken.

Sauberkeit
Besonders wichtig ist es, Spülbecken und Arbeitsflächen sauber zu halten. Küchenutensilien, die täglich gebraucht werden, haben ihren Platz auf der Arbeitsplatte, der Rest wird weggeräumt.

»Eine gute Küche sollte in ausreichender Entfernung zu den Wohnräumen des Hauses liegen, damit die Mitglieder, Besucher oder Gäste der Familie nicht durch den mit dem Kochen verbundenen Geruch oder den Lärm der Speisezubereitungen belästigt werden.«

MRS. ISABELLA BEETON, BOOK OF HOUSEHOLD MANAGEMENT, 1861

Der Herd
Wischen Sie Fliesen und Wände rund um den Herd täglich ab. Der Backofen sollte nicht nur alle Jubeljahre einmal geputzt werden.

Haushaltstücher
Wechseln Sie jeden zweiten oder dritten Tag Ihre Spüllappen und Geschirrtücher.

In der Küche

Falls Sie sich bei Festen stets in der Küche aufhalten, kein Problem – Sie sind am richtigen Platz. Küchen sind meist gemütlich und einladend, der Mittelpunkt häuslicher und sozialer Aktivitäten, Kommandozentrale für das Haushaltsmanagement. Oft ist die Küche der erste Raum, in den wir uns nach dem Aufstehen oder Heimkommen begeben. In der Küche treffen wir uns, um einen Schwatz zu halten oder Neuigkeiten auszutauschen, oder wir gehen dorthin, um Zeitung zu lesen, die Post zu öffnen, eine zwanglose Mahlzeit einzunehmen oder uns einfach nur auszuruhen. Dies sind die erbaulichen Aspekte einer Küche. Andererseits haben Küchen den Nachteil, dass sich in ihnen nicht nur die strategisch notwendigen Ausrüstungsgegenstände der Kommandozentrale befinden, sondern auch die mit ihnen verbundenen Kollateralschäden. Küchen ziehen Unordnung magisch an und erfordern regelmäßige Wartung sowie die Einhaltung einiger einfacher Regeln.
Zuerst die schlechten Nachrichten – lassen Sie uns mit den Tabus auf der gegenüberliegenden Seite beginnen.

ARBEITSPLAN: WAS TUE ICH WANN?

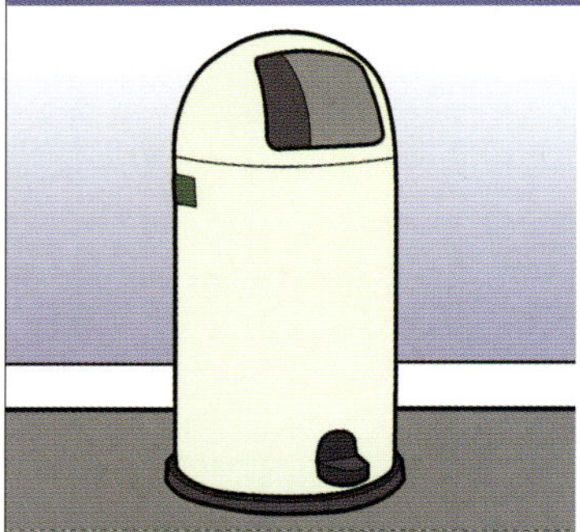

TÄGLICH:

- Chaos beseitigen
- Arbeitsflächen abwischen
- Schmutziges Geschirr abwaschen
- Fußboden fegen
- Falls nötig Lappen und Handtücher wechseln
- Falls nötig den Abfalleimer leeren und auswischen
- Kleinere Einkäufe erledigen

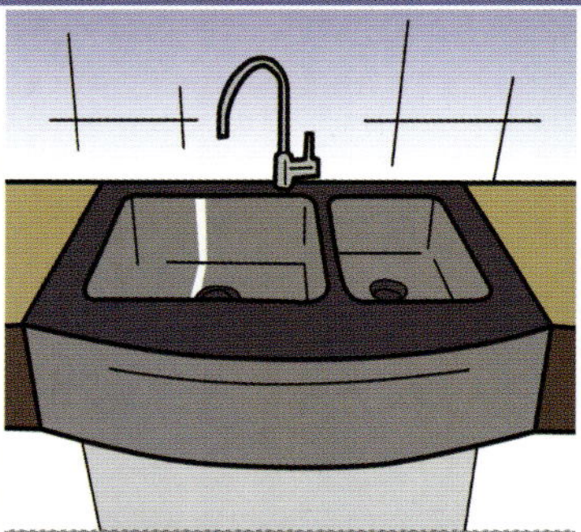

WÖCHENTLICH:

- Kühlschrank aufräumen und auswischen
- Herd und andere Küchengeräte außen und innen säubern
- Spüle putzen
- Fußboden aufwischen
- Abfalleimer auswaschen

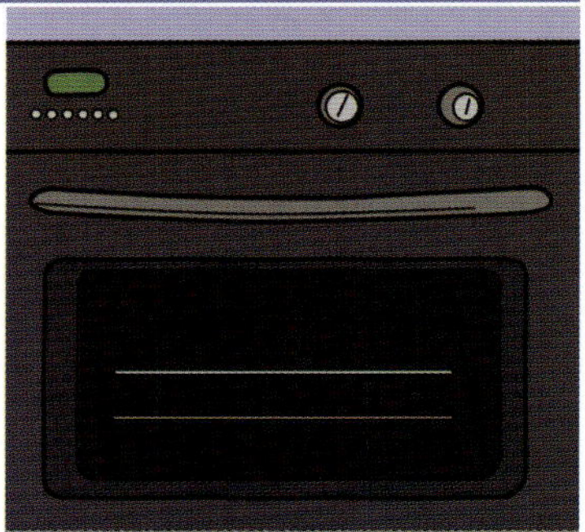

MONATLICH:

- Backofen reinigen
- Fenster putzen
- Jalousien abstauben

X TABUS

Durch gewisse Verhaltensweisen können Sie Ihre Gesundheit ernstlich gefährden.

1

1. GESCHIRRSTAPEL

Schmutziges Geschirr sieht nicht nur unappetitlich aus, sondern bietet auch schädlichen Organismen, die mit bloßem Auge nicht erkennbar sind, den perfekten Unterschlupf. In Ländern, in denen Kakerlaken und andere garstige, listenreiche Krabbeltiere unliebsame, aber regelmäßige Hausgäste sind, sind diese Probleme größer und offensichtlicher. Stapel schmutzigen Geschirrs sind einfach ekelhaft, und außerdem kann es sein, dass Sie irgendwann keine sauberen Teller und Gläser mehr haben.

2

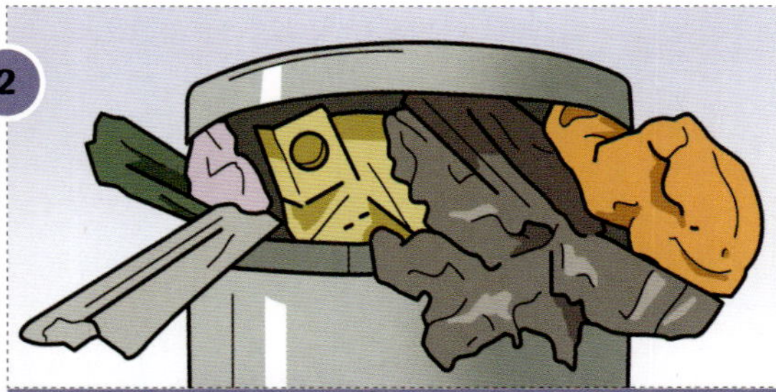

2. MÜLLBERGE

Auch überquellende, schmutzige Abfalleimer stehen aus ähnlichen Gründen ganz oben auf der Tabuliste. Sie sind unansehnlich, unappetitlich und unhygienisch – die Liste ließe sich beliebig fortsetzen. Bringen Sie deshalb den Abfall jeden Abend hinaus, und wischen Sie den Eimer kurz aus, ehe Sie einen neuen Mülleimerbeutel hineinstecken. Einmal pro Woche muss der Eimer gründlich ausgewaschen werden. Und halten Sie ihn stets geschlossen – Sie wissen schon warum.

3

3. ZWECKENTFREMDUNGEN

Wo ist das Problem? Ein Tuch ist wie das andere, oder? Falsch! Jedes Tuch hat seine Bestimmung. Spültücher sind zum Abwaschen von Geschirr und Arbeitsflächen gedacht, Geschirrtücher zum Abtrocknen von Geschirr. Und Bodentücher sollten allein dazu bestimmt sein, Spritzer und ähnliche Dinge vom Boden aufzuwischen. Handtücher wurden zum Abtrocknen der Hände erfunden. Ebenso kompromisslos müssen Sie in Ihrer Rolle als Küchenmanager sein – es wäre grob fahrlässig, Haushaltstücher nicht regelmäßig zu waschen. Schmutzige Tücher sind gesundheitsgefährdend und gehören in die Wäsche.

4

4. SCHMUTZIGE OBERFLÄCHEN

Wischen Sie nach der Zubereitung einer Mahlzeit alle Arbeitsflächen ab, um Speisereste, Fett und andere Rückstände zu entfernen. Schmutzige Arbeitsflächen, Herde oder Spülen sind eine Gefahr für Gesundheit und Sicherheit. Außerdem möchten Sie sich diesen Anblick am nächsten Morgen sicher ersparen, vor allem, wenn Ihnen nicht ganz wohl sein sollte. Ihre Katze mag an der Lache klebrigen, müffelnden Thunfischöls in der Spüle Gefallen haben, aber Sie finden es vielleicht weniger prickelnd, wenn Sie am nächsten Morgen eine Duftwolke empfängt.

Küchenutensilien kennen lernen

Viele Küchenutensilien haben heute ein so großartiges Design und sind aus so wunderbar glänzendem Metall, dass jeder Haushaltsgott, der etwas auf sich hält, mit Vergnügen Spatel und dergleichen Dinge einkaufen wird. Selbst Typen, die nur eine Hütte bewohnen, werden all den elektrischen Zusatzgeräten und intelligenten Utensilien der *batterie de cuisine* des 21. Jahrhunderts nicht widerstehen können.

Es gibt nur wenige Männer, die nicht einen Flaschenöffner oder Korkenzieher zu Hause haben, und gewiss besitzen auch Sie einen Dosenöffner für Campingurlaube und sogar den einen oder anderen Topf. Vielleicht haben Sie irgendwo einen Wasserkessel und eine Teekanne ausgeborgt oder geerbt, und hoffen wir, dass es in Ihrem Heim ein Gargerät gibt (sei es eine Mikrowelle, ein Herd oder ein Grill).

DER HAUSHALTSGOTT IN DER KÜCHE

Haushaltsgötter benötigen in der Küche alle oder fast alle der folgenden Utensilien, um ihre Ausstattung zu vervollständigen:

- Kleine und mittelgroße Bratpfannen mit Antihaftbeschichtung
- Töpfe in unterschiedlichen Größen (aus Edelstahl oder Gusseisen)
- Bräter (klein und groß)
- Wok (zum nächsten Geburtstag wünschen)
- Dämpfkorb aus Bambus oder Metall (für Gemüse)
- Hackbretter aus Kunststoff (2 oder 3 – für rohe, gegarte und stark riechende Nahrungsmittel)
- Sparschäler
- Reibe
- Zitruspresse
- 2 oder 3 Holzlöffel
- Messlöffel und Messbecher
- Küchenwaage
- Rührschüsseln (klein und groß)
- Spatel
- Kartoffelstampfer
- Durchschlag
- Sieb
- eine Auswahl an Messern (Allzweckmesser, Tranchiermesser und Brotmesser)
- Küchenschere
- Tranchiergabel
- Haushaltstücher (für Geschirr und Boden)
- Schwämme und Topfreiniger aus Metall und Nylon
- Küchenpapier (hygienisch und nützlich – immer auf Vorrat halten)
- Topflappen oder Ofenhandschuhe
- Flaschenbürste
- Spülwanne und Abtropfgestell
- Vorratsgläser, Gefrierbeutel und Gefrierbehälter
- Kochbücher
- Salz- und Pfefferstreuer

Zeit und kurze Wege

All diese Utensilien brauchen einen Platz in Schränken und Schubladen, die regelmäßig geputzt werden müssen. Organisieren Sie Ihre Küche intelligent. Töpfe werden am besten in der Nähe des Herds verstaut. Sollte der vorhandene Platz oder die Küchengestaltung es notwendig machen, können Sie Töpfe und Pfannen auch aufhängen, aber stellen Sie sicher, dass sie noch sauber sind, bevor Sie sie verwenden. Wenn Sie kochen, sollte stets ein Ofenhandschuh griffbereit liegen, sowie sämtliche Utensilien, die Sie zum Kochen benötigen.

Stück für Stück

Natürlich brauchen Sie so viel Geschirr und Besteck, dass auch dann noch genug vorhanden ist, wenn sich ein Teil davon in der Geschirrspülmaschine befindet – oder wenn Sie mehrere Freunde bewirten. Ergänzen Sie Ihre Ausstattung nach und nach, bis Sie irgendwann einheitliches Geschirr für etwa sechs bis acht Personen besitzen sowie entsprechendes Besteck. Bevor Sie etwas kaufen, sollten Sie prüfen, ob es spülmaschinengeeignet ist. Messer, Gabeln und Löffel werden am besten in einer unterteilten Schublade nahe der Spüle oder Spülmaschine aufbewahrt, um sie nach dem Spülen schneller wegräumen zu können. Versuchen Sie, auch Gläser und Porzellan in Reichweite der Spüle oder Spülmaschine unterzubringen. Zeit und kurze Wege sind in der Küche von großer Bedeutung. Bewahren Sie Tassen und Becher nicht zusammen mit Gläsern auf, weil sonst irgendwann die einen oder anderen zu Bruch gehen.

Scharfe Sachen

Für einen momentanen Single mag es unwahrscheinlich klingen, doch vermutlich werden Sie eine tiefe Zuneigung zu Ihren Messern entwickeln, wenn Sie einmal die richtigen gefunden haben. Investieren Sie etwas Geld in ein richtig gutes scharfes Messer – es lohnt sich wirklich. Reinigen Sie es mit heißem Wasser und mildem Spülmittel, und trocknen Sie es anschließend gleich ab. Küchenmesser gehören nicht in die Spülmaschine, da dort leicht die Klingen beschädigt werden. Am besten sind Messer in einem Messerblock oder an einer Magnetschiene aufgehoben. Wenn Sie Messer lose in der Schublade aufbewahren, können sowohl die Klingen als auch Ihre Finger ernsthaft Schaden nehmen. Um anhaftende Gerüche zu entfernen, reibt man Messer mit einer Zitronenscheibe ab. Anschließend spült man sie und trocknet sie ab. Dies funktioniert übrigens auch bei Arbeitsflächen aus Holz. Hartnäckige Verfärbungen auf Stahlmessern werden beseitigt, indem man sie in verdünnten Zitronensaft taucht und anschließend mit einem Stahlwollekissen abreibt. Außerdem sollten Sie Ihre Messer regelmäßig schärfen.

NÜTZLICHE EXTRAS

- Speisenthermometer
- Mixer oder Küchenmaschine
  (zu Weihnachten wünschen oder das ausrangierte Gerät Ihrer Mutter benutzen)
- Kaffeemühle oder Kaffeemaschine
  (nach Belieben)
- Rührbesen oder elektrisches Handrührgerät
- Nudelholz
- Kuchenform
  (für anspruchsvolle Rezepte und zum Angeben)
- Papier und Stifte für Einkaufslisten, Merkzettel und Lebensmitteletiketten
- Küchenschürze
  (besser zweckmäßig als chic)
- Essstäbchen
- Fondue-Set
  (um Käse, Schokolade und das Herz Ihrer Liebsten zum Schmelzen zu bringen)
- Waffeleisen
- Reiskocher
  (für garantiertes Gelingen)
- Nudelmaschine
  (für den fortgeschrittenen Koch)
- Schöpflöffel aus Edelstahl
- Käsehobel
- Ölzerstäuber
- Knoblauchpresse
- Förmchen
  (für Soufflés, Crèmes brûlées, Pâtés und andere Dinge mit Akzentzeichen)
- Schreibtafel für Notizen und häusliche Nachrichten
- Küchenuhr
- Warmhalteplatte oder Topfuntersetzer
  (um Oberflächen vor Hitze zu schützen)
- Herzform aus Metall
  (für Spiegeleier am Valentinstag)
- Einkaufstrolley
  (intelligent und praktisch – Sie werden ihn lieben lernen)
- Pilzbürste

HEISSER TIPP FÜR HAUSHALTSGÖTTER

Kessel erhitzen sich im allgemeinen rascher als Töpfe (selbst wenn man bei letzteren den Deckel auflegt). Deshalb bringen Sie Nudelwasser in einem Kessel schneller zum Kochen.

Nutz- und Prestigewert von Küchenutensilien

Möchten Sie in der Küche Eindruck schinden? Jetzt haben Sie die Chance herauszufinden, wie man das macht. Amateurköchen steht heute eine fast endlose Auswahl an Küchengeräten zur Verfügung. Aber Vorsicht – manche Dinge sind eher hinderlich als hilfreich! Sie möchten sich doch nicht lächerlich machen! Nehmen Sie beim Kauf wichtiger Utensilien diese Übersicht zu Hilfe. Sie ist eine Art Küchengeheimnis, das man einfach kennen sollte.

NUTZWERT ODER PRESTIGEWERT: WAS DIE STERNE SAGEN

Die Minireibe

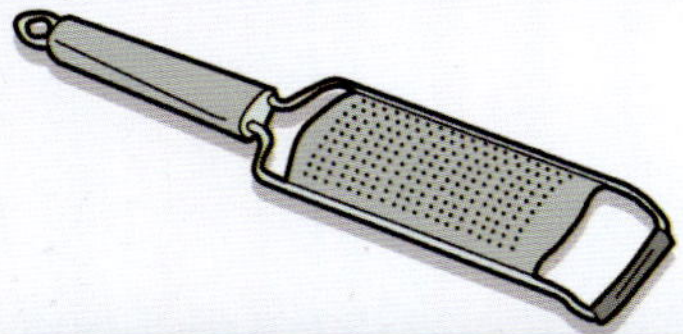

Nutzwert

★★★☆☆

Größe spielt eine Rolle, und in diesem Fall ist klein vorteilhaft. Einfach großartig, um Knoblauch und Ingwer zu reiben.

Prestigewert

★☆☆☆☆

Was ihr an der Prestigefront an Größe fehlt, macht sie durch Genialität und Effektivität wett.

Der Pizzaschneider

Nutzwert

★★★★★

Zerkleinern Sie mit diesem Gerät Senfkörner und Pizza. Man muss die Pizza nicht mit bloßen Händen auseinanderreißen.

Prestigewert

★★★★☆

Weltläufigkeit, Demokratie und Stil – mit diesem Ding können Sie sicher sein, von allem eine Scheibe abzubekommen.

Das Wiegemesser

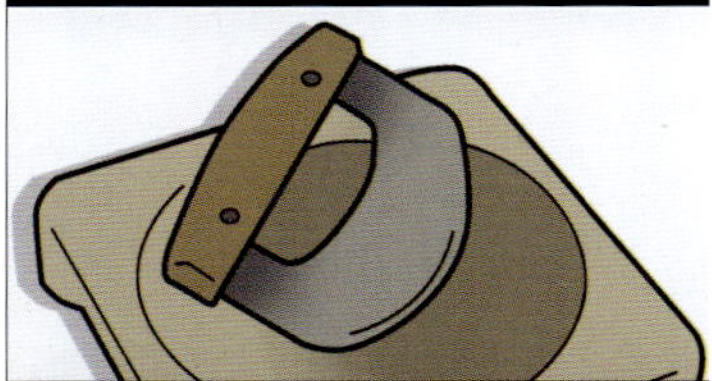

Nutzwert

★★★★★

Nehmen Sie Ihre Kochkünste in beide Hände und los. Dieses Gerät ist in jeder Hinsicht ein einschneidender Fortschritt für Kräuter.

Prestigewert

★★★★★

Bitten Sie Ihre Gäste so zeitig zu sich, dass sie Ihnen bei der Arbeit zuschauen können. Sie werden beeindruckt sein.

Die Riesen-Pfeffermühle

Nutzwert

★★☆☆☆

Eine schöne Plackerei, aber groß bedeutet eben nicht immer optimal. Das Ding eignet sich besser für Drohgebärden als zum Würzen.

Prestigewert

★★★★★

Auf der Prestigeliste steht sie an erster Stelle. Bei Tisch sorgt sie spektakulär für Würze.

Dämpfkorb aus Bambus

Nutzwert

*****

Mit diesem Dämpfkorb bleiben Sie gesund und sparen Energie. Er ist das ultimative multifunktionelle Küchenutensil.

Prestigewert

*****

Achten Sie auf heiße Blicke, wenn Sie dieses Utensil benutzen. Und schätzen Sie den Prestigewert selbst ein.

Mörser und Stößel

Nutzwert

*****

In diesem praktischen Gerät vereinen sich Steinzeit und Moderne. Kräuter oder Gewürze – mit nichts kann man sie besser mahlen und mischen.

Prestigewert

*****

Traditionell und trendy. Dieses Gerät bringt Sie zu Ihrem Lendenschurz zurück und verleiht der Küche zugleich Flair.

Pastalöffel

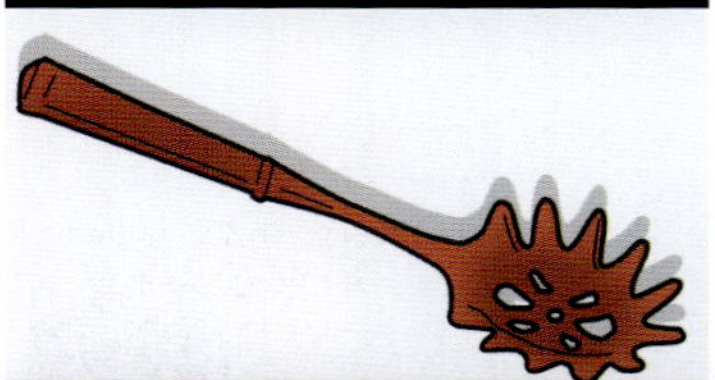

Nutzwert

*****

Lassen Sie sich Ihre Spaghetti nicht entgleiten. Behalten Sie schlüpfrige Nudeln beim Servieren im Griff.

Prestigewert

*****

Clever und stilvoll. Zudem erspart das Gerät die Reinigungsrechnungen, wenn Sie Ihrer Liebsten Nudeln servieren.

Spaghettimaß

Nutzwert

*****

Keine Spaghettiportionen mehr für sechs, wenn Sie ein romantisches Essen zu zweit planen. Ein Küchenkalkulator.

Prestigewert

*****

Mit diesem Utensil bekommen Sie Portionsgrößen in den Griff, und zudem ist es echt stilvoll.

Der leidige Abwasch

Beckentraining

Zweifellos steht Abwaschen neben Bügeln ganz oben auf der Liste der unbeliebten Hausarbeiten. Doch aus hygienischen Gründen kommt man nicht darum herum. Und schließlich kann man nicht ewig von Papptellern oder aus Pizzaschachteln essen. Ob Sie Ihr eigener Geschirrspüler oder glücklicher Besitzer eines Elektrogeräts sind, in beiden Fällen sollten Sie die Grundregeln des Spülens kennen.

Hygienestandards

Nach Möglichkeit sollten Sie die Küchenspüle den Tätigkeiten vorbehalten, die unmittelbar mit Lebensmitteln zu tun haben. Verwenden Sie Spüllappen nur zum Abwaschen und Geschirrtücher ausschließlich zum Abtrocknen. Denken Sie nicht einmal im Traum daran, für eine dieser Tätigkeiten ein Bodentuch zu verwenden. Zum Wegwischen von Spritzern empfiehlt sich Küchenpapier, da es weggeworfen und so die Verbreitung von Keimen verhindert wird.

Denken Sie daran – wir sind niemals allein. Schädliche Organismen sind ganz wild auf schmutziges Geschirr, das, wenn man es eine Weile stehen lässt, unweigerlich zu stinken beginnt. Rasch werden sich darauf Bakterien vermehren, die dann ihre Freunde zu einem Resteessen einladen. Sollten Sie vor dem Servieren keine Zeit mehr zum Spülen des schmutzigen Geschirrs haben, lassen Sie heißes Wasser hineinlaufen (bei Fettrückständen Spülmittel zufügen). Einen Topf, in dem sich ganz hartnäckige Speisereste befinden, kann man über Nacht einweichen. Oder man gibt Wasser und Spülmittel hinein und lässt den Topfinhalt auf dem Herd aufkochen, um die Reste zu lösen. In angebrannte Töpfe füllen Sie Wasser und einige Löffel Haushaltsnatron und lassen die Mischung aufkochen. Bleiben Sie in dieser Zeit jedoch im Raum.

Perfekte Organisation

Betrachten Sie das Aufstapeln schmutzigen Geschirrs neben der Spüle als eine Arbeit, bei der Sie sich in Logik und Effektivität üben können. Zuerst werden die Teile abgewaschen, die am wenigsten verschmutzt sind, und entsprechend sollten Sie das Geschirr sortieren und gleiche Teile zusammenstellen. Ein zerbrechliches Glas zusammen mit einem riesigen Topf abzuspülen, ist ein absolutes Tabu. Ehe Sie nun Ihre eigentliche Aufgabe in Angriff nehmen, schaben Sie Speisereste mit einem Holzlöffel ab und entsorgen Sie diese, ebenso wie Fett oder Öl, in einem kleinen Gefäß, dessen Inhalt Sie später vorsichtig in den Abfalleimer leeren.

Abtropfen und Abtrocknen

Stellen Sie das Geschirr so in das Abtropfgestell, dass das Wasser ablaufen kann. Waagrecht ist dabei nicht so hilfreich. Falls Sie Sachen an der Luft trocknen lassen, müssen diese danach dennoch weggeräumt werden. Sollten Sie das Geschirr abtrocknen, überzeugen Sie sich zuerst davon, dass das Geschirrtuch sauber ist. Ein Tipp für Gläser: Wickeln Sie das Tuch um Mittel- und Zeigefinger und wischen Sie dann die Gläser innen behutsam aus. Es sollten keine Flecken und Streifen mehr zu sehen sein.

Finale

Überzeugen Sie sich nach Beendigung der Arbeit davon, dass Spülbecken und alle umliegenden Flächen sauber sind. Wechseln Sie regelmäßig Ihre Spüllappen und Geschirrtücher, denn dies ist ein keimgefährdeter Sektor, der stets blitzblank sein sollte. Fühlen Sie sich jetzt nicht besser? Falls der Abfluss einmal verstopft ist, schütten Sie eine kleine Tasse Haushaltsnatron hinein und anschließend die gleiche Menge Essig. Lassen Sie die Mischung zehn Minuten sprudeln, und gießen Sie dann langsam kochendes Wasser in den Abfluss.

Sie wirkt wie ein Mittel gegen Kater – hinterher ist alles irgendwie befreiter.

HALLO HAUSHALTSGOTT

Wussten Sie, dass Sie etwa 80 Kalorien verbrauchen, wenn Sie 30 Minuten abspülen? Und wenn der Abend gut verläuft, können Sie später noch mehr Kalorien abarbeiten.

HEISS UND SCHAUMIG

Wasser marsch!

Füllen Sie Spülschüssel oder -becken mit heißem Wasser (Halt – nicht bis zum Rand), und fügen Sie Spülmittel hinzu – lesen Sie die Herstellerhinweise, und übertreiben Sie es nicht. Wenn Sie Gummihandschuhe anziehen, kann das Wasser ganz heiß sein, was hygienischer ist und das Geschirr sauberer werden lässt. Mit lauwarmem Wasser richten Sie nicht viel aus.

Schaumschlägereien

Jetzt können Sie Ihre Hände in den wunderbar sauberen Seifenschaum senken. Spülen Sie zuerst die Gläser. Am besten eines nach dem anderen. Als nächstes ist das Besteck an der Reihe, dann das Porzellan. Töpfe und Pfannen tauchen zuletzt ab. Falls das Wasser sehr schmutzig wird oder kein Schaum mehr vorhanden ist, muss es erneuert werden.

Armübungen

Säubern Sie das Geschirr mit einem Schwamm oder einer Bürste und lassen Sie dabei Ihren Bizeps spielen. Führen Sie kreisende Bewegungen aus. Verwenden Sie bei hartnäckigen Verschmutzungen einen geeigneten Topfkratzer, der keinen Schaden anrichtet. Pfannen mit Antihaftbeschichtung müssen wie Ihre Partnerin besonders vorsichtig behandelt werden – mit Liebe und Achtsamkeit.

Wichtig und richtig

Spülen Sie alle Teile mit heißem, sauberem Wasser nach. Diese Folgeaktion hat eine Reihe von Vorteilen hygienischer (sie zerstört weitere Keime), ästhetischer (beugt Streifen vor) und strategischer Natur (beschleunigt das Trocknen). Und wenn Sie das nächste Mal ein Glas Champagner trinken, werden nur die richtigen Bläschen nach oben perlen. Nachspülen ist also wichtig und richtig.

HAUSHALTSGOTTS LIEBLING

Lassen Sie Ihr Haustier nicht auf Arbeitsflächen und Tischen umherspazieren – weder während Sie Speisen zubereiten noch sonst. Kleine Tatzen verbreiten leicht Krankheiten.

X TABUS

Auch hier gibt es einige Tabus zu beachten. Lesen Sie stets die Gebrauchsanweisung, ehe Sie irgendein Küchenutensil in die Spülmaschine stecken. Die folgenden Dinge fühlen sich darin gar nicht wohl:

- Zarte Porzellan-, Glas- oder Keramikteile
- Altes oder zerbrechliches Glas, Bleikristall
- Handbemaltes Porzellan oder Glas
- Griffe aus Bambus, Elfenbein oder Holz
- Ihre geliebten Küchenmesser
- Schüsseln und Becher aus dünnem Kunststoff (sie verformen sich)
- Tafelsilber – falls Sie Silber in die Maschine geben, bitte nicht zusammen mit Edelstahl, da es sonst Flecken bekommen kann
- Salatschüsseln aus Holz

Maschinenmagie

Geschirrspüler sind eine wundervolle Sache (wobei Maschinen gegenüber ihren zweibeinigen Gegenstücken gewisse Vorteile haben). Wenn Sie erst einmal so ein Gerät besitzen, werden Sie sich fragen, wie Sie jemals ohne ausgekommen sind.

Ladetechniken

Das Einräumen von Spülmaschinen erfordert eine methodische, wenn nicht gar wissenschaftliche Vorgehensweise. Abstand ist notwendig, damit das Wasser zirkulieren kann – Überladen ein absolutes Tabu. Entfernen Sie vor dem Einräumen des Geschirrs grobe Verschmutzungen, und investieren Sie in eine kleine Vorwäsche (das würden Sie im Schwimmbad auch tun). Wenden Sie Schmutzflächen dem Wasserstrahl zu, und plazieren Sie die diversen Teile korrekt (Löffel und Gabeln sollten abwechselnd kopfüber und kopfunter einsortiert werden).

Manche Gespirrspüler müssen von hinten nach vorn bestückt werden. Dadurch wird der vorhandene Platz am besten genutzt. Gläser und andere zerbrechliche Gegenstände (Tassen, Becher, kleine Schalen usw.) sowie Teile, die nicht zu heiß werden dürfen, kommen in den oberen Korb – betrachten Sie ihn als den »Bereich oberhalb des Halses«. Sie möchten doch auch kein heißes Wasser in Augen oder Nase bekommen, oder? Gläser dürfen sich nicht berühren, weil sie sonst zerbrechen oder angeschlagen werden können. Der rauhere untere Bereich ist die Domäne von Tellern, Schüsseln und Töpfen.

So wird man Küchenkönig

Haben Sie Ihre Küche im Griff, oder verhält es sich eher umgekehrt? Legen Sie sich eine Arbeitsroutine zu, und Sie werden bald Herrscher in Ihrem Reich sein. Eine ordentliche Küche befördert Sie in der Thronfolge an erste Stelle. Kochbücher im Regal, Lebensmittel im Kühlschrank oder im Vorratsschrank, Töpfe an ihrem Platz, Besteck in der Schublade, Geschirr sicher verstaut, Kleider im Schlafzimmer, Aktentasche im Arbeitszimmer, Partnerin in der Garage – alles an seinem Platz. Auf diese Weise haben Sie weniger Chaos, Keime und Kalamitäten.

Sorgen Sie dafür, dass Spüle, Arbeitsflächen, Tisch und Herd nach der Benutzung aufgeräumt und mit heißem Seifenwasser sorgfältig gesäubert werden. Waschen Sie Geschirr möglichst rasch ab (→ S. 20), und bereiten Sie Zutaten nicht auf der Arbeitsfläche, sondern auf Schneidebrettern vor.

Hackordnung

Achten Sie sowohl bei der Lagerung als auch bei der Zubereitung darauf, dass gegarte oder verzehrfertige Speisen nicht mit rohen Lebensmitteln in Berührung kommen. Falls Sie für rohes Fleisch und gegarte Speisen das gleiche Messer oder Schneidebrett verwenden, muss es zwischendurch gründlich abgewaschen werden. Am besten benutzen Sie zwei Bretter (vorzugsweise aus Kunststoff). Wer Holzbrettchen vorzieht, muss sie regelmäßig mit einer Mischung aus Zitronensaft und Salz abreiben, damit sie hygienisch bleiben. Eine wöchentliche Dusche mit kochendem Wasser desinfiziert Schneidebretter wirkungsvoll.

Sorgen Sie dafür, dass Ihre Vorratsschränke sauber, kühl, ordentlich und trocken sind. Waschen Sie sich stets die Hände, ehe Sie Nahrungsmittel anfassen oder zubereiten. Wenn Sie Haustiere gestreichelt oder Speisereste, schmutziges Geschirr oder Abfall angefasst haben, waschen Sie Ihre Hände mit heißem Wasser und Seife. Überflüssig, daran zu erinnern, dass dies auch für die meisten persönlichen Verrichtungen gilt. Besorgen Sie für die Küche eine angenehm duftende, antibakterielle Handseife (okay, sie macht nicht so viel Spaß wie eine CD, ist aber besser, als der Musik einer Band aus Salmonellen, Staphylokokken und Kolibakterien zu lauschen).

Bodenpflege

Wischen Sie Spritzer und Hinterlassenschaften von Haustieren mit Küchenpapier auf, von dem Sie stets einen ordentlichen Vorrat auf Lager haben sollten. Es ist ein Retter in Not, der unappetitliche Dinge schnell und hygienisch entfernt. Vergessen Sie nicht, den Fußboden regelmäßig zu fegen, da Krümel und alle möglichen anderen Widerwärtigkeiten dort nur allzu gern ihre Zelte aufschlagen. Wenn möglich, sollten Sie Ihren Fußboden mindestens einmal pro Woche gründlich wischen (also okay, dann alle zwei Wochen). Bodenreinigungstücher sind praktisch, falls Ihnen die traditionelle Methode mit Wischmopp, Eimer und heißem Seifenwasser nicht zusagen sollte.

Und nun eine gute Nachricht: Gewöhnlich empfiehlt es sich nicht, Fußböden zu polieren, sofern Sie nicht unter Einsatz Ihres Lebens von Gerät zu Gerät schlittern möchten. Stein- und Fliesenböden sollte man regelmäßig fegen oder saugen und einmal pro Woche (okay, alle zwei Wochen) mit Seifenlauge schrubben, mit klarem Wasser nachwischen und anschließend trockenreiben. Versiegelte Holzböden werden gefegt und gelegentlich mit einem feuchten Tuch gewischt – Fußbodenwachs lässt Glanz aufziehen. Vinyl- oder Linoleumböden können mit dem Wischmopp geputzt werden. Denken Sie daran, dass Stein- und Fliesenböden nicht unbedingt für ihre Elastizität bekannt sind. Sachen, die Sie fallen lassen, gehen in neun von zehn Fällen zu Bruch.

FRAGEN UND ANTWORTEN

Ich weiß nicht, was Geschirrspülmittel von Desinfektionsmitteln und antibakteriellen Reinigungsmitteln unterscheidet. Muss ich wirklich meine Zeit mit dem Lesen von Gebrauchsanweisungen verschwenden?
Geschirrspülmittel dienen zum Abwaschen und lösen Fettrückstände und Schmutz. Desinfektionsmittel verwendet man zum Abtöten von Bakterien. Nur mit Vorsicht zu benutzen! Antibakterielle Mittel vernichten ebenfalls Mikroorganismen. Sie gehören zu den Desinfektionsmitteln.
Ja, lesen Sie Gebrauchsanweisungen stets sorgfältig. Diese Mittel können sehr gefährlich sein!

Weshalb soll ich denn bloß jeden Abend den Abfall hinausbringen?
Mikroben lieben Abfall, und sofern Sie nicht eine besondere Schwäche für diese Kerlchen haben, sollten Sie Ihren Müll vor allem im Sommer regelmäßig entsorgen. Legen Sie sich einen Eimer mit Deckel zu, und verwenden Sie stets einen Mülleimerbeutel. Binden Sie ihn vor dem Herausnehmen zu. Säubern Sie den Eimer regelmäßig mit heißem Wasser. So viel Aufhebens ist das nicht, oder?
Ihr Abfalleimer sollte nicht allzu groß sein, denn dann wird er öfter geleert (von Ihnen) und ist weniger anfällig für unangenehme Gerüche.

Was soll dieser Unsinn über das Desinfizieren von Küchentüchern?
Das ist keineswegs Unsinn. Spüllappen, Schwämme und Geschirrtücher sind oft voller Mikroben, selbst wenn sie einigermaßen sauber aussehen. Deshalb müssen sie regelmäßig in der Waschmaschine heiß gewaschen und anschließend gut getrocknet werden. Papiertücher sind eine hygienische Alternative, aber teuer. Sie müssen natürlich nicht gewaschen werden.

Was mache ich gegen Insekten in der Küche?
Verwenden Sie in der Küche möglichst keine Sprays. Hängen Sie zur Bekämpfung von Fliegen und Wespen Insektenstrips auf. Verfolgen Sie Ameisenstraßen bis zu der Stelle, an der sich die Tierchen Zugang zum Haus verschafft haben, und stellen Sie dort eine Ameisenfalle auf. Ein Lorbeerblatt in Regalfächern hält Kakerlaken fern, die am liebsten feuchte, dunkle, schmutzige Plätze mögen. Sollten Sie einen Befall durch Ameisen oder Kakerlaken feststellen, rufen Sie einen Fachmann.

KENNEN SIE IHRE SPÜLMASCHINE?

Machen Sie sich mit Ihrer Geschirrspülmaschine vertraut. Finden Sie heraus, welche Vorlieben und Abneigungen sie hat, was sie zum Laufen bringt, und was sie am Laufen hält. Lesen Sie sorgfältig die Bedienungsanleitung, die Sie an einem sicheren Platz aufbewahren sollten. Ihre Beziehung braucht Pflege genau wie das Gerät – stellen Sie fest, wie man Spülmaschinensalz nachfüllt, halten Sie Oberflächen und Sieb sauber, und verwenden Sie stets ein geeignetes Geschirrspülmittel. Wenn das Gerät Sie ohne Vorwarnung im Stich lässt, sind Sie der Dumme. Verwenden Sie von Zeit zu Zeit statt Spülmittel Essig, um die Maschine innen gründlich zu reinigen und sie in neuem Glanz erstrahlen zu lassen.

Was man im Umgang mit der Geschirrspülmaschine beachten muss:

- Betriebsanleitung lesen und sorgfältig aufbewahren.
- Regelmäßig das Sieb prüfen und Speisereste entfernen.
- Falls nötig Salz nachfüllen.
- Stets geeignetes Geschirrspülmittel verwenden – keinen Ersatz.
- Je höher die Wassertemperatur, desto mehr Mikroorganismen werden vernichtet.
- Möglichst das Sparprogramm benutzen.
- Wenn nur Glasgeschirr gespült wird, das Gerät von Zeit zu Zeit ohne Geschirrspülmittel laufen lassen.
- Scharfe Messer wenn, dann mit den Klingen nach unten einräumen.
- Das Gerät ausräumen, sobald es fertig ist.
- Bei Antritt einer Reise kein schmutziges Geschirr in der Maschine stehen lassen.
- Die Klappe stets geschlossen halten, damit sich kein Haustier in das Gerät verirrt.
- Keine Sachen in die Geschirrspülmaschine packen, denen ein solches Schicksal nicht zugedacht ist (z. B. Kleider, Schuhe, Haustiere).

Kühlschrank und Gefriergerät

Wann haben Sie Ihren Kühlschrank das letzte Mal bei Licht völlig entblößt gesehen? Schon eine Weile her? Dann wird es Zeit, das zu ändern. Mindestens einmal im Vierteljahr sollten Sie Ihren Kühlschrank vollkommen frei machen und sich ihn gründlich zur Brust nehmen. Aber zuerst den Netzstecker ziehen!

Ein appetitlicher sauberer Kühlschrank kann dazu beitragen, dass sein Inhalt Frische, Geschmack und Nährstoffe bewahrt. Vielleicht denken Sie, dass Kälte gleichbedeutend mit Hygiene ist, doch manche Bakterien überleben auch bei niedrigen Temperaturen. Nehmen Sie Roste, Ablagen und Behälter heraus, und waschen Sie die Innenwände gründlich mit heißem Seifenwasser ab. Beginnen Sie oben, damit Sie nicht noch einmal von vorn anfangen müssen. Entfernen Sie sämtliche Spritzer, Flecken und Schimmelstellen. Sie können zum Säubern der Innenflächen auch eine Paste aus Haushaltsnatron und Wasser (je 4 EL) verwenden, die zudem hilft, schlechte Gerüche zu vertreiben. Wischen Sie mit einem feuchten Tuch nach, und reiben Sie dann alle Flächen mit einem frischen Tuch trocken. Nutzen Sie die Gelegenheit, Nesthocker zu entfernen – Lebensmittel, deren Haltbarkeitsdatum längst abgelaufen ist, alles, was sich in unelegantem Schimmel präsentiert, und Sachen, die Sie seit der letzten Kühlschrankreinigung nicht mehr angerührt haben. Vergessen Sie nicht, den Stecker wieder einzustecken!

Coole Kühlgeräte

Heute können Kühlschränke eine Bestandsaufnahme ihres Inhalts machen, sich mit Ihrem Computer vernetzen und online Bestellungen aufgeben, ohne dass Sie sich aus dem Bett erheben müssen. Ihr einziger Nachteil ist, dass sie sich nicht selbst reinigen. Es liegt bei Ihnen, ob Sie ein solches Gerät erfinden oder die Arbeit selber machen.

UFOs im Gefriergerät

Packen Sie Ihr Gefriergerät nicht zu voll. Versehen Sie alle Lebensmittel mit einem Aufkleber, der Inhalt und Einfrierdatum verrät. (Bei gekaufter Ware nicht notwendig.) UFOs (unidentifizierbare Fremdobjekte), von denen Sie nicht wissen, was und wie alt sie sind, sollten gnadenlos entfernt werden.

Nahrungsmittel, die einmal aufgetaut wurden, dürfen nicht wieder eingefroren werden. Gekaufte Tiefkühlware müssen Sie schnell nach Hause bringen und sofort ins Gefrierfach legen (außer sie soll noch am gleichen Tag verzehrt werden – in diesem Fall wird sie im Kühlschrank gelagert). Der falsche Platz ist Ihr Rucksack, Ihre Aktentasche oder Ihr Schreibtisch.

Lassen Sie frisches oder tiefgefrorenes Fleisch, Geflügel und Fisch in der Originalverpackung oder packen Sie sie in Gefrierbeutel. Behälter, in denen Nahrungsmittel eingefroren werden, müssen luftdicht verschließbar sein. Die Temperatur im Gerät sollte mindestens –18°C betragen. Fleisch, Geflügel und Fisch taut man langsam im Kühlschrank oder in der Mikrowelle auf. Sofern diese Sachen anschließend nicht sofort gegart werden, kann man sie nach dem Auftauen noch 24 Stunden im Kühlschrank aufbewahren. Nach dem Garen können Sie sie wieder einfrieren.

Auf Eis gelegt

Kaffee bleibt im Gefrierfach länger frisch. Halten Sie stets einen Vorrat für den Fall bereit, dass Sie wieder mal spontan einen faulen Vormittag mit Ihrer Liebsten verbringen. Frieren Sie deshalb auch ein paar Croissants und Brötchen ein, und wenn Sie mögen auch etwas Schinken und Räucherlachs, nicht aber Eier. Sollte einmal ein Rest Weißwein oder Rotwein übrig bleiben, gießen Sie ihn in eine Eiswürfelschale, und schon haben Sie stets kleine Mengen für Saucen zur Hand. Halten Sie für Suppen, Eintöpfe und für Notfälle einen Vorrat an tiefgefrorenen Kräutern und Knoblauch bereit, außerdem die Grundzutaten für eine Tiefkühl-Mahlzeit für zwei, vier oder sechs Personen (je nachdem, welcher Beliebtheit Sie sich erfreuen).

Saubere Sache

Ab und zu muss auch das Gefriergerät geputzt werden. Ziehen Sie den Netzstecker, und entfernen Sie Krümel und Schmutz. Sie können alle Fächer leeren oder die Nahrungsmittel während der Arbeit einfach von einem Fach in das andere oder von der einen Seite auf die andere räumen. Wenn Sie ein Tiefkühlfach, das keine Abtauautomatik besitzt, abtauen möchten, ziehen Sie den Netzstecker des Kühlschranks, räumen Sie das Fach aus, legen Sie den Inhalt in eine Kühltasche (sofern vorhanden), und stellen Sie dann einen Topf mit heißem Wasser in das Fach. Dadurch sollte das Eis so weich werden, dass man es mit den Händen entfernen kann. (Benutzen Sie für diese Arbeit auf keinen Fall spitze Metallgegenstände.) Leeren Sie die Auffangschale, säubern Sie das Fach, und schon ist alles wieder in bester Ordnung. Ach ja, stecken Sie den Stecker wieder ein.

GUTER KÜHLSCHRANK/SCHLECHTER KÜHLSCHRANK

Öffnen Sie Ihren Kühlschrank, und vergleichen Sie den Inhalt mit einem Kunstwerk. Was sehen Sie? Die minimalistische Installation eines Künstlers, der mit Pappe und Aluminium arbeitet? Oder ein üppiges Stillleben aus Produkten der Natur und den besten Fertigprodukten des 21. Jahrhunderts? Fragen Sie sich, ob Sie mit diesem Inhalt eine Mahlzeit improvisieren könnten (statt die Nummer des Pizza-Service zu wählen). Oder angenommen, Sie sind einige Tage ans Haus gefesselt. Könnten Sie dann zufrieden mit dem überleben, was Sie in Ihrem Kühlschrank aufbewahren? Würden Sie ausreichend Vitamine erhalten? Sollte die Antwort »nein«, »eher nicht« oder »nie und nimmer« lauten, wissen Sie, wo Handlungsbedarf besteht.

KÜHLE FAKTEN

Nicht überfüllen

Stopfen Sie Ihren Kühlschrank nicht zu voll. Ausreichende Kühlung ist nur möglich, wenn Luft zirkulieren kann. Außerdem haben Sie so eine bessere Übersicht. Stellen Sie die neue Milchtüte hinter die bereits vorhandene, damit nicht irgendwo im Abseits Milch herumgammelt.
Machen Sie nicht ständig die Kühlschranktür auf – das hat nicht nur negative Auswirkungen auf die Temperatur, sondern auch auf Ihren Taillenumfang.

Temperaturunterschiede

Im Türbereich schwankt die Temperatur bei häufigem Öffnen am stärksten. Bewahren Sie dort Konserven, Salatsaucen, Würzmittel, Limonade, Bier und Wein auf, nicht aber Milch und Eier, die besonders empfindlich auf Temperaturschwankungen reagieren.
Gönnen Sie Ihrem Kühlschrank alle drei Monate einen Frühjahrsputz, aber wischen Sie ihn auch einmal wöchentlich gründlich aus, ehe Sie neue Einkäufe hineinlegen.

Temperaturmessung

Leisten Sie sich ein Kühlschrankthermometer (kostet nicht mal so viel wie ein Bier), das Sie auf Temperaturprobleme aufmerksam macht. Legen Sie es in den mittleren Bereich, und prüfen Sie es einmal pro Woche. Die Temperatur sollte höchstens 4°C betragen.
Wärme steigt nach oben (erinnern Sie sich an den Physikunterricht?), weshalb sich der kälteste Bereich im Kühlschrank vermutlich unten befindet. Dort sollten Fleisch, Fisch, Geflügel und Milch aufbewahrt werden.

Spezialabteilungen

Sollte Ihr Gerät besondere Fächer oder Behälter für Käse, Fleisch, Obst und Gemüse haben, nutzen Sie diese für die Produkte, für die sie bestimmt sind, ausgenommen die Eierablage. Die werfen Sie weg oder Sie verwenden sie als Fußbadewanne für Ihre schnuckelige Tarantel. Bewahren Sie Eier in ihrer Schachtel im Innenraum des Geräts auf. Achten Sie auf das Haltbarkeitsdatum. Nahrungsmittel werden abgedeckt und rohe unter gegarten gelagert.
Reste von Mahlzeiten müssen sofort kalt gestellt und innerhalb von zwei bis drei Tagen aufgegessen werden.

Backofen, Kochfeld und Mikrowelle – heiße Zeiten in der Küche

Okay, Jungs, der Backofen ist vielleicht nicht das spannendste Thema, aber es gibt gute Neuigkeiten. Es handelt sich um drei Worte, die da lauten: der selbstreinigende Backofen. Was könnte einfacher sein? Ihr müsst nur die Bedienungsanleitung lesen und aus der Küche verschwinden, wenn die Sache zu heiß wird. Bei anderen Geräten müsst ihr euch vielleicht etwas mehr anstrengen.

Mikrowellenmagie
Obwohl Mikrowellengeräte Speisen wie durch Zauberhand zu garen scheinen, brauchen sie einen Zauberlehrling, der dafür sorgt, dass sie sauber und funktionsfähig bleiben. Lesen Sie nach, was die Bedienungsanleitung empfiehlt, aber eigentlich sollte es reichen, das Gerät zweimal wöchentlich mit warmem Wasser und einem milden Reinigungsmittel auszuwischen. Verwenden Sie bloß keinen Backofenreiniger!

Nehmen Sie den Drehteller heraus, und waschen Sie sämtliche Speisereste ab. Dann wischen Sie den Innenraum, Tür (innen und außen) und Dichtungen des Geräts ab. Manche Leute schwören darauf, einen nassen Spüllappen in die Mitte des Geräts zu legen und es dann für 30-40 Sekunden auf volle Leistung zu schalten. Der entstehende Dampf löst Verschmutzungen. Anschließend kann der Innenraum mit dem heißen Lappen ausgewischt werden. Aber Achtung, er ist wirklich heiß!

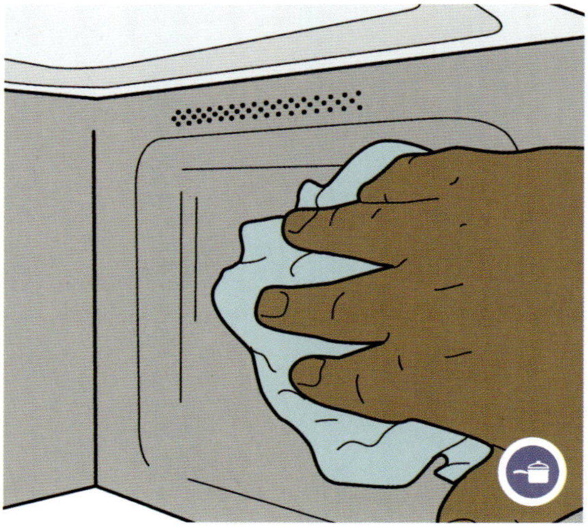

MIKROWELLENMANAGEMENT

1. Vor dem Garen von Speisen die Gebrauchsanweisung auf der Verpackung lesen.
2. Nahrungsmittel nur in der Mikrowelle auftauen, wenn sie anschließend sofort verwendet werden.
3. Lebensmittel in gleich große Stücke schneiden oder größere Teile an den Rand des Gargeschirrs legen.
4. Speisen drehen oder umrühren, damit sie gleichmäßig garen. Eine Abdeckung verhindert die Verschmutzung des Innenraums.
5. Beim Aufwärmen von Speisen sicherstellen, dass sie wirklich heiß werden.
6. Stets darauf achten, dass verwendete Gefäße oder Utensilien für die Mikrowelle geeignet sind.
7. Zum Beseitigen von Gerüchen eine Schüssel mit Wasser und vier Scheiben frischer Zitrone in das Gerät stellen.
8. Anschließend das Gerät für 30–60 Sekunden auf volle Leistung schalten.

SCHMUTZFALLEN

Dosenöffner mit Schneidrädern
In den Schneidrädern können sich Nahrungsmittelreste festsetzen und die nächste Konserve beim Öffnen verunreinigen. Man muss sie daher gründlich mit einer in heißes Wasser und Spülmittel getauchten Zahnbürste reinigen oder den Dosenöffner in die Spülmaschine geben.

Holzlöffel mit aufgerauhter Oberfläche
Darin können sich Bakterien festsetzen. Die Löffel wegwerfen oder ihnen Kleider nähen.

HEISS UND SEIFIG: MANUELLE REINIGUNGSMETHODEN

Wenn Sie das Herdputzen in Handarbeit erledigen müssen, sollten Sie versuchen, Kochfeld und Backofen stets sauber zu halten. Wischen Sie Spritzer sofort weg, statt zu warten, bis sie abstrakte Kunstwerke oder Mondlandschaften bilden. Zum Entfernen hartnäckiger Verschmutzungen bedeckt man diese mit heißem Seifenwasser und reibt sie dann behutsam weg. Hüten Sie sich vor der Verwendung von Scheuermitteln und Stahlwolle. Lesen Sie stets die Gebrauchsanweisung.

IMMER COOL BLEIBEN

Warten Sie, bis Gargeräte abgekühlt sind, ehe Sie ihnen mit einem feuchten Tuch und mildem Reinigungsmittel zu Leibe rücken. Herausnehmbare Teile des Backofens können Sie zum Reinigen in heißes Seifenwasser legen. Sollten Sie ein wilder, aber vergesslicher Koch sein, keine Bange – es werden sich genug Erinnerungen an Ihre Kochkünste auf Wänden und Arbeitsflächen rund um den Herd finden. Sorgen Sie auch hier für Sauberkeit. Dies ist kein Platz für Graffiti, sondern ein Arbeitsbereich.

REGELMÄSSIGE REINIGUNG

Waschen Sie die Fettpfanne regelmäßig ab, damit sich darin weder Fett noch andere Speisereste sammeln, die Ihnen und Ihrer Liebsten dann an einem Sonntagmorgen entgegengrinsen. Wenn Sie die Fettpfanne nicht gleich säubern, wird das alte Fett beim nächsten Mal herumspritzen. Je stärker die Verschmutzung, desto mehr Arbeit. Es ist nicht die angenehmste Beschäftigung, aber hier können Sie punkten. Legen Sie Alufolie unter das Grillgut, um das Fett aufzufangen. Dann sparen Sie nachher beim Säubern Zeit.

PRÄVENTIVMASSNAHMEN

Tatsächlich gibt es verschiedene Präventivmaßnahmen, die an der Backofenreinigungsfront ergriffen werden können. Statt Speisen bei Höchsttemperatur zu garen und in Aufregung zu versetzen, reduziert man die Hitze. Speisen zu Tode zu kochen tut weder dem Herd noch Ihnen gut, außerdem leiden Geschmack und Qualität der Zutaten darunter. Seid sanft, Jungs. Kochen ist eine Kunst und eine Wissenschaft. Sowohl Therapie als auch Wärmetheorie.

OFENAKROBATIK

Bei einem Backofen, der nicht mit Selbstreinigungskräften gesegnet ist, deckt man zunächst den Boden mit Zeitungspapier ab, um nötigenfalls Spritzer aufzufangen. Kaufen Sie einen handelsüblichen Backofenreiniger, der für Ihr Modell geeignet ist, und sprühen Sie das Backofeninnere damit ein. Aus Sicherheitsgründen sollten Sie dabei Ihre Augen und Hände schützen. Das Zeug ist verdammt aggressiv. Putzen Sie den Backofen deshalb auch nicht im Adamskostüm, und denken Sie daran, ein Fenster zu öffnen.

Der Backofenreiniger sollte einige Zeit einwirken (vergessen Sie nicht, die Backofentür fest zu schließen). Dann können Sie das Mittel zusammen mit dem gelösten Schmutz wegwischen, wozu Sie ein Geschirrtuch oder ein altes Tuch benutzen, das Sie sowieso wegwerfen wollten. Dann wischen Sie die Flächen mit einem feuchten Tuch nach. Oder Sie reiben die Flächen mit nasser Stahlwolle ab, streuen Haushaltsnatron darauf (das alte Allzweckmittel) und wischen mit einem feuchten Tuch nach.

Aufheben, wegwerfen, recyceln: Rettet die Welt

Schauen Sie sich in Ihrer Küche um. Gibt es dort Dinge, die mit Staub bedeckt, unbenutzt in Schränken versteckt oder noch in den Originalkartons verpackt sind? Wie oft haben Sie den rotierenden Joghurtbereiter mit dem integrierten Pfannkuchenwender schon benutzt? Besitzen Sie und Ihre Partnerin mehr Wasserkessel und Toaster als das Hotel um die Ecke?

Sollten bei Ihnen Küchengeräte sechs Monate unbenutzt herumgestanden haben, treten Sie in Aktion. Lassen Sie nur die Geräte auf der Arbeitsfläche stehen, die Sie häufig brauchen, und verstauen Sie seltener benutzte Sachen in einem Schrank. Dinge, die Sie überhaupt nicht benutzen, aber nicht wegwerfen können, weil sie ein Geschenk Ihrer Schwiegermutter in spe waren, kommen auf den Dachboden und werden nur dann heruntergeholt, wenn es unvermeidlich ist. Sollte ein Teil allerdings zweihundert Jahre alt sein, stellen Sie zunächst fest, was es wert ist, ehe Sie etwas unternehmen!

In den Ländern der westlichen Welt produzieren die Haushalte mit unglaublicher Effizienz Jahr für Jahr riesige Müllberge. Ein Teil davon ist nicht recycelbar, doch zwei Drittel können wiederverwertet werden. Verschiedene Länder und dortige Behörden haben dafür verschiedene Gesetze und Einrichtungen. Informieren Sie sich über das Wie und Wo der Wiederverwertung in Ihrer Region, und geben Sie sich ein bisschen Mühe. Das ist wirklich kein großes Ding und ein kleiner Beitrag, der Welt und denen, die nach Ihnen kommen, zu helfen. Davon abgesehen können Sie natürlich auch einen Beitrag leisten, indem Sie Recycling-Produkte kaufen wie etwa Recycling-Toilettenpapier.

Erfinden Sie ein System, das es Ihnen erlaubt, Papier, Kunststoff, Glas und Metall der Wiederverwertung zuzuführen. Sammeln Sie die Wertstoffe z. B. in verschiedenfarbigen Kunststoffboxen, Holzkisten (die Sie, falls Sie gerade eine kreative Phase haben, anmalen können) oder Körben. Darin kann man die Sachen nötigenfalls auch zum nächsten Wertstoffhof transportieren.

Finden Sie für die Sammelbehälter einen bequem erreichbaren Platz in der Küche. Wenn sie leicht zugänglich sind, ist es wahrscheinlicher, dass Sie Ihre guten Vorsätze auch in die Tat umsetzen. Falls in der Küche einfach kein Platz ist, bringen Sie sie im Haushaltsraum unter. Nötigenfalls können Sie die Behälter auch stapeln. Sollten sie alle die gleiche Farbe haben, beschriftet man sie. Recycling ist eine gute Sache, Jungs, legt es deshalb nicht auf dem Stapel »zu aufwendig« ab.

WERTSTOFFE

1. PAPIER

Sammeln Sie alte Zeitungen, benutztes Computer- und Briefpapier oder aussortierte Liebesbriefe in einer Papiertüte, einem eigens für diesen Zweck hergestellten Drahtgestell oder einer Kunststoffbox. Weisen Sie dem Behälter einen Platz zu, und bringen Sie den Inhalt regelmäßig zur Sammelstelle. Züchten Sie keinen Papierberg heran, auch wenn es gut gemeint sein mag. Bringen Sie ausgelesene Zeitschriften in die Praxis Ihres Hausarztes und Computerpapier in eine Schule.

2. KUNSTSTOFF

Die meisten wiederverwertbaren Kunststoffe sind durch ein Symbol gekennzeichnet. Einkaufstüten sollten wiederverwendet und nicht zu einem riesigen Berg aufgestapelt werden. Außerdem kann man sie als Mülleimerbeutel, für Schmutzwäsche und als Schuhbeutel (auf Reisen) verwenden. Legen Sie auch ein paar ins Auto, um Abfälle zu sammeln.

3. GLAS

Glas wird gewöhnlich nach Farbe recycelt. Man trennt Weißglas, Grünglas und Braunglas, weshalb es einfacher ist, das Glas zu entsorgen, wenn man es vorher sortiert. Waschen Sie Flaschen aus, und werfen Sie die Korken weg. Die Etiketten müssen Sie nicht ablösen. In besonders hübschen Flaschen können Sie bei Ihrer nächsten Party Wasser servieren.

4. METALL UND ALUMINIUM

Okay, das erfordert etwas mehr Aufwand. Aber aus diesen Materialien lassen sich neue Dosen und Autoteile zaubern. Suchen Sie auf Konservendosen vor dem Ausspülen nach dem Recycling-Symbol.

Auch Aluminium kann oftmals wiederverwertet werden, muss aber häufig von Metalldosen getrennt werden. Erkundigen Sie sich daher bei Ihrer örtlichen Behörde.

5. KOMPOSTIERBARE ABFÄLLE

Sammeln Sie Obst- und Gemüseabfälle, Teebeutel, Kaffeesatz, Holzasche und Papierschnitzel für den Kompost. Falls Sie selbst keinen Garten haben, suchen Sie eine Organisation oder einen Bekannten, die/der mit diesen Haushaltsabfällen etwas anfangen kann.

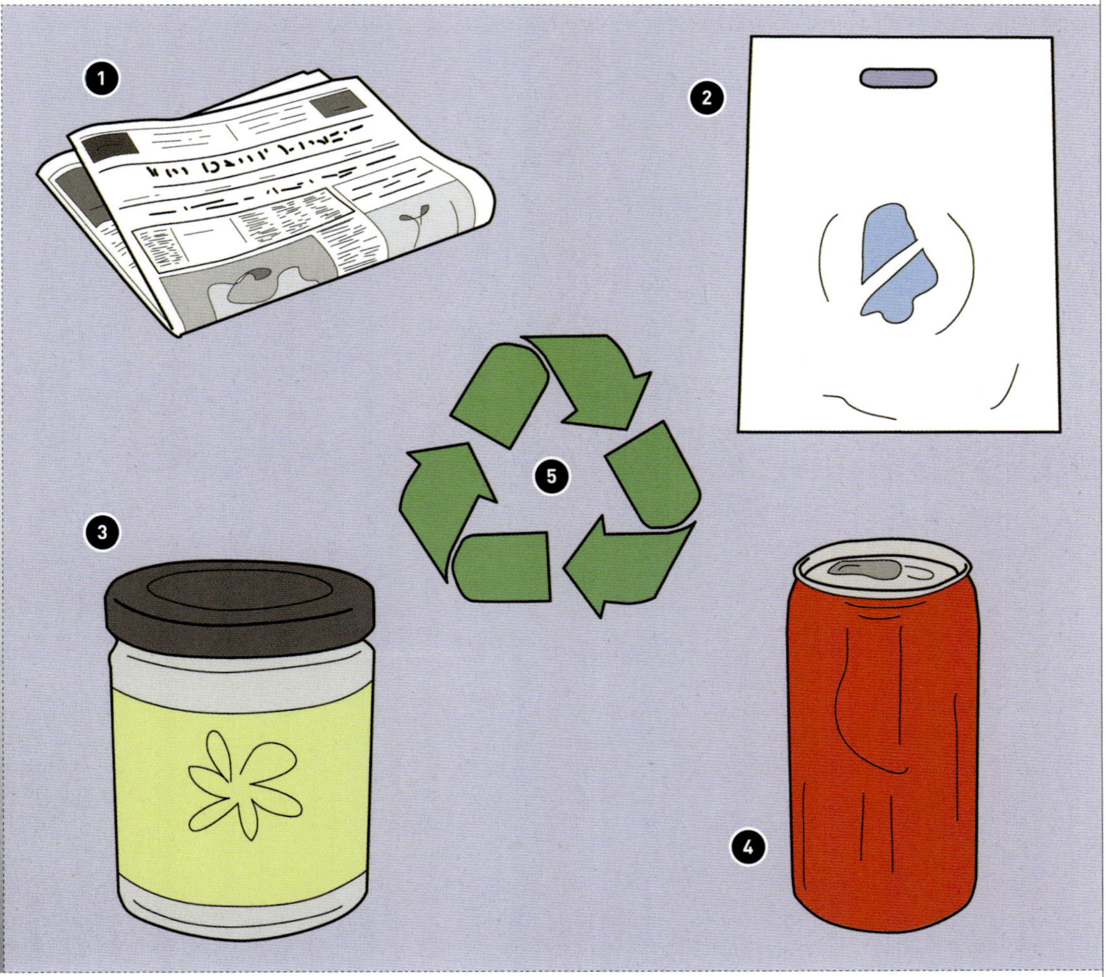

Alles auf Lager?

Ein gut sortierter Vorratsschrank ist ein absolutes Muss. Denken Sie nur daran, wie ungemein praktisch es für unsere höhlenbewohnenden Urahnen war, dass sie den größten Biomarkt aller Zeiten direkt vor der Haustür hatten (okay, für dieses Privileg mussten sie jagen und sammeln). Mittlerweile wurden Keule und Speer durch den nicht ganz so machohaften, aber häufig zuverlässigeren Einkaufswagen und die Kreditkarte ersetzt. Manche Jungs fischen an Wochenenden immer noch nach Nahrung, doch in der Regel haben sie einen Notfallplan, falls die Fische nichts von der Rute wissen wollen.

PERFEKTION IM VORRATSSCHRANK

Nun also zu den Lebensmitteln, die Sie im Haus haben sollten, damit Sie eine Mahlzeit zubereiten können, ohne extra einkaufen zu müssen.

KONSERVEN

- Fisch (Thunfisch, Sardinen, Krebsfleisch)
- Gemüse (Tomaten, Mais, Spargel, Bohnen, Erbsen, Kichererbsen)
- Obst (Pfirsiche, Apfelmus, Birnen, Himbeeren usw.)
- Suppen (die üblichen Verdächtigen – Tomaten-, Hühner-, Spargelcreme- und Ochsenschwanzsuppe plus Hummercremesuppe für besondere Anlässe)

KLEINE HELFER

- Brühwürfel (für Saucen)
- Olivenöl (für Dressings)
- Sonnenblumenöl (für Pfannengerührtes)
- Essig (Balsamico, Rotwein- und Weißweinessig und ein billiger Essig zum Fensterputzen!)
- Senf, Chutneys und andere Würzzutaten
- Salz und Pfeffer
- Kräuter und Gewürze
- Tomatenketchup, Tomatenmark und Tomatensauce
- Sojasauce, Fischsauce, Kokosmilch (für asiatische Gerichte)
- Tabascosauce, Worcestershiresauce
- Pesto (für Pasta)
- Honig
- Erdnussbutter
- Konfitüre, Marmelade und Gelee
- Schokolade (zum Schmelzen für Eiscreme)
- Kaffee, Tee und Kakao
- Sherry, Madeira und Marsala (für Saucen)

GRUNDVORRÄTE

- Nudeln, Reis (dürfen nie ausgehen!)
- Couscous (für die extravagante Küche)
- getrocknete Bohnen, Linsen und andere Hülsenfrüchte
- Mehl
- Haushaltsnatron (für Flecken und gegen Gerüche!)

Das Dasein als Jäger und Sammler ist im 21. Jahrhundert fraglos unkomplizierter als einst. Heute nennt man es Einkaufen oder Shoppen, und obwohl es vielleicht angenehmere Tätigkeiten gibt, ist ein klug gefüllter Vorratsschrank äußerst hilfreich, wenn Sie für Ihre Liebste eben mal ein Menü zaubern wollen. Und sollten Sie einen Internetanschluss besitzen, müssen Sie zum Einkaufen nicht einmal das Haus verlassen. Vergessen Sie aber nicht, dass Sie bei einem gemächlichen Bummel durch den Supermarkt etwa 250 Kalorien verbrauchen.

- Backpulver
- Frühstücksflocken (gesund und zuckerarm)
- Trockenfrüchte (zum Naschen im Büro)
- Oliven (für Cocktails und Pastasaucen)
- Chips, Cräcker und Salzbrezeln (für Gäste)
- Zucker (weiß und braun)
- Kondensmilch oder H-Milch (für Notfälle und einige Desserts)

AUSGEFALLENERE GRUNDVORRÄTE

- Polenta
- Japanische Udon-, Soba- und Ramen-Nudeln
- schwarzes Bohnenmus
- Bambussprossen
- geröstete rote Paprikaschoten im Glas

OBST UND GEMÜSE

- Zwiebeln (rot und weiß) und Knoblauch – (nicht im Kühlschrank aufbewahren, leisten Sie sich einen Drahtkorb)
- Kartoffeln (kühl und dunkel lagern)
- Tomaten (in einer Schüssel auf den Küchentisch stellen)
- Zitronen und Limetten (für Cocktails)

KÜHLWARE

Achten Sie darauf, dass Sie stets einige der folgenden Dinge im Kühlschrank haben (regelmäßig das Verfallsdatum prüfen)

- Butter, Margarine
- Milch
- Joghurt
- Käse (inkl. Parmesan)
- Fleisch, Fisch und Geflügel (falls roh, im untersten Fach aufbewahren)
- Eier
- Salatzutaten
- Wurzelgemüse (im Gemüsebehälter lagern)
- Ihr Lieblingsobst (keine Bananen oder unreifen Früchte)
- frische Nudeln
- Mayonnaise
- Fertigsaucen (für Fleisch, Fisch und Nudeln)

TIEFKÜHLWARE

Legen Sie folgende Dinge auf Eis:

- Fleisch (Hackfleisch, Wurst, Schinken, Burger) und Geflügel (Huhn – ganzes Tier, Schenkel, Flügel oder Brust), Fisch
- Auswahl an Obst und Gemüse
- Eiscreme
- frische Nudeln
- Brot, Croissants, Pizzaböden
- frischer Ingwer (für Pfannengerührtes)
- Milch
- Butter

AUFBEWAHRUNGSTIPPS

Organisieren Sie Ihren Vorratsschrank so, dass Sie benötigte Zutaten sofort finden und bemerken, wenn sie zur Neige gehen. Weitere Tipps:

- Konserven, Saucen, Nudeln, Reis usw. in Reihen oder Gruppen zusammenstellen.
- Die ältesten Konserven kommen stets nach vorn. Konserven, die sich wölben oder Rost aufweisen, wegwerfen.
- Stets das Haltbarkeitsdatum überprüfen und die Lager- und Gebrauchsanweisungen beachten. Angebrochene Flaschen und Gläser sollten in den Kühlschrank gestellt werden.
- Wurzelgemüse getrennt von anderen Obst- und Gemüsearten an einem dunklen Platz aufbewahren.
- Obst und Gemüse vor dem Verzehr waschen. Obst und Wurzelgemüse schälen.
- Angebrochene Packungen mit Mehl, Reis, Frühstücksflocken usw. wieder sorgfältig verschließen oder in ein fest verschließbares Glas umfüllen, um Krabbeltiere fern zu halten.
- Dosen nie zurück in den Kühlschrank stellen.
- Gegarte Speisen in einer Kunststoffdose oder einer abgedeckten Schüssel aufbewahren und innerhalb von zwei Tagen aufessen.
- Frische Nahrungsmittel möglichst rasch nach dem Einkauf in den Kühlschrank legen (ausgenommen unreifes Obst und Feinschmeckerkäse).
- Tierfutter getrennt von Lebensmitteln lagern.
- Vor dem Einfrieren abgepackter Lebensmittel prüfen, ob sie dafür geeignet sind.

Gesunde Ernährung

Angenommen, Ihr Körper wäre ein teurer Sportwagen, dann würden Sie sicher Wert darauf legen, dass er den bestmöglichen Kraftstoff bekommt, oder? Die Pyramide unten beinhaltet alle wichtigen Lebensmittelgruppen. Von den Basislebensmitteln sollten Sie am meisten essen. Sie wissen, dass dies vernünftig ist!

ALLES IM LOT

Für eine dauerhafte Gesundheit ist eine ausgewogene Ernährung wichtig, die sich aus verschiedenen Nahrungsmitteltypen zusammensetzt: Getreide und Hülsenfrüchte; frisches Obst und Gemüse; Fleisch, Fisch und Milchprodukte; Fette, Öle und süße Sachen. Durch die richtige Zusammenstellung können Sie Ihr Idealgewicht halten und sich alle lebenswichtigen Nährstoffe zuführen, wie Fettsäuren, Proteine, Vitamine und Mineralstoffe. Eine gesunde Ernährung schützt Herz und Arterien, stärkt das Immunsystem und reduziert die Gefahr, an bestimmten Krebsarten zu erkranken.

Halten Sie sich bei den Nahrungsmitteln an der Spitze der Pyramide links zurück. Essen Sie proteinreiche Nahrungsmittel und Milchprodukte in maßvollen Mengen, und reduzieren Sie Ihre Fettzufuhr. Wichtig ist auch, wie Nahrungsmittel zubereitet werden – Grillen ist besser als Braten, sofern es sich nicht um ein fettarmes pfannengerührtes Gericht handelt. Verzichten Sie auf Paniermehl, Ausbackteig oder anderen Teig und auf Füllungen. Gemüse wird am besten gedämpft.
Im allgemeinen nehmen Männer mit ihrer Nahrung immer genügend Protein zu sich, auch wenn sie weniger fett- und proteinreiche Speisen und mehr Obst, Gemüse und Kohlenhydrate essen. Futtert nach Herzenslust Obst und Gemüse, Jungs, sonst müsst ihr vielleicht die folgende Anzeige aufgeben:

FÜHLT SICH JEMAND ANGESPROCHEN?

Schlapper Typ mit Bierbauch sucht attraktive Partnerin mit perfekter Figur. Sie muss fettige Fertiggerichte, Imbissbuden und süße Sachen mögen. Damen, die romantische Spaziergänge und gemeinsames Kochen lieben, brauchen sich gar nicht erst zu melden.

ZAUBERZAHL FÜNF

Pro Tag sollten Sie mindestens fünf Portionen Obst und Gemüse essen. Obst und Gemüse sind ausgezeichnete Lieferanten von Vitaminen, Mineral- und Ballaststoffen und sind cholesterinfrei. Wenn Sie Heißhunger auf Süßes bekommen, essen Sie einen Apfel oder eine Hand voll Nüsse oder Trockenfrüchte. Sollte Ihnen im Büro das Objekt Ihrer Zuneigung eine süße, aber kalorienreiche Versuchung anbieten, zaubern Sie eine frische, rohe, vitaminreiche Alternative mit einem ausgefallenen Namen aus der Tasche. Das kommt immer an.

FRISCHAUF

Fertiggerichte und Lieferungen vom Pizzaservice sind auf Dauer nicht gut für Sie. Sofern Ihnen Terminkalender und Geldbeutel dies erlauben, sollten Sie frische Lebensmittel der Saison essen. Und Speisen müssen nicht unbedingt gegart sein. Sushi sind eine leckere und gesunde Alternative für das Mittagessen, rohe Austern ein Aphrodisiakum.

HERR OBER, EIN GLAS WASSER BITTE!

Trinken Sie Alkohol nur in Maßen, und legen Sie jede Woche ein paar alkoholfreie Tage ein. Denken Sie daran, wie gut man sich am nächsten Tag fühlt. Bemühen Sie sich, mehr Wasser zu trinken. Falls Sie regelmäßig Sport treiben, ist es wichtig, die durch Schwitzen verlorene Flüssigkeit zu ersetzen. Und wo wir schon dabei sind: Mäßigen Sie sich auch bei koffeinhaltigen Getränken.

NOCH EINE GUTE NACHRICHT

Dieses ganze Gerede über gesunde Ernährung deprimiert Sie? Gönnen Sie sich ein Stück Schokolade. Die alten Maya aßen zu jeder Mahlzeit Schokolade, und Untersuchungen haben bestätigt, dass sie ein natürliches Antidepressivum ist und die Freisetzung von stimmungsaufhellenden Hormonen anregt. Schokolade hebt Ihr Wohlbefinden – sind das nicht gute Nachrichten?

Sicherheit und Erste Hilfe

Nun, da Ihr Heim sauber und ordentlich ist und alles bestens funktioniert, ist es an der Zeit, darüber nachzudenken, was Sie in dem recht unwahrscheinlichen Fall tun müssen, wenn irgendein Malheur passiert.

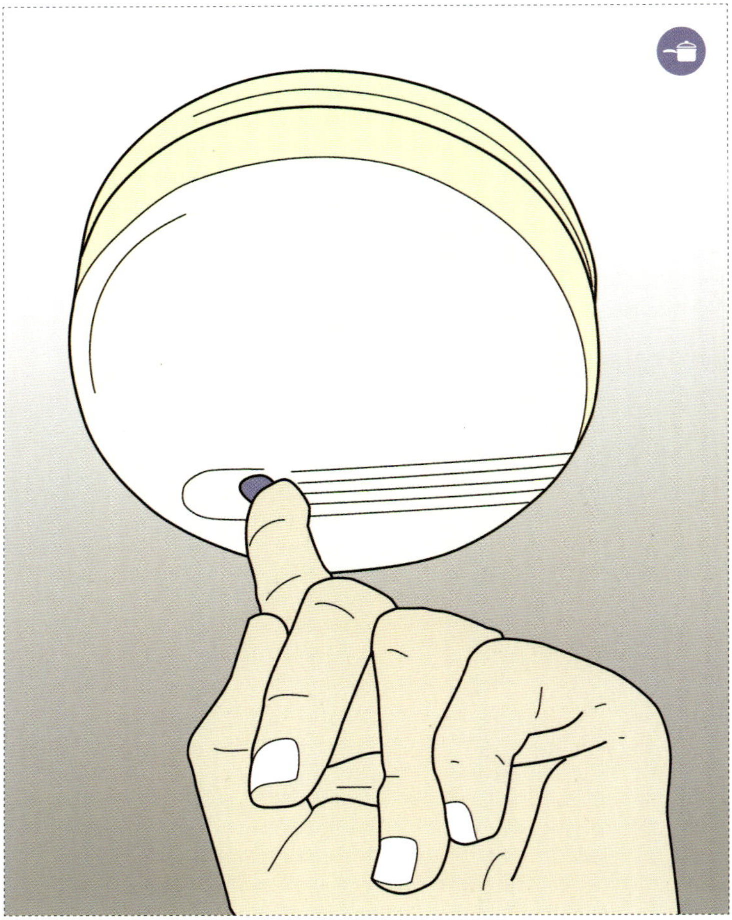

Stellen Sie fest, wo Sie das Wasser abstellen oder den Strom abschalten können. Notieren Sie sich die Telefonnummern von guten Klempnern und Elektrikern sowie Gas-, Wasser- und Stromversorgern. Recherchieren Sie die Rufnummern wichtiger örtlicher Behörden. Achten Sie darauf, dass sie stets auf dem neuesten Stand sind. Der freundliche Klempner, mit dem Sie vor ein paar Jahren zu tun hatten, genießt sein Leben jetzt vielleicht irgendwo an einem sonnigen Strand, und vermutlich ist es nicht die beste Lösung, ihn einzufliegen, damit er ein Problem in Ihrem Badezimmer behebt.

Ablage
Bewahren Sie Rechnungen für bereits durchgeführte Handwerkerarbeiten auf – vielleicht haben Sie noch Garantie, wenn wieder eine Reparatur anfällt. Dies gilt auch für Verträge und Garantien von Wartungsdiensten und Geräten wie Waschmaschine, Kühlschrank, Computer oder Ihren Vier-Scheiben-Supertoaster, für den Sie einen Haufen Geld zum Fenster hinausgeschmissen haben. Denken Sie vorausschauend. Pannen passieren. Verfluchen Sie also nicht die Sicherung, wenn sie herausfliegt. Bleiben Sie gelassen, ruhig und selbstsicher. Bleiben Sie ganz Haushaltsgott und Mann, der alles kann. Das macht Sie noch attraktiver.

Rauchmelder
Die Sicherheit Ihres Heims ist lebenswichtig, und ganz oben auf der Liste vorbeugender Maßnahmen steht die Montage eines Rauchmelders. Er meldet Rauch und giftige Dämpfe und warnt Sie mit einem markerschütternden Ton vor der Gefahr, damit Sie schnellstens den Abgang machen können. Rauchmelder sind für gewöhnlich einfach zu installieren. Befolgen Sie genau die Anweisungen des Herstellers, wie und wo sie angebracht werden müssen, und wann man die Batterien auswechseln muss. Denken Sie daran, das Gerät regelmäßig zu warten – das könnte Leben retten.

Heimwerkerwonnen
Ein wenig handwerkliches Können erspart Ihnen Geld und auch die Zeit, in der Sie auf den fraglichen Fachmann warten. Außerdem kann es Ihr Ansehen beträchtlich erhöhen, wenn Sie Probleme im Haushalt mit links erledigen. Versuchen Sie sich als häuslicher Heim-

werkergott. Keine Versprechungen, aber wenigstens können Sie so die Konkurrenz auf ein Minimum reduzieren – oder möchten Sie sich wirklich diesen verdammt gut aussehenden Klempner ins Haus holen, der vielleicht nicht nur Absperrhähne, sondern auch Köpfe verdreht? Es ist Ihnen gelungen, eine verstopfte Toilette wieder frei zu machen (→ S. 130), da könnten Sie doch auch Hand an ein verstopftes Waschbecken legen. Sind die Ursache der Verstopfung erstarrtes Fett oder Rückstände verschiedenster Art wie Kaffeesatz oder Teeblätter, versuchen Sie das Problem selbst zu lösen. Packen Sie mit beiden Händen zu – in diesem Fall mit Hilfe einer Saugglocke, die so groß sein muss, dass sie das Abflussloch vollkommen abdeckt. Sie setzen die Saugglocke auf das Abflussloch und pumpen nun energisch, bis Ihre Anstrengungen durch ein gurgelndes Geräusch belohnt werden. Möglicherweise funktioniert die Sache besser, wenn Sie etwas Wasser in das Becken lassen. Falls nicht, müssen Sie das Wasser aus dem Becken schöpfen, einen Eimer unter das Abflussrohr stellen, den Siphon aufschrauben und den Abgang der oft ziemlich widerwärtigen Rohrbesetzer abwarten. Falls Sie den Verursacher des Problems ermitteln können, sollten Sie ihn möglichst nicht noch einmal in den Ausguss kippen. Wenn Sie sich eines verstopften Abflusses im Freien annehmen möchten, müssen Sie Füße, Hände und Augen schützen. Allerdings könnte es sein, dass Sie hier im Vergleich mit dem attraktiven Klempner alt aussehen. Probieren Sie die Sache deshalb, wenn Ihr Herzblatt Sie nicht dabei beobachten kann. Möglicherweise ist die Ursache des Problems angesammeltes Laub, das Sie zuerst beseitigen. Dann entfernen Sie das Metallgitter, stecken Ihre gummiummantelte Hand in den Abfluss und versuchen die Verstopfung manuell zu beheben. Sollte das Wasser jetzt noch immer nicht ablaufen, müssen Sie vielleicht doch den Fachmann rufen. Verlangen Sie nach einem unscheinbaren Mann, der keine großen Worte macht.

KASTEN FÜR KALAMITÄTEN

Schaffen Sie sich eine Notausrüstung an, um Stromausfällen und anderen Kalamitäten gewachsen zu sein. Bewahren Sie alles zusammen an einem sicheren Ort auf. Sorgen Sie dafür, dass Ihre Mitbewohner wissen, wo sich der Notfallkasten befindet. Stellen Sie sicher, dass er für kleine zwei- oder vierbeinige Lebewesen unerreichbar ist. Hier einige Anregungen:

- Taschenlampen mit Batterien (sie müssen voll sein)
- Induktionstaschenlampe (neue Batterien sind nicht notwendig)
- Streichhölzer
- Kerzen (brennend nicht unbeaufsichtigt lassen)
- Schweizer Messer
- Mineralwasser

Entsprechend der Notlagen, in die Sie geraten könnten, ergänzen Sie weitere Dinge wie etwa Konserven, eine Leuchtpistole, einen Erste-Hilfe-Kasten, Medikamente usw.

WIE FUNKTIONIERT DAS?

Die Mikrowelle

Eine der großartigsten Erfindungen des 20. Jahrhunderts ist die Mikrowelle. Das erste Gerät wurde 1953 patentiert, und heute besitzen Millionen Haushalte eine Mikrowelle. Jedes Jahr werden darin Milliarden von Mahlzeiten schnell und problemlos zubereitet. Und die Zeit, die man mit diesem Gerät spart, kann man für andere Hausarbeiten verwenden. Aber wie funktioniert dieses technische Wunderwerk?

1 **GARGEFÄSSE:** Mikrowellen durchdringen die meisten Papier-, Glas- und Kunststoffarten, so dass in Gefäßen aus diesen Materialien Speisen erhitzt werden können. Metallgefäße werfen die Wellen zurück und sind daher ungeeignet.

2 **WELLENRÜHRER:** Er verteilt die Mikrowellen im Innenraum des Geräts.

3 **MAGNETRON:** Dieser erzeugt eine bestimmte Art elektromagnetischer Wellen (Mikrowellen). Sie werden über den Koppelstift ausgesandt und gelangen durch den Hohlleiter in den Garraum. Dort werden sie von den Reflektorflügeln verteilt. Ein Teil der Mikrowellen erreicht das Gargut direkt, andere werden von den Wänden reflektiert, was ein gleichmäßiges Garen ermöglicht.

4 **TIMER:** Eine elektrische Zeitschaltuhr steuert die Länge der Garzeit. Nach ihrem Ablauf ertönt ein Klingelzeichen. Mit dem Servieren sollten Sie aber noch wenigstens 60 Sekunden warten, um Verbrennungen vorzubeugen.

5 **SCHUTZSCHIRM:** Ein Metallgitter in der Glastür wirft auftreffende Mikrowellen in den Garraum zurück.

6 **TRANSFORMATOR:** Zusammen mit anderen Bauteilen wandelt er den Strom aus der Steckdose so um, dass er für das Magnetron nutzbar wird.

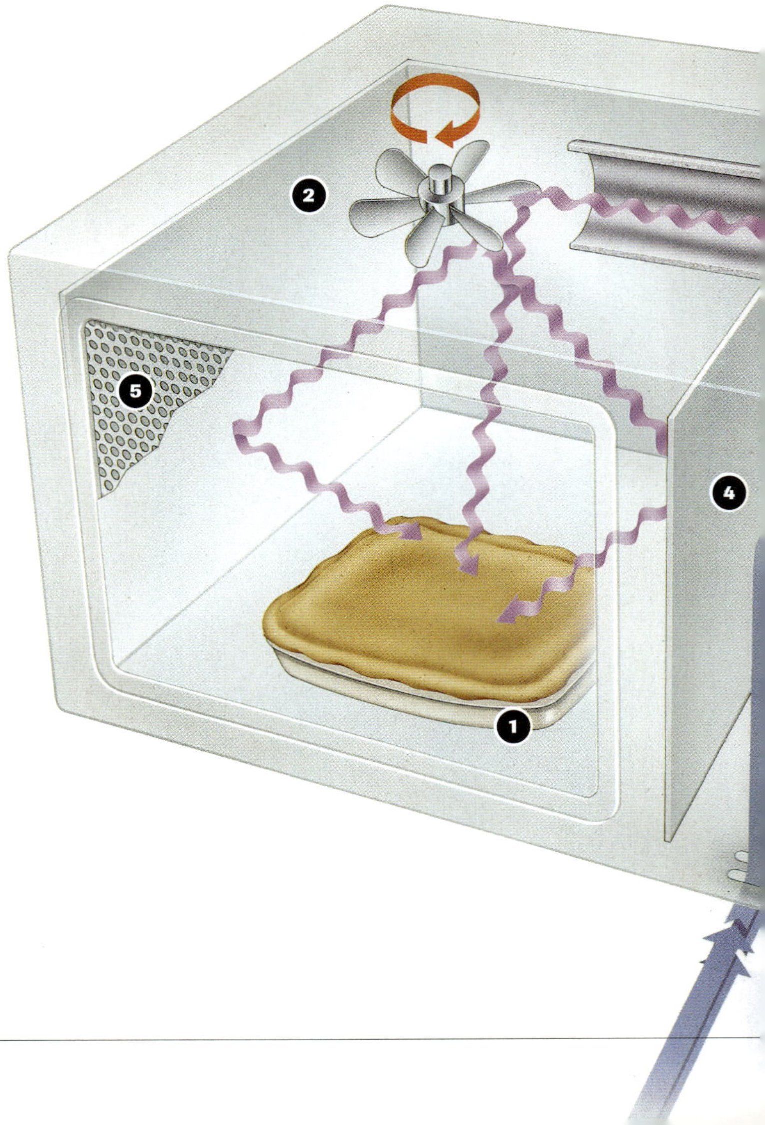

In einem Mikrowellengerät werden Speisen durch hochfrequente elektromagnetische Wellen erhitzt, die Radiowellen ähneln, aber mit 2455 Mio. Schwingungen pro Sekunde eine wesentlich höhere Frequenz besitzen. Mikrowellen versetzen in Lebensmitteln die Wassermoleküle in Schwingung, die dadurch in Bewegung geraten. Es kommt zwischen ihnen zu heftigen Rempeleien, durch die Reibungswärme entsteht. Diese wiederum lässt die Speisen garen. Die Mikrowellen werden in einem Magnetron erzeugt, das im Zweiten Weltkrieg für Radarsysteme entwickelt wurde. Später entdeckte man, dass Mikrowellen Nahrungsmittel erhitzen können, und die Revolution in der Küche nahm ihren Anfang.

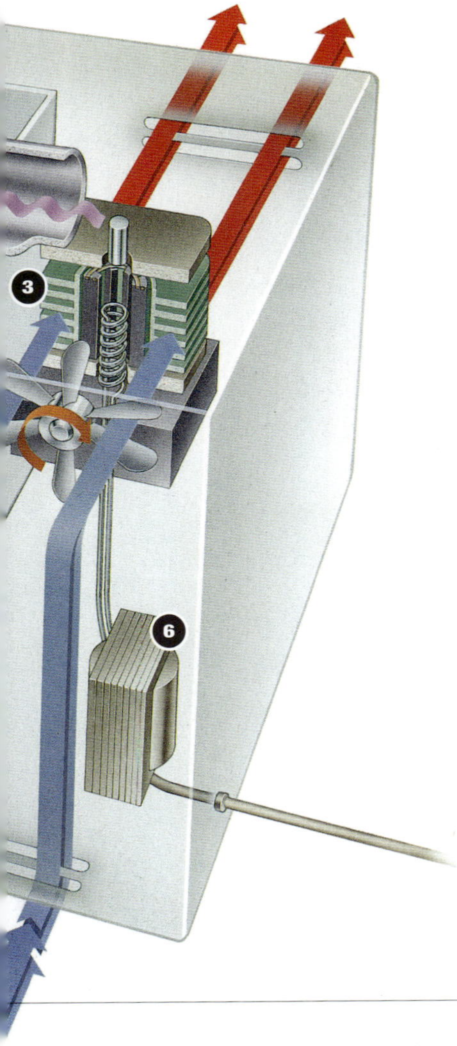

IMBISS AUFWÄRMEN

Im Idealfall isst man ein Imbissgericht, solange es noch heiß ist. Sollten Sie es erst später essen wollen, stellen Sie es sofort abgedeckt in den Kühlschrank. Verzehren Sie es innerhalb von 24 Stunden, wärmen Sie es nur einmal auf, und servieren Sie es dampfend heiß.

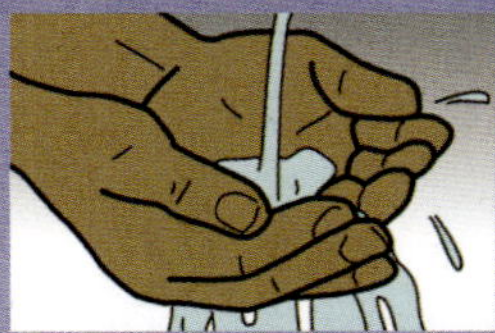

1. Die Hände mindestens zehn Sekunden mit heißem Wasser und Seife waschen. Dies ist übrigens eine ausgezeichnete Hausregel für jegliche Speisenzubereitung.

2. Behälter aus dem Kühlschrank nehmen und den Inhalt in ein Keramik- oder Glasgefäß umfüllen. Alubehälter sind für das Mikrowellengerät ungeeignet.

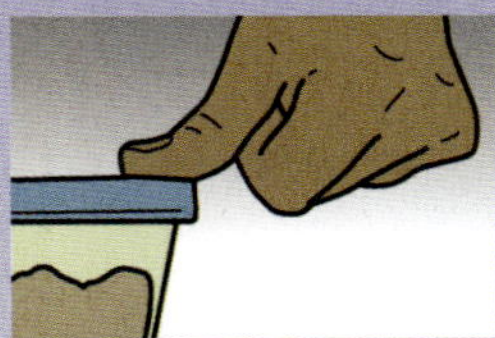

3. Das Gericht mit einem mikrowellenfesten Deckel abdecken. Es darf jedoch kein direkter Kontakt mit dem Essen bestehen.

4. Nach der Hälfte der berechneten Garzeit die Tür öffnen. Das Gericht umrühren, dann abgedeckt weitergaren.

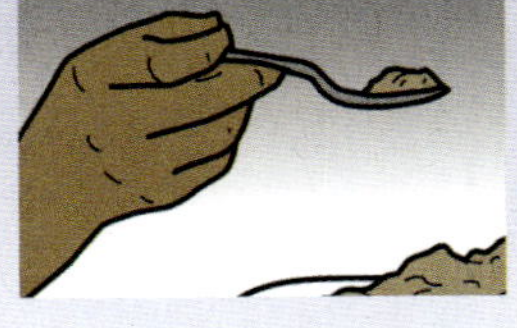

5. Beim Klingelzeichen das Gericht herausnehmen. Mit dem Servieren aber mindestens 60 Sekunden warten.

HAUSHALTSRAUM

Vorratshaltung
Sorgen Sie dafür, dass immer ausreichende Mengen an Waschpulver und Reinigungsmitteln vorhanden sind.

Oberflächen

Arbeitsflächen müssen sauber und aufgeräumt sein. Waschbeckenhygiene ist das A und O im Haushaltsraum.

Handwäsche
Handwäsche wird nicht in der Küche, sondern im Haushaltsraum erledigt.

»Ein frisches, gut gebügeltes Hemd und saubere, passende Socken sind die Merkmale eines Mannes, der sein Schicksal selbst in der Hand hat.«

SIR RICHARD BARRONS

Ein Platz für alles

Elektrogeräte gehören nicht auf den Fußboden, sondern an einen sicheren Platz. Reinigungsmittel müssen außerhalb der Reichweite von Kindern oder Haustieren gelagert werden.

Körbe

Schmutzwäsche und Bügelwäsche bewahrt man in verschiedenen Körben auf.

Im Haushaltsraum

Der Haushaltsraum ist Dreh- und Angelpunkt der Hausarbeit, um Sauberkeit und Sicherheit zu bewahren. Zu der Ausstattung gehören Waschmaschine, Wäschetrockner, Wäscheständer, Reinigungsmittel, Wäschekörbe, Bügelbrett, Schrubber, Besen, Bürsten, Eimer und Haushaltstücher sowie alte Handtücher, ein Vorrat an Toilettenpapier und Wertstoffkisten. Das Potential für Chaos ist hier sehr groß und muss auf ein Minimum reduziert werden. Und denken Sie daran, dass einige Reinigungsmittel gefährlich sein können, wenn sie in die falschen Hände geraten. Deshalb müssen sie sicher und außerhalb der Reichweite von kleinen Leuten und Haustieren aufbewahrt werden. Verwandeln Sie Ihren Haushaltsraum nicht in eine Rumpelkammer.
Rechts einige Tabus, durch deren Berücksichtigung Sie besser für Ordnung sorgen können.

ARBEITSPLAN: WAS TUE ICH WANN?

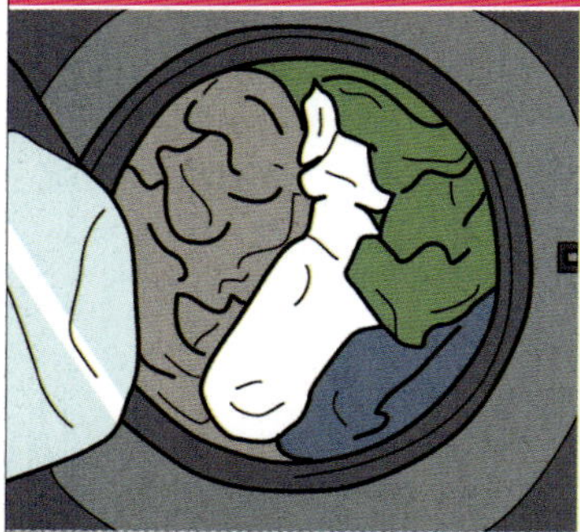

TÄGLICH:

- Arbeitsflächen aufräumen
- Schmutzwäsche sortieren
- Waschbecken putzen und Arbeitsflächen abwischen
- Abfall hinausbringen
- Über Nacht eine Maschine Wäsche waschen

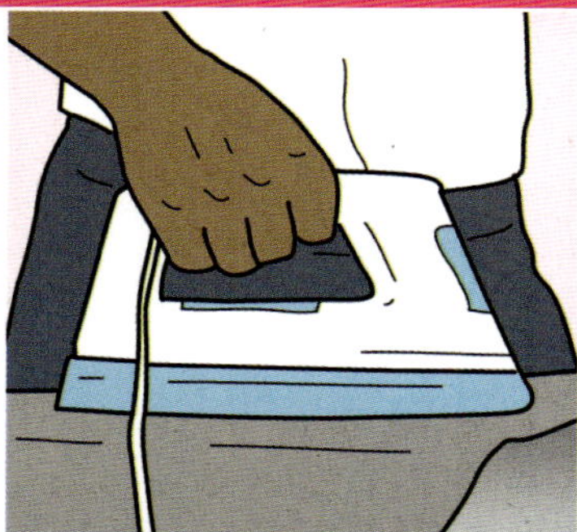

WÖCHENTLICH

- Bügeln (oder zweimal pro Woche)
- Fußboden fegen
- Vorrat an Waschpulver und Reinigungsmitteln prüfen

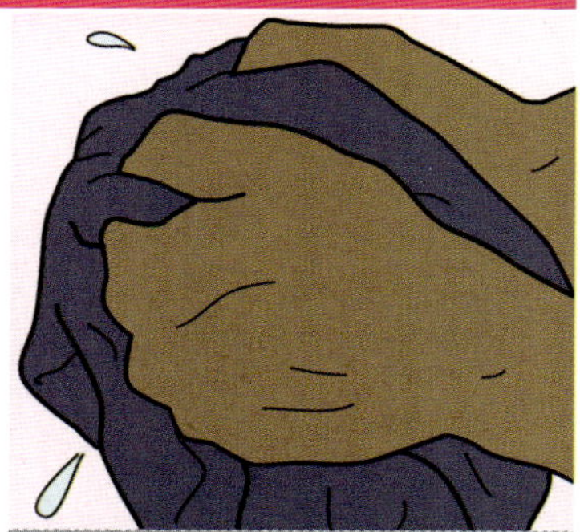

MONATLICH:

- Fußboden gründlich wischen
- Einsatzbereitschaft aller Geräte prüfen
- Wollsachen von Hand waschen
- Verschwundene Socken suchen

X TABUS

1. VOLLE TASCHEN

Ehe Sie Ihre Jeans (oder irgendein anderes Kleidungsstück, das Taschen besitzt) in die Waschmaschine stecken, müssen Sie die Taschen leeren. Geldstücke von jeglicher Größe und jeglichem Nennwert können in ihrem Innern beträchtlichen Schaden anrichten. Auch Papiertaschentücher sind tabu, wenn es nicht zu Ihren Hobbys gehört, weiße Fusseln von frisch gewaschenen dunklen Kleidungsstücken abzuzupfen. Und sofern Sie keine Geldwäsche durchführen möchten, entfernen Sie auch Banknoten.

2. KAMMERCHAOS

Die Gefahren, die von einem unordentlichen Haushaltsraum ausgehen, sind zahlreich und meist ernster Natur. Nachlässig verschlossene Reinigungsmittel können ihren riskanten Inhalt auf dem Fußboden verteilen, herumliegende leere Packungen machen leicht glauben, dass sie nicht ersetzt werden müssen. Kisten am falschen Platz sind Stolperfallen. Lagern Sie Ihre Vorräte in Schränken (falls nötig mit kindersicheren Schlössern). Das regelmäßige Überprüfen Ihrer Vorräte schont auf lange Sicht Ihren Geldbeutel.

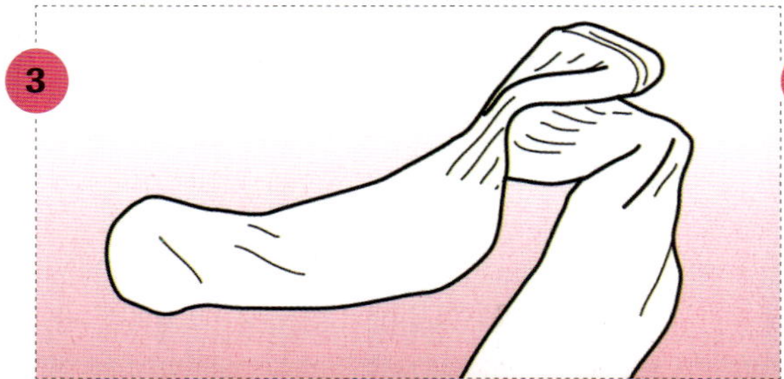

3. UNHARMONISCHE PARTNERSCHAFTEN

Eines der großen Erfolgsgeheimnisse beim Wäschemachen besteht darin, die Wäsche zu sortieren, ehe sie in die Waschmaschine wandert. Weißes kommt zu Weißem, Dunkles zu Dunklem und nicht farbechte Buntwäsche zu ihresgleichen. Dies mag selbstverständlich klingen, doch wie viele versehentlich gefärbte schweinchenrosa Socken oder T-Shirts gibt es? Verhindern Sie, dass sich eine heimtückische rote Socke unbemerkt in die Weißwäsche schmuggelt und den Waschprozess zu einem äußerst misslichen Ende bringt. Mission erfüllt – aber nicht von Ihnen, sondern von der Socke.

4. WÄSCHEBERGE

Lassen Sie es nicht zu, dass sich Schmutzwäsche auftürmt und sowohl Sie als auch den Haushaltsraum in Bedrängnis bringt. Waschen Sie regelmäßig. Stellen Sie einen Korb für schmutzige Sachen bereit und einen zweiten für die saubere Bügelwäsche. Die Körbe sollten unterschiedliche Farben haben, um Verwechslungen zu vermeiden. Denken Sie nur, wie wütend Sie wären, wenn Sie bemerkten, dass Sie den ganzen Abend sämtliche schmutzigen Blusen Ihrer Liebsten gebügelt haben. Legen Sie saubere Kleidungsstücke ordentlich zusammen, damit sie möglichst wenig gebügelt werden müssen.

Die Waschküchenaffäre:

Lieben Sie Ihre Waschmaschine

Okay, Jungs, es wird Zeit, dass ihr mit eurer Waschmaschine vertraut werdet! Ob Sie einen Haushaltsraum haben, um Ihre Wäsche zu machen, und einen Platz im Freien, wo diese trocknen kann, oder ob Sie mit einer Ecke in Ihrer Küche und ein paar Heizkörpern auskommen müssen, Ihr Leben wird unendlich leichter, wenn Sie eine innige Beziehung zu Ihrer Waschmaschine entwickeln. Falls Sie dazu nicht bereit sind, können Sie sich Wegwerf-Unterwäsche und ein neues Hemd für jeden Tag kaufen, Ihre Abende im Waschsalon verbringen oder jedes Wochenende Ihre Mutter besuchen.

Wäschesammlung

Zur optimalen Ausnutzung Ihrer Waschmaschine ist es sinnvoll, erst einmal eine größere Menge Wäsche zu sammeln. Sortieren Sie nach Farben, während Sie sammeln, weil Sie dadurch später Zeit sparen. Waschen Sie mindestens einmal pro Woche, am besten an einem Abend, an dem der Fernseher mehr zu bieten hat als Ihr Terminkalender.

Was sagen uns Pflegeetiketten?

In Ihren Kleidern befinden sich nicht ohne Grund Etiketten – sie wollen gelesen werden. Okay, es ist mühsam, doch das genaue Studium eines Pflegeetiketts gewährleistet, dass Ihr Lieblingshemd seinen Originalzustand einigermaßen bewahrt. Waschen Sie die Teile zusammen, die eine ähnliche Behandlung benötigen. Sortieren Sie die Schmutzwäsche folgendermaßen: Zunächst trennen Sie Kleidungsstücke nach Hand- und Maschinenwäsche. Dann wird die Wäsche für die Maschine noch einmal in drei Haufen geteilt – Baumwolle und Leinen, synthetische Fasern und empfindliche Textilien/Wolle. Nun müssen Sie noch die Farben berücksichtigen.

Weg mit der rosaroten Brille

Es ist wichtig, dunkle und helle Kleidungsstücke getrennt zu waschen. Textilien, die nicht farbecht sind, müssen separat oder mit ihresgleichen gewaschen werden. Denimjeans sind berüchtigt dafür, dass sie färben, selbst wenn sie als vorgewaschen verkauft werden. Stellen Sie anhand des Etiketts fest, ob ein Kleidungsstück farbecht ist. Kräftige Farben neigen zum Ausbleichen, weshalb Ihr blaues Lieblingshemd irgendwann nur noch ein Schatten seiner selbst sein könnte. Um dies zu verhindern, legen Sie es in eine Schüssel mit kaltem Wasser und Salz.

Geheimnisse der Waschmaschine

Sie müssen kein Geheimagent sein, um die Codes auf der Bedienungsleiste zu dechiffrieren, aber möglicherweise wäre es hilfreich. Es ist wichtig, bei der Programmwahl die Bedienungsanleitung für Ihre Waschmaschine zu befolgen, doch vielleicht sind die folgenden Informationen dennoch nützlich. Wenn Sie mehrere Wäschestücke zusammen waschen, wählen Sie die niedrigste der auf den verschiedenen Pflegeetiketten angegebenen Temperaturen.

Baumwolle und Leinen

Dieses Waschprogramm ist lang und heftig und die Temperatur sehr hoch (60–95°C), beim Schleudern wird eine hohe Umdrehungsgeschwindigkeit erreicht. Es geht zu wie bei einem Formel-1-Rennen – rasant, schnell und aktionsreich. Höhere Temperaturen eignen sich für weiße Baumwoll- und Leinenwäsche. Farbiges Leinen und farbechte Baumwolle sollten dagegen nicht so heiß gewaschen werden, nicht farbechte Baumwolle bei noch geringeren Temperaturen.

Synthetische Fasern

Das Waschprogramm für synthetische Materialien ist kürzer und schonender, erfolgt bei niedrigeren Temperaturen (meist um 40–50°C), beim Schleudern ist die Umdrehungsgeschwindigkeit geringer. Es eignet sich für Nylon, Polyester, Polyester mit Baumwolle, Viskose, Acrylmischungen und Acetat, aber achten Sie auf die Etiketten. Dieses Programm ist wie ein Warm-up vor dem großen Rennen – langsamere Runden, weniger Dramatik.

Empfindliche Textilien/Wolle

Dieses Programm ist am kürzesten, die Wassertemperatur liegt bei 30–40°C, und die Wäsche wird weniger geschleudert. Es eignet sich für maschinenwaschbare Wolle und Wollmischgewebe, maschinenwaschbare Seide, einige synthetische Fasern und sehr feine Textilien wie die Spitzentischdecke, die Ihre Tante Ihnen aus irgendeinem unerfindlichen Grund geschenkt hat. Es ist wie ein Oldtimerrennen, bei dem Stil mehr zählt als das Tempo, Unfälle jedoch ausgesprochen böse ausgehen können.

PFLEGEETIKETTEN DECHIFFRIEREN

WASCHEN

Waschgang 60°C (Baumwolle)

Feinwaschgang 40°C (Synthetik)

Fein- oder Wollwaschgang 30°C

Handwäsche

Nicht waschen

Die Zahl im Waschbottich gibt die empfohlene Höchsttemperatur für das Wäschestück an.

CHEMISCHE REINIGUNG

Kann gereinigt werden

Kann gereinigt werden (Buchstaben sind für die Reinigung)

Nicht reinigen

BLEICHEN

Chlorbleiche möglich

Chlorbleiche nicht möglich

TROCKNEN

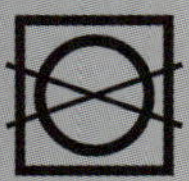
Nicht trocknergeeignet

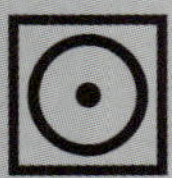
Trocknergeeignet bei niedriger Temperatur

Trocknergeeignet bei hoher Temperatur

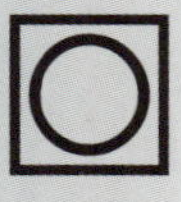
Trocknergeeignet

Flach trocknen

Zum Trocknen aufhängen

Abtropfen lassen

BÜGELN

Lauwarm bügeln Acryl, Nylon, Polyester

Mäßig heiß bügeln Polyester, Mischgewebe, Wolle

Heiß bügeln Baumwolle, Leinen, Viskose

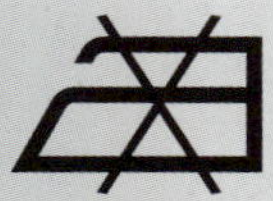
Nicht bügeln

Die Waschmaschine bestücken

Sie glauben vielleicht, das Leben sei zu kurz, um das Gewicht der Boxershorts und Hemden zu berechnen, die Sie in Ihre Waschmaschine stopfen, doch die meisten Bedienungsanleitungen empfehlen eine maximale Füllmenge – bei Baumwolle 4–5 kg und bei Synthetik 2–2,5 kg. Was ist der Grund für diesen Unterschied? Wenn robuste Materialien gegeneinander reiben, unterstützt dies den Waschprozess, und deshalb ist bei stabilen Baumwollstoffen ein enger Kontakt von Vorteil, nicht aber bei empfindlichen und synthetischen Fasern. Wenn Sie die Maschine jedoch überladen, ist das Waschergebnis unbefriedigend. Außerdem kann die Maschine dadurch aus dem Gleichgewicht geraten und umherspazieren. Achten Sie bei einem Frontlader deshalb darauf, dass auf der Wäsche noch Platz für Ihre Hand ist. Verwenden Sie nur die empfohlene Waschmittelmenge – zu viel und der Schaum wird übermütig. Vielleicht sieht das ja lustig aus, doch Sie werden erst Anerkennung bekommen, wenn Sie die Schweinerei aufgewischt haben.

Schließvorrichtungen
Schließen Sie Reißverschlüsse und Knöpfe, und legen Sie Kleidungsstücke mit Anhängseln (wie etwa einer Schnalle) in einen Kissenbezug, um Schäden an anderen Wäschestücken zu vermeiden. Entfernen Sie abnehmbare Dinge wie Anstecknadeln oder Manschettenknöpfe.

Geheimnisse der Vorwäsche
Wenn Sachen wirklich schmutzig sind, versuchen Sie es mit Einweichen. Oft hilft schon ein mehrstündiges Bad in Wasser und einem milden Waschmittel. Flecke sollten vor dem Waschen eine Extrabehandlung erhalten, entweder mit einem speziellen Fleckentferner oder einem speziellen Mittel zur Vorbehandlung. Lesen Sie die Gebrauchsanweisung, und falls Sie unsicher sind, ob sich ein Fleckentferner eignet, probieren Sie ihn zunächst an einer unauffälligen Stelle aus. Sie können Kragen oder Manschetten auch vorbehandeln, indem Sie den Anstoß erregenden Bereich mit einem angefeuchteten Stück Gallseife einreiben und anschließend mit einer kleinen Nagelbürste leicht bürsten, um den Schmutz zu lösen. Achten Sie aber darauf, dass Sie nicht zu energisch bürsten und das Gewebe schädigen. Einige zarte Gewebe wie etwa Seide mögen diese Art der Fleckentfernung nicht und können dabei ausbleichen oder Wasserränder bekommen. Viele Waschmaschinen besitzen auch ein Vorwäscheprogramm für besonders stark verschmutzte Wäsche.

Waschmittel
Für Wollsachen und die Handwäsche verwendet man nicht das für die meiste Maschinenwäsche übliche Vollwaschmittel, sondern die empfohlene Menge eines milden Spezialwaschmittels. Einige milde Waschmittel eignen sich sowohl für die Maschinen- als auch für die Handwäsche.

Enzymhaltige Waschmittel entfernen Flecke, die von proteinhaltigen Substanzen wie etwa Blut, Ei oder Milchprodukten stammen, besser. Sie eignen sich für fast alle Textilien mit Ausnahme von Seide, Wolle und besonders empfindlichen Kleidungsstücken.

Weichspüler
Neben der Eigenschaft, Textilien weicher und büggelleicht zu machen, verhindert Weichspüler als Nebeneffekt die elektrostatische Aufladung. Ein Tabu ist allerdings die Verwendung eines Weichspülers für Seide. Übrigens sollte man ihn auch nicht bei jedem Waschgang benutzen, weil sich sonst unerwünschte Fettrückstände bilden können. Geben Sie von Zeit zu Zeit ein Trocknertuch in den Wäschetrockner, damit die Wäsche glatter wird. Auch Gerüche im Schmutzwäschekorb können mit einem Trocknertuch in Schach gehalten werden.

X VORSICHT BEI BLEICHMITTELN

Bleichmittel sind aggressiv und sollten niemals für empfindliche Materialien wie Wolle, Seide oder Nylon verwendet werden. Sie können Weißes weiß machen, farbechte Farben auffrischen und manche Flecken entfernen. Aber häufiges Bleichen kann Gewebe auch schwächen und schädigen. Sauerstoffbleiche eignet sich für die meisten Textilien, und hilft, dass Weißes weiß bleibt oder Farben ihre Leuchtkraft bewahren. Aber auch dieses Mittel sollten Sie nur ab und zu benutzen und nicht in Ihr Standardprogramm für die Fleckentfernung aufnehmen.

MUTTER HUBBARDS GOLDENE WASCHTAGREGELN

Schnell handeln

Je länger ein Kleidungsstück in der Schmutzwäsche liegt, desto schlechter lässt sich der Schmutz entfernen und umso mehr beginnt es zu riechen. Schmutz plus Zeit ergeben zusammen hartnäckige, stinkende Flecke.

Am besten heiß

Je heißer das Wasser, desto besser das Waschergebnis, aber andererseits steigt mit der Temperatur des Wassers auch die Gefahr, dass Kleidungsstücke einlaufen und verblassen oder Farben ausbluten.

Flusende Handtücher

Neue Handtücher haben eine besondere Neigung, überall Flusen zu hinterlassen, und müssen vielleicht zunächst einige Male getrennt gewaschen werden.

Lieber von Hand

Maschinenwaschbare Wollsachen sind eine großartige Erfindung – kein Theater mehr mit triefnassen Pullovern, die eine Tonne wiegen. Aber Strickwaren sind berüchtigt dafür, dass sie einlaufen. Wenn das Etikett keine Maschinenwäsche erlaubt, riskieren Sie nichts. Waschen Sie das Teil von Hand, sonst könnte Ihr schöner neuer Pullover am Ende Ihrem Teddybären besser passen als Ihnen.

Aufbewahrung

Bewahren Sie Schmutzwäsche in einem Behälter auf, in dem Luft gut zirkulieren kann, etwa einem Weidenkorb.

Trocknen lassen

Stecken Sie Handtücher und Kleidungsstücke nicht feucht oder nass in den Wäschekorb. Sie müssen zuerst trocknen, weil Sie sonst ungebetenen Besuch von Schimmel bekommen.

Sofort ausräumen

Lassen Sie die Wäsche nach Programmende nicht in der Maschine liegen, denn sie könnte sonst knittern, zu riechen oder schimmeln beginnen. Igitt.

Grober Schmutz

An der Schmutzwäsche mögen sich Etiketten befinden, doch im Gegensatz zu einem guten Tropfen wird die Wäsche mit zunehmendem Alter nicht besser. Entfernen Sie vor dem Waschen lockeren Schmutz und andere eingetrocknete Substanzen möglichst weitgehend von den Kleidern.

Umdrehen

Wenn Sie verhindern möchten, dass Jeans ausbleichen, dann drehen Sie vor dem Waschen die Innenseite nach außen. Tun Sie dies auch bei Textilien mit Flor, wie Cord oder Samt.

Gleich und Gleich

Waschen Sie Kleidungsstücke, die zusammengehören, gemeinsam, damit sie, falls sie dies tun, gleichmäßig ausbleichen.

Wäschebeutel

Vielleicht wollen Sie kleine Teile wie Socken lieber in einem Beutel aus dünnem Stoff oder in einem Kissenbezug waschen? Achten Sie aber darauf, dass Sie diese Hülle richtig verschließen, damit sich während des Waschens niemand aus dem Staub machen kann. Sonst leiden Sie schnell unter dem Sockenverlust-Syndrom. Mit Sicherheitsnadeln können Sie dafür sorgen, dass Socken ihren Partnern treu bleiben.

Handwäsche/Wäsche trocknen

Von Hand werden gewöhnlich nur empfindliche Materialien gewaschen. Prüfen Sie, welche Temperatur das Etikett empfiehlt. 30°C bedeutet lauwarmes Wasser, 40°C warmes Wasser und 60°C heißes Wasser. Sachen, die leicht ihre Farbe verlieren, wäscht man kalt oder lauwarm. Sehr empfindliche Textilien sollten zunächst einige Minuten in lauwarmes Wasser gelegt werden, dann hebt man sie heraus und taucht sie mehrmals behutsam wieder unter. Anschließend spülen Sie die Sachen ebenso in lauwarmem oder kaltem Wasser, bis dieses vollkommen klar ist. Wringen Sie sehr zarte Textilien niemals aus, sondern drücken Sie das Wasser behutsam heraus. Robustere Sachen kann man energischer waschen, indem man sie rhythmisch zusammendrückt und wieder loslässt. Reiben Sie die Stoffflächen sanft gegeneinander. Wenn Sie nur deshalb von Hand waschen, weil nichts mehr in die Maschine hineinpasst oder Ihre getreue Gefährtin (Ihre Maschine, nicht Ihre Mutter oder Ihre Partnerin) unpässlich ist, gelten andere Regeln. Dann können Sie, je nach Material, zu aggressiveren Methoden greifen. Bürsten Sie verschmutzte Stellen kräftig mit einer Bürste.

Trocknen
Stadtbewohnern bleibt vielleicht nichts anderes übrig, als einen Wäscheständer in die Badewanne zu stellen oder den Wäschetrockner anzuwerfen (sofern dies die Wäsche erlaubt). Sollten Sie aber glücklicher Besitzer eines Trockenplatzes im Freien sein, nutzen Sie ihn, um der Wäsche die Chance zu geben, etwas frische Luft zu schnappen.

Im Freien
Wäsche, die im Freien trocknet, wird ausgelüftet und riecht besser, sofern Sie nicht neben einer Autobahn oder einer Fabrik wohnen. Wischen Sie die Wäscheleine mit einem feuchten Tuch ab, ehe Sie Ihre Wäsche aufhängen. Vögel lieben Wäscheleinen und haben nicht Ihre Manieren (davon gehen wir mal aus). Vor dem Aufhängen die Wäschestücke ausschütteln, um möglichst viele Knitterfalten zu entfernen. Dann klammert man sie am Saum oder an unauffälligen Stellen auf der Wäscheleine fest – oder möchten Sie an strategisch wichtigen Punkten seltsame Beulen haben? (Beantworten Sie diese Frage nicht.) All diese Maßnahmen ersparen Ihnen später beim Bügeln Zeit. Starke Sonneneinstrahlung kann weiße Sachen bleichen und wieder in einstiger Pracht erstrahlen lassen. Kräftige Farben können dagegen in der Sonne verblassen, weshalb Sie diese besser im Schatten oder auf die linke Seite gedreht trocknen. Empfindliche Sachen und Strickwaren werden (nachdem man sie behutsam wieder in Form gezupft hat) flach auf einen Wäscheständer gelegt.

In dem unwahrscheinlichen Fall, dass Sie plötzlich einen Anfall von Bügelwut bekommen, nehmen Sie Ihr Zeug noch feucht von der Leine. Ansonsten hängen Sie die Wäsche ab, sobald sie vollkommen trocken ist, und legen sie ordentlich zusammengefaltet in den Bügelkorb.

Im Haus
Wenn man Wäsche direkt auf einer Wärmequelle trocknet, können empfindliche Teile Schaden nehmen. Trocknen Sie Kleider daher besser auf einem Ständer in der Nähe eines Heizkörpers. Und räumen Sie die Sachen weg, wenn Sie Gäste erwarten. Es ist nicht ratsam, Leuten beim ersten Treffen gleich Ihre Unterwäsche vorzustellen.

Leichte, zarte Materialien wie Seide können zum Trocknen aufgehängt werden, aber andere empfindliche Sachen, die sich in nassem Zustand leicht dehnen, sollten in Form gezogen und flach auf ein sauberes Handtuch oder einen Wäscheständer gelegt werden. Hemden und Jacken kann man auf Kleiderbügeln trocknen.

Der Wäschetrockner
Bei einem Wäschetrockner sollte man die Bedienungsanleitung beachten. In einem solchen Gerät können viele Materialien getrocknet werden; bestimmte synthetische Materialien wie Acetat und Acryl, empfindliche Teile und manche Strickwaren jedoch nicht. Beachten Sie die Pflegesymbole auf den Etiketten. Bei zu hohen Temperaturen können Sachen einlaufen, gelb werden und manchmal wie Käse auf einem Burger schmelzen. Sortieren Sie Ihre Wäsche zum Trocknen ebenso wie zum Waschen, und achten Sie darauf, dass helle Textilien von dunklen und farbechte von nicht farbechten getrennt werden. Gewöhnlich können Textilien, die sich zusammen waschen lassen, auch zusammen getrocknet werden. Robuste Baumwoll- und Leinenstoffe vertragen im allgemei-

nen hohe Temperaturen, während diese bei synthetischen und empfindlichen Sachen niedriger sein müssen. Schütteln und entwirren Sie Ihre Wäsche, ehe sie in den Trockner kommt, damit die warme Luft besser zirkulieren kann und kein Houdini-Effekt eintritt. Sobald die Sachen trocken sind, hängt man sie auf oder legt sie ordentlich zusammen, damit sie möglichst wenig gebügelt werden müssen.

OH, HÄNGT SIE AUF!

Hängen Sie Ihre Wäsche möglichst bald nach dem Waschen sorgsam auf. Sachen, die Sie an Ihrer oberen Körperhälfte tragen, hängen Sie am unteren Ende auf. Sachen, die Sie an Ihrer unteren Körperhälfte tragen, am oberen Ende.

1 Bettwäsche
Naht auf Naht zusammenfalten und mit 15 cm Überschlag über die Leine legen. An den Ecken festklammern. Sie sollte ungefähr wie eine Hängematte aussehen.

2 Hemden
Hemden wie gezeigt spannen und am Saum anklammern. Die Außenzipfel zweier Nachbarhemden mit einer Klammer feststecken, um Platz zu sparen.

3 Unterhosen/ Boxershorts
Am Bund anklammern – eine kleine Fürsprache für kleine Teile, die keine hässlichen Abdrücke an unmöglichen Stellen haben möchten.

4 Handtücher
Handtücher vor dem Aufhängen kräftig ausschütteln, mit handbreitem Überschlag über die Wäscheleine hängen und festklammern.

5 Kurzärmelige Hemden
Am Saum aufhängen, sonst bekommen Sie Klammerabdrücke an den Schultern, die nicht besonders attraktiv aussehen.

6 Socken
An den Zehen anklammern und auf der Leine auf Linie halten, sonst marschieren sie nicht im Gleichschritt.

7 Hosen
Am Bund festklammern, dabei den Stoff etwas umfalten, damit die Hosen sicherer hängen.

8 T-Shirts
Auch am Saum aufhängen.

Flecklösungen

Falls Sie nicht möchten, dass Ihre Kleidung Geschichten über Ihre Missgeschicke bei der Rasur und Malheure mit dem Ölmessstab erzählt, werden Sie sicher erfreut sein zu hören, dass es im Handel verschiedene Produkte gibt, um verräterische Spuren zu beseitigen wie z. B. Fleckentferner in Stiftform, die sich gut für schmutzige Kragen und Manschetten eignen. Sollten Sie einfachere Mittel vorziehen, hier einige Vorschläge, wie Sie alltäglichen Flecken in waschbaren Textilien beikommen können.

Wie ein Fleck behandelt werden muss, hängt von der Ursache ab, aber wie üblich gibt es für die Fleckentfernung ein paar goldene Regeln. Diejenigen, die den vorangegangenen Exkurs über Schmutzwäsche aufmerksam gelesen haben, wird dies nicht überraschen.

- Schauen Sie auf das Pflegeetikett, und wenn es die chemische Reinigung empfiehlt, ab in die nächste Reinigung.
- Verlieren Sie keine Zeit. Jede Minute zählt. Ein frischer Fleck ist verwundbar, ängstlich und unsicher. Wenn Sie schnell handeln, können Sie ihn vielleicht davon überzeugen, dass er sich besser widerstandslos aus Ihrer Hose entfernt. Mit zunehmendem Alter entwickelt er möglicherweise aber so viel Starrsinn, dass er zu einer unliebsamen, bleibenden Erinnerung wird.
- Verwenden Sie zur Behandlung des Flecks nur ein weißes oder helles Tuch (dies gilt sogar für Geschirrhandtücher). Sicher möchten Sie dem interessanten khakifarbenen Curryfleck auf Ihrer Hose durch Ihr altes rotes T-Shirt nicht auch noch einen rosa Ton hinzufügen.
- Wenn Sie unsicher sind, wie ein bestimmtes Material auf einen Fleckkiller reagiert, probieren Sie diesen an einer unsichtbaren Stelle des Kleidungsstücks aus, z. B. auf der Innenseite einer Tasche oder am Saum.
- Diese Bemerkung mag überflüssig sein, aber denken Sie daran, zunächst die Reste des Fleckverursachers mit einem saugfähigen sauberen Tuch abzutupfen oder mit einem stumpfen Messer abzuheben.
- Damit der Fleck sich nicht ausbreitet oder noch tiefer in das Gewebe eindringt, legen Sie die betroffene Stelle mit der linken Seite nach oben auf ein sauberes Tuch. Auf diese Weise können Sie dem Fleck in den Rücken fallen.
- Bearbeiten Sie den Fleck von außen nach innen.

FLECKENTFERNUNG VON A–Z

Blut
Einen frischen Blutfleck weichen Sie etwa 30 Minuten in kaltem Wasser ein. Dann waschen Sie die Textilie mit einem enzymhaltigen Waschmittel. Bei einem älteren Fleck mischen Sie etwas Salmiakgeist mit kaltem Wasser und betupfen ihn damit. Anschließend normal waschen.

Curry
Curryflecken sind zäh. Weichen Sie die verschmutzte Stelle in warmem Wasser ein, das Sie immer wieder erneuern. Dann betupfen Sie den Fleck mit einer Mischung aus gleichen Teilen Glyzerin und Wasser, die Sie eine Stunde einwirken lassen und anschließend ausspülen. Zum Schluss das verschmutzte Teil mit enzymhaltigem Waschmittel waschen.

Ei
Zunächst heben Sie dicke Krusten behutsam ab. Dann legen Sie den Fleck in eine Mischung aus 25 g Borax und 600 ml kaltem Wasser oder in Salzwasser. Flecke von rohem Ei können auch in enzymhaltigem Waschmittel eingeweicht werden. Flecke von gegartem Ei weicht man in Salzwasser ein. Nach dem Ausspülen legt man die Textilie in klares Wasser und wäscht sie anschließend.

Erbrochenes
Schaben Sie die Reste ab, waschen den Fleck in kaltem Wasser und weichen ihn dann mit enzymhaltigem Waschmittel ein. Anschließend erfolgt eine normale Wäsche. Und benehmen Sie sich in Zukunft besser.

Fett (Butter, Margarine, Mayonnaise, Speiseöl usw.)
Verrühren Sie etwas Haushaltsnatron und Wasser zu einer Paste, und lassen Sie diese 30 Minuten auf den Fleck einwirken. Dann legen Sie die Textilie in warmes Wasser mit mildem Waschmittel. Oder man weicht den Stoff 30 Minuten, je nach Alter des Flecks auch bis zu mehreren Stunden, in enzymhaltigem Waschmittel ein. Das Wasser sollte die höchste Temperatur haben, die das Material verträgt.

Gras
Sind Ihre weißen Golfhosen an manchen Stellen grün? Eine Wäsche mit enzymhaltigem Waschmittel sollte Grasflecke weitgehend beseitigen, schlimme Verfärbungen weicht man jedoch in einer Lösung aus 55 g Bleichsoda und 2,5 l warmem Wasser ein. Anschließend wäscht man sie aus. Oder die Flecke vor dem Waschen mit Brennspiritus betupfen.

Kaugummi
Legen Sie die Textilie in einem Folienbeutel in den Gefrierschrank. Wenn der Kaugummi hart geworden ist, lässt er sich ablösen. Oder die verschmutzte Stelle in Wasserdampf halten (Vorsicht, die Finger!), bis der weich gewordene Kaugummi abgezogen werden kann. Letzte Reste entfernt man mit etwas Waschbenzin und einem sauberen Lappen.

Kerzenwachs
Entfernen Sie zunächst möglichst viel Wachs mit einem stumpfen Messer. Legen Sie die verschmutzte Fläche zwischen zwei Stücke Küchenpapier. Dann fahren Sie mit dem warmen Bügeleisen über den Fleck. Das Wachs bleibt am Papier haften. Wiederholen Sie diese Prozedur, bis das Wachs vollkommen entfernt ist.

Lippenstift und Öl
Haben Sie Lippenstiftspuren auf Ihren weißen Stoffservietten, oder sind Sie mit der Fahrradkette aneinandergeraten? Dann durchforsten Sie Ihren Aromatherapie-Kasten nach etwas Eukalyptusöl. Geben Sie ein paar Tropfen auf den Fleck, die Sie einige Minuten einwirken lassen, ehe Sie die Textilie wie gewohnt waschen. Oder betupfen Sie den Fleck mit einem mit Waschbenzin getränkten Tuch.

Ölfarbe
Betupfen Sie den Fleck mit einem in Waschbenzin getauchten sauberen Tuch. Nach dem Ausspülen waschen Sie die Textilie wie üblich.

Rotes oder dunkles Obst, Rote Bete, alter Rotwein
Weichen Sie den Fleck in Glyzerin etwa 30 Minuten ein, und waschen Sie ihn dann mit Wasser auf. Oder Sie gießen aus einiger Höhe heißes Wasser auf den Fleck und lassen es durch das Gewebe laufen. Dadurch löst sich manchmal die Verschmutzung.

Rotwein
Auf dem Teppich verschütteten Rotwein sollte man mit Weißwein begießen. Nehmen Sie reichlich Weißwein, und lassen Sie ihn 10–15 Minuten einwirken, ehe Sie ihn mit lauwarmem Wasser auswaschen. Ein anderes altbewährtes Mittel ist Salz, mit dem man den Fleck großzügig bedeckt. Dann wartet man einige Stunden, bürstet das Salz ab und weicht den Fleck in Wasser und enzymhaltiges Waschmittel ein.

Rost
Eine Mischung aus 1 Esslöffel Salz und dem Saft einer Zitrone auf den Fleck geben. Nach einer Stunde ausspülen und die Textilie normal waschen. Sofern die Farbe es erlaubt, in der Sonne trocknen lassen.

Schokolade
Betupfen Sie den Fleck mit lauwarmem Wasser, dem Waschmittel zugefügt wurde, oder mit einer einfachen Mischung aus Borax und kaltem Wasser (siehe Ei).

Schuhcreme
Mit Waschbenzin betupfen und dann normal waschen.

Schweiß
Legen Sie den Fleck in warmes Wasser mit einer Hand voll Haushaltsnatron. Statt Natron kann man auch 1–2 Esslöffel Zitronensaft oder Branntweinessig verwenden. Oder tragen Sie mit einem Schwamm eine Mischung aus 5 ml Salmiakgeist und 500 ml Wasser auf. Diese anschließend sofort ausspülen, dann wie üblich waschen.

Tee und Kaffee
Tupfen Sie Glyzerin auf den Fleck, reiben Sie es mit einem sauberen Tuch ein, und waschen Sie es anschließend mit warmem Wasser wieder aus. Oder den Fleck in enzymhaltigem Waschmittel einweichen.

Tinte
Kugelschreiber- und Filzstiftflecken lassen sich manchmal durch eine normale Wäsche entfernen. Hartnäckigere Tintenflecke mit einem in Spiritus getauchten Wattebausch einreiben, dann wie üblich waschen.

DER HAUSHALTSGOTT

Diese unschuldigste und allgegenwärtigste aller Flüssigkeiten – H_20 – (Nichtchemikern besser als Wasser bekannt) ist eine Ihrer wirksamsten Waffen bei der Fleckbekämpfung. Aber Sie dürfen nur lauwarmes oder sogar nur kaltes Wasser verwenden (sofern es sich nicht um einen Fettfleck handelt), da heißes Wasser einen Fleck fixieren und ihn zu einem dauerhaften Zeugen Ihrer miserablen Essmanieren machen kann. Geben Sie Textilien mit Flecken auch nicht in den Trockner, und achten Sie darauf, dass Sie Flecke nicht bügeln, außer Sie haben vor ihnen kapituliert – auch hier kann Hitze den Fleck unsterblich machen.

Probleme ausbügeln

Während Sie dies lesen, tragen Sie vielleicht stolz ein perfekt gebügeltes Hemd mit adretten Manschetten und einem makellosen Kragen. Wenn ja, sind Sie mal ehrlich: Haben Sie es selbst gebügelt? Oder handelt es sich um ein bügel- und knitterfreies Modell? Vielleicht tragen Sie auch überhaupt kein Hemd, sondern ein Outfit aus 100% Polyester oder ein Ensemble, das seit Jahren kein Bügelbrett mehr gesehen hat. Besitzen Sie überhaupt ein Bügelbrett? Suchen Sie nach einem langen Objekt mit zusammenklappbaren Beinen, das an einem Ende schmaler wird (nein, das ist Ihre Mitbewohnerin). Es wird Zeit, einige Dinge zu klären.

Heiße Sache
Bügeln gehört nicht zu den vergnüglichsten Hausarbeiten. Das muss einfach mal gesagt werden. Betrachten Sie es als Äquivalent zu Ihrer ungeliebtesten Arbeit im Büro. Wenn sie erledigt ist, sind Sie gewiefter, klüger und härter als die Konkurrenz. Versuchen Sie's. So schlimm ist es nicht.

Einige Grundvoraussetzungen

- Ein Bügelbrett – (oder eine harte hitzeunempfindliche Fläche, auf der Sie eine glatte und hitzebeständige Auflage befestigen können). Denken Sie nicht einmal im Traum an den antiken Esstisch.
- Ein Bügeleisen - Achten Sie darauf, dass die Unterseite sauber ist. Wenn Sie auf der Bügelsohle (dem Fahrgestell) Verunreinigungen und verbrannte Zeugen Ihres letzten Bügelversuchs befinden, werden diese auf Ihre Wäsche übersiedeln. Testen Sie die Temperatur an einer unauffälligen Stelle des Stoffs, um Verschmelzungen, Verbrennungen oder eine Überhitzung der Gemüter zu vermeiden.
- Eine Dose Sprühstärke (für Baumwollhemden) – eines der kleinen Wunder des Lebens.
- Wasser – zum Einsprengen von zu trockenen Teilen (sofern Sie kein Dampfbügeleisen besitzen). Sie können die Wäsche von Hand oder mit einem Zerstäuber befeuchten.
- Vorsortieren der Wäsche – Arbeiten Sie sich durch die Temperaturskala Ihres Bügelwäschehaufens, der zweifellos verschiedene Fasertypen enthält. Beginnen Sie mit der niedrigsten Stufe für synthetische Fasern und Seide, und bügeln Sie zum Schluss mit der höchsten Temperatur Leinen und Baumwolle.

X VORWEG NOCH DIE TABUS

- Bügeleisen werden heiß. Berühren Sie nicht die Bügelsohle, sonst verbrennen Sie sich. Es gibt tatsächlich Leute, die machen das.
- Bügeln Sie nie, aber wirklich niemals ein Kleidungsstück, das Sie gerade am Körper tragen. Menschen haben keine Pflegeetiketten.
- Verlassen Sie nicht den Raum, solange das Bügeleisen eingeschaltet ist.

An die Arbeit, Jungs!
Betrachten Sie Bügeln als Arbeit, mit der Sie glänzen können.

1. Prüfen Sie, ob Ihr Bügelbrett die richtige Höhe hat. Egal, ob Sie im Sitzen oder im Stehen arbeiten, Sie sollten Ihre Hände auf das Brett legen können, ohne Arme oder Rücken beugen zu müssen.
2. Prüfen Sie die Empfehlungen des Herstellers auf den Pflegeetiketten Ihrer Wäsche, und stellen Sie die Temperatur des Bügeleisens entsprechend ein. Dechiffrieren Sie das Punktesystem auf Ihrem Bügeleisen. Ein Punkt bedeutet lauwarm (für synthetische Fasern), zwei Punkte bedeuten mäßig heiß (für Seide und Wolle) und drei Punkte heiß (für Baumwolle und Leinen). Können Sie keine Punkte entdecken, handelt es sich vermutlich um ein Spielzeug-Bügeleisen.
3. Prüfen Sie, ob Sie das Wäschestück links bügeln sollten. Dies ist vor allem bei Samt, Acryl und Cord sowie bestickten Sachen und Kunstleder empfehlenswert. Seide, Rayon und Wolle sollten ebenfalls links und mit einem Tuch (z. B. einem sauberen weißen Geschirrtuch oder einer Serviette) abgedeckt gebügelt werden. Ein sauberes Handtuch auf dem Bügelbrett verhindert, dass unerwünschter Glanz entsteht. Auch dunkle Baumwolle oder dunkles Leinen sollten von links gebügelt werden, damit sie nicht zu glänzen beginnen.

WIE MAN ZEIT SPART

- Wenn Sie Wäsche nach dem Waschen richtig aufhängen, ist sie nach dem Trocknen glatter und muss weniger gebügelt werden. Legen Sie Wäsche, die Sie aus dem Trockner nehmen, gleich zusammen, und lassen Sie die Sachen nicht ewig im Wäschekorb liegen.
- Unterwäsche, Taschentücher, Geschirrtücher, Handtücher und Sweatshirts brauchen nicht gebügelt zu werden.
- Wenn Sie Geschirr- und Taschentücher unbedingt bügeln wollen, dann bügeln Sie zwei oder drei gleichzeitig.
- Streichen Sie Ihre Jeans mit der Hand glatt und sparen Sie sich das Bügeln.
- Bügeln Sie nur die sichtbare Seite von Bettbezügen.

EIN HEMD BÜGELN

Okay, nun wissen Sie Bescheid und können zur Tat schreiten. Erste Aufgabe – ein Hemd (nein, nicht Ihr bestes Stück, das wäre wirklich übertriebener Ehrgeiz). Sie legen es auf das Bügelbrett, streichen es mit der Hand glatt, und los geht's. Denken Sie daran, dass kreisende Bewegungen Schäden verursachen können. Führen Sie das Bügeleisen hin und her, wobei Sie nur leichten Druck ausüben. Knitterfalten werden durch Wärme, nicht durch Gewalt beseitigt. Bügeln Sie zuerst die Teile des Hemds, die besonders dick sind, wie Kragen, Manschetten, Schultersattel und Taschen – sie knittern nicht so leicht, wenn Sie den Rest der Arbeit erledigen.

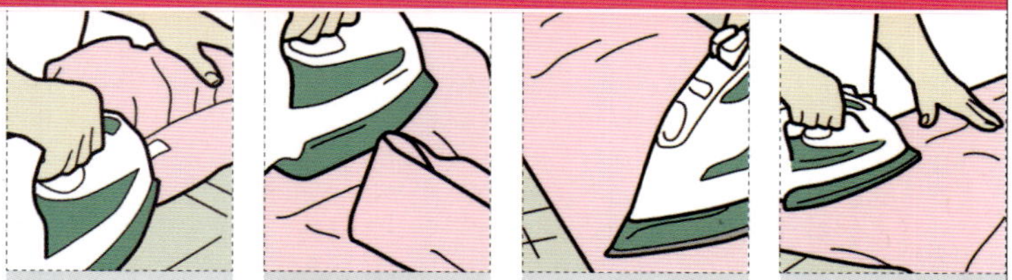

1. Mit dem Kragen beginnen, linke Seite zuerst: Von der Mitte nach außen bügeln und wieder zurück. Mit der rechten Seite ebenso verfahren. Nach dem Bügeln den Kragen umfalten und mit der Hand ausstreichen.

2. Nun der Schultersattel: Eine Schulter über das schmale Ende des Bretts ziehen und den Sattel vom Ärmel zur Rückenmitte bügeln. Auf der anderen Seite wiederholen.

3. Die Manschetten: Zuerst innen, dann außen bügeln.

4. Es folgen die Ärmel: Jeden Ärmel von der Manschette beginnend erst vorn, dann hinten bügeln. Manche Leute verwenden dazu ein Ärmelbrett.

5. Zum Schluss der Rumpf: Zuerst die eine, dann die andere Vorderseite bügeln. Das Bügeleisen vorsichtig um die Knöpfe führen. Knöpfe, die gebügelt werden, können schmelzen. Und den Rücken nicht vergessen.

HOSEN BÜGELN

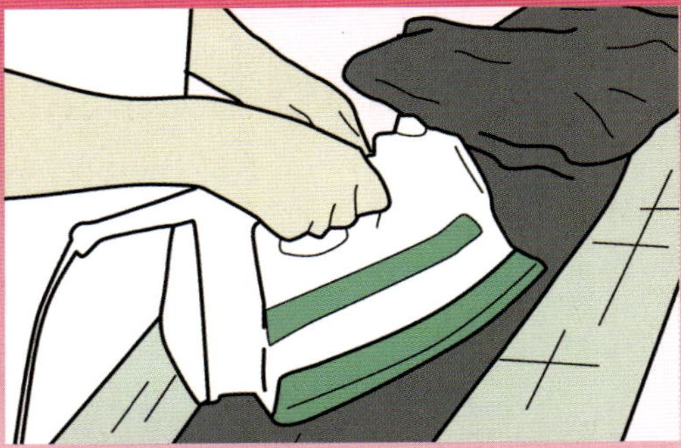

1. TASCHEN: Die Taschen nach außen stülpen, auf das Brett legen und bügeln.
2. BUND: Den Hosenbund über das Bügelbrett ziehen. Den oberen Teil der Hose bügeln, dabei das Kleidungsstück vom Körper weg weiterdrehen.
3. BEINE (INNEN): Die Hose flach hinlegen, ein Bein auf dem anderen, Innennähte aufeinander. Das obere Bein zurückschlagen und die Innenseite des unteren Beins bügeln. Die Hose umdrehen und das Ganze wiederholen.
4. BEINE (AUSSEN): Die Innennähte bleiben aufeinander liegen. Die Außenseiten beider Beine bügeln.
5. AUFHÄNGEN: Die Hose sofort aufhängen.

Wolle bügeln – ein drückendes Problem

1. Sie legen ein sauberes farbechtes Handtuch unter das Kleidungsstück (das vollkommen trocken und auf die linke Seite gedreht sein sollte).
2. Ihr Bügeleisen ist auf mittlere Temperatur gestellt. Sollten Sie kein Dampfbügeleisen besitzen, legen Sie ein feuchtes Handtuch auf das Kleidungsstück. Drücken Sie nun das Eisen fest darauf. Sie dürfen es wirklich nur darauf drücken, denn wenn Sie hin- und herfahren, bekommt das Wollteil vielleicht an den falschen Stellen Beulen.
3. Das fertig gebügelte Teil nicht aufhängen, sondern zusammenlegen.

Hilfe!

ICH MÖCHTE PERFEKTE BÜGELFALTEN – HILFE!
Bügeln Sie die Falten mit einem kräftigen Dampfstoß.

ICH HABE AN DEN SÄUMEN FURCHTBARE ABDRÜCKE – HILFE!
Reiben Sie leicht mit einem feuchten Schwamm darüber.

DIE KATZE HAT DIE GANZE NACHT AUF MEINEM SCHLIPS GESCHLAFEN. WIE KANN ICH IHN BÜGELN – HILFE!
Wenn Sie einen Seidenschlips bügeln möchten, drehen Sie ihn auf die Innenseite und legen ein trockenes Handtuch darauf.

ICH HABE SCHRECKLICHE FLECKE AUF DER BÜGELSOHLE – HILFE!
Sollte es sich um Sprühstärke handeln, können Sie diese mit einem handelsüblichen Spezialreiniger entfernen. Wenn Sie ein Hausmittel vorziehen, tragen Sie mit einer sauberen alten Zahnbürste eine Paste aus Haushaltsnatron und Wasser auf. Dann reiben Sie, bis die Sohle sauber ist.

MEIN BÜGELEISEN IST VÖLLIG VERSTOPFT – HILFE!
Lesen Sie die Bedienungsanleitung. Möglicherweise dürfen Sie nur destilliertes Wasser in den Tank des Bügeleisens füllen.

ICH HABE KERZENWACHS AUF MEINER HOSE, DER TISCHDECKE UND DEM TEPPICH – HILFE!
Entfernen Sie große Stücke von Hand. Den Rest bügeln Sie mit Küchenpapier aus. Was haben Sie eigentlich mit den Kerzen getrieben?

ICH KANN NICHT BÜGELN – HILFE!
Doch, Sie können. Man braucht etwas Übung, aber Sie werden Ihr Bügeleisen bald lieben.

BÜGELN IST SOOOO LANGWEILIG. WAS KANN ICH DAGEGEN TUN – HILFE!
Hören Sie sich eine CD oder »Krieg und Frieden« als Hörbuch an. Fernsehen sollten Sie nicht, sonst könnten Ihre Hemden ein völlig neues Design bekommen.

WAS TUE ICH BLOSS GEGEN DIESEN RIESIGEN HAUFEN BÜGELWÄSCHE – HILFE!
Behalten Sie Ihre Bügelwäsche dadurch im Griff, dass Sie einen Abend pro Woche am Bügelbrett verbringen. Sonst haben Sie irgendwann kein Hemd mehr für das Büro oder ein vielversprechendes Rendezvous. Bleiben Sie dran, oder werden Sie Polyesterkönig.

DER HAUSHALTSGOTT

Wolle und dunkle Stoffhosen können beim Bügeln einen unerwünschten Glanz erhalten. Legen Sie deshalb ein sauberes Geschirrtuch oder Handtuch darüber. Bügeln Sie niemals Kunststoff-Reißverschlüsse. Sie schmelzen, und dann stehen Sie im Freien.

Die Waschmaschine

Waschmaschinen gibt es als Toplader und als Frontlader. Frontlader verbrauchen oft weniger Wasser und Strom, lassen sich unter die Arbeitsplatte in der Küche schieben und waschen Ihre Wäsche angeblich sanfter. Außerdem haben sie meist höhere Schleuderdrehzahlen. Bei Frontladern entsteht die Bewegung durch das Drehen der gerippten Trommel. Bei Topladern werden Ihre Sachen von rotierenden Schaufeln herumkommandiert, die sicherstellen, dass die Wäsche von Wasser und Waschmittel durchdrungen wird. Toplader besitzen ein größeres Fassungsvermögen. Zuspätkommer werden noch eingelassen, und der teure Designerpullover aus Cashmere Ihrer Liebsten kann noch gerettet werden. Puh. Vielleicht nicht der Einzige, der nach ein paar Runden eine schlechtere Form hat als vorher.

Dank der revolutionären Mikrochip-Technologie können bei beiden Maschinentypen Trommelbewegung, gewünschte Temperatur, Wasserstand, Programmablauf und die Drehzahl beim Schleudern eingestellt werden. Waschmaschinen arbeiten heutzutage Hand in Hand mit den modernen Waschmitteln, die Mitte des 20. Jahrhunderts entwickelt wurden. Diese Mittel lösen Schmutz und Fett problemlos aus Textilien.

Waschmaschinenhersteller haben auch Methoden entwickelt, um Wäsche zu trocknen. Wäscheschleudern, in denen das Wasser mit Hilfe einer schnell rotierenden, gelochten Trommel aus der Wäsche gedrückt wurde, erleichterten das Leben bereits in den 1920er-Jahren. In den 50ern kamen dann Wäschetrockner auf den Markt, die die Wäsche in einer sich langsam drehenden Trommel trocknen, durch die warme Luft geleitet wird. Die Wärme entzieht der Wäsche Feuchtigkeit, die durch einen Schlauch oder einen Kondensator abgeführt wird. Kombigeräte können sowohl waschen als auch trocknen und sind wirklich platzsparend.

Kombigerät als Frontlader

Wenn die Zeitschaltuhr anspringt, öffnen sich die Ventile und berieseln die Wäsche in der Trommel mit Wasser und Waschmittel. Wenn die Trommel vollgelaufen ist, dreht sie sich und wäscht die Wäsche. Eine Pumpe pumpt das schmutzige Wasser ab. Dann fließt durch die Ventile sauberes Wasser nach und spült die Wäsche. Im Schleudergang wird das Wasser aus der Wäsche gedrückt. Anschließend trocknet heiße Luft die Wäsche.

Waschmittel-Wissenschaft

Das Waschmittelmolekül

Das negativ geladene Ende eines Waschmittelmoleküls sucht das Wasser, das Kohlenwasserstoffende wird von Wasser abgestoßen.

Fleckumzingelung

Die wasserabstoßenden Enden der Waschmittelmoleküle werden von Fett angezogen. Nach und nach sammeln sich Moleküle um den Fleck, bis er vom Waschmittel umzingelt ist.

Problemlösung

Die vom Waschmittel umzingelten Fettpartikel können sich nicht länger an den Stoff klammern und schwimmen nun frei herum. Die wasserliebenden Enden der Waschmittelmoleküle lösen sich im Wasser, wodurch die Fettteilchen fortgespült werden können.

WOHNZIMMER

Krimskrams
Alte Zeitungen haben hier nichts zu suchen. Sie sind Schnee von gestern. Auch Zeitschriften und Bücher sollten aufgeräumt und regelmäßig aussortiert werden.

Oberflächen
Tischplatten müssen aufgeräumt, abgestaubt und mit Politur behandelt werden.

Zimmerdekoration
Ein Kaktus ist pflegeleicht und bringt Farbe und Form in das Wohnzimmer. Außerdem mag er die warme, trockene Luft.

»Ein Platz für alles und alles ist an seinem Platz.«

WILLIAM MORRIS

Urbaner Chic
Ein Couchtablett macht Mahlzeiten im Wohnzimmer ungefährlich und sofafähig.

Fußboden
Lassen Sie keine Sachen auf dem Boden herumliegen, und saugen Sie regelmäßig.

Pflanzenkultur
Die Blätter von Zimmerpflanzen müssen behutsam gesäubert und die Pflanzen regelmäßig gegossen werden.

Im Wohnzimmer

Schauen Sie sich in Ihrem Wohnzimmer um. Was sehen Sie? Wenn Sie nichts anderes entdecken können als wohl geordnete Stapel aktueller Zeitschriften, leere Papierkörbe, ordentliche Buchreihen, akkurat sortierte CDs und Videos, herzlichen Glückwunsch! Sie befinden sich in einer chaosfreien Zone. Wahrscheinlicher ist jedoch, dass Sie mal wieder gründlich aufräumen müssen. Im Wohnzimmer ist Unordnung ein Ungeheuer, das Zeit verschlingt. Unternimmt man nichts dagegen, frisst es auch Platz und Energie und tyrannisiert uns, was Sie mit körperlichem und seelischem Kräfteverlust bezahlen werden. Allein der Anblick von zu großem Chaos und Durcheinander kann jegliche Motivation rauben, Ordnung zu schaffen. Zum Glück lässt sich aber recht leicht verhindern, dass es erst so weit kommt.

ARBEITSPLAN: WAS TUE ICH WANN?

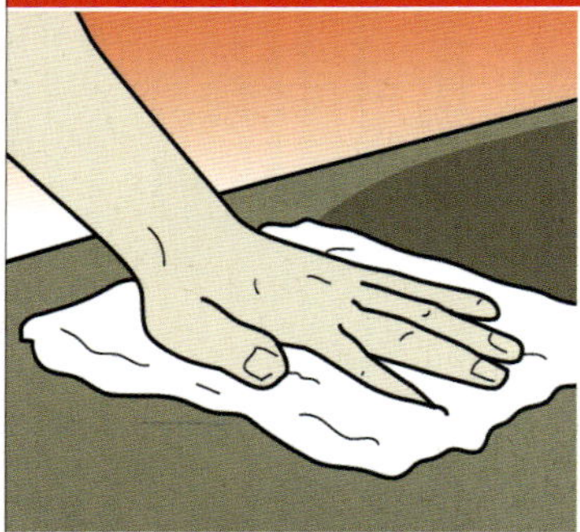

TÄGLICH:
- Tische und Fußboden freiräumen
- Schmutzige Flächen abwischen
- Zeitungen in den Papiermüll bringen
- Bücher und Zeitschriften aufräumen
- CDs und Videos einsortieren
- Schmutzige Teller und Tassen beseitigen
- Speisereste und leere Dosen entfernen
- Papierkörbe leeren
- Kissen aufklopfen
- Fernbedienungen suchen und an einen gut sichtbaren Platz legen

WÖCHENTLICH:
- Fußboden fegen oder saugen
- Läufer und Teppiche gründlich saugen
- Überall Staub wischen
- Holzmöbel polieren
- Glasflächen sorgfältig säubern
- Spiegel putzen
- Kamin sauber machen
- Frische Blumen besorgen
- CDs und Videos ordnen
- Aufräumen

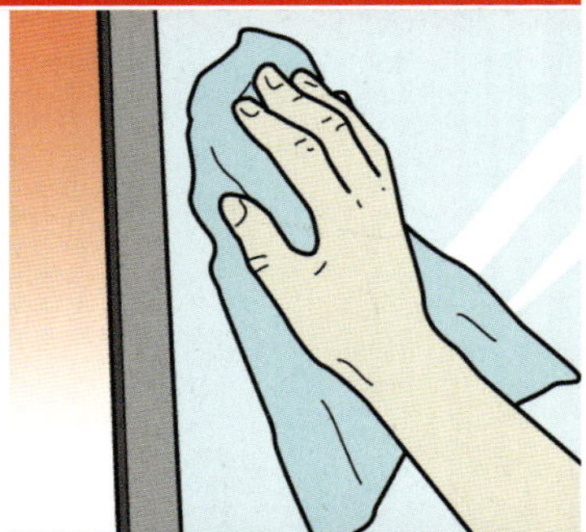

MONATLICH:
- Spinnweben von den Wänden entfernen
- Deckenventilatoren abstauben und reinigen
- Sofas und Kissen absaugen
- Fenster putzen
- Kamin gründlich säubern
- Zeitschriften einsortieren oder wegwerfen
- Pflanzen abstauben
- Lampenschirme abstauben
- Gardinen und Jalousien entstauben
- Türrahmen abwischen
- Rauchmelder überprüfen

X TABUS

Sagen Sie dem Chaos Ade und Hallo zur Hygiene. Auf dem Weg zu einem chaosfreien, sauberen, positiven Wohnbereich bedeutet heimatlos soviel wie hoffnungslos, also weg mit dem störenden Zeug:

1. ZEITZEUGEN

Zu den schlimmsten Chaosverursachern im Wohnzimmer gehören schmutziges Geschirr, stinkende Essensreste, Bierdosen (halbleer oder zerquetscht), volle oder halbvolle Tassen und Gläser, und alles was unter die Rubrik »schmutzig und einsam« fällt. Räumen Sie auf, sobald Sie mit dem Essen fertig sind – lassen Sie kein Schmutzgeschirr im Wohnzimmer herumliegen. Verpackungen von Imbissmahlzeiten gehören in den Abfalleimer oder die Wertstoffkiste.

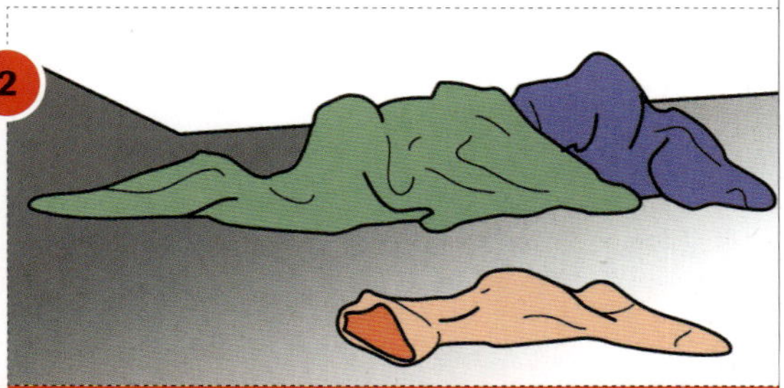

2. HERUMLIEGENDE KLEIDUNGSSTÜCKE

Es ist sehr verführerisch, Mäntel, Pullover, schmutzige Taschentücher, ausgezogene Socken und Schlipse herumliegen zu lassen, wenn Sie einfach nur noch ins Bett möchten. Aber das führt dazu, dass sich bald Ihr halber Kleiderschrank im Wohnzimmer breit macht, während anderswo ein leerer Schmutzwäschekorb gähnt. Herumliegende Kleiderstücke machen keinen besonders guten Eindruck auf Herzdamen und Gäste. Dies ist ein Wohnzimmer, kein Fundbüro.

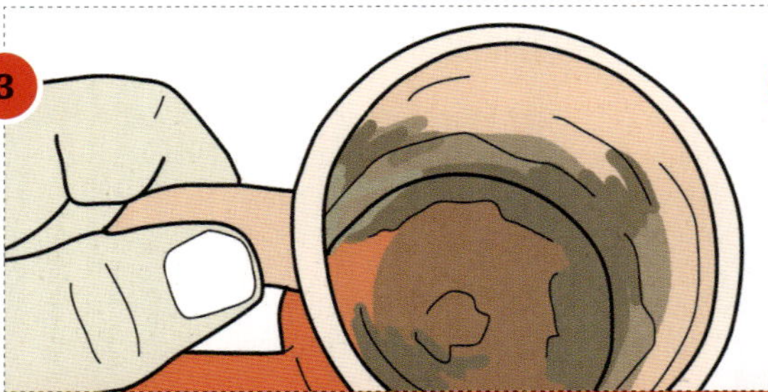

3. HALBVOLLE TASSEN

Falls Sie nicht eine seltene Vorliebe für abgestandenen kalten Kaffee haben, lassen Sie keine Tassen traurig und einsam auf dem Tisch oder Fußboden stehen, so als wären sie Teil eines wissenschaftlichen Experiments oder seltsamen Stilllebens. Bringen Sie benutzte Tassen in die Küche, wo sie hingehören. Erlauben Sie nicht, dass sie hässliche Ränder auf Möbeln hinterlassen. Sonst haben Sie und die Heinzelmännchen nur noch mehr Arbeit. Übrigens: Heinzelmännchen gibt's leider nicht.

4. ÜBERQUELLENDE ASCHENBECHER

Überquellende Aschenbecher sind ein absolutes Tabu. Ihnen mangelt es an jeglichem optischen Reiz, aber nicht nur das: Sie stinken und gefährden die Gesundheit. Einmal geniest, und die Asche fliegt durch die Luft. Ein tolpatschiger Gast und überall Kippen. Wenn Sie unbedingt rauchen müssen, denken Sie an die anderen. Lassen Sie keine ekligen Aschenbecher und leeren Zigarettenschachteln im Wohnzimmer herumlungern. Öffnen Sie die Fenster. Lassen Sie frische Luft herein.

Das große Aufräumen

Wenn Sie über einen Stapel alter Zeitungen stolpern, auf einer vergessenen Zeitschrift ausrutschen oder an einem Morgen, an dem Sie zu einer wichtigen Sitzung müssen, erst einmal eine halbe Stunde nach Ihren Hausschlüsseln und Kreditkarten suchen müssen, dann wissen Sie, dass das Chaos ein gefährliches Stadium erreicht hat. Notwendig sind nun zwecks einer geordneteren Existenz eine konzertierte Aktion gegen das Durcheinander, ein paar nützliche Verstauideen und weniger Schlampigkeit.

Kampf dem Chaos

Alles, was wir zur Haustür hereintragen, braucht einen vorläufigen oder dauerhaften Platz oder einen Platz im Abfalleimer. Also wohin mit dem ganzen Zeug?

Unkontrolliertes Sammeln, unnötiges Aufbewahren und schiere Faulheit sind Feinde jedes ordentlichen Haushalts. Das Argument, dass alte Zeitschriften »vielleicht Informationen enthalten, die ich noch brauche«, ist oft nichts als eine Ausrede für planloses Horten. Und Entschuldigungen wie »Hab keine Zeit zum Aufräumen« hört man häufig in Wohnzimmern mit zu wenig Stauraum. Zeitungen, Zeitschriften und Bücher sind im Wohnzimmer Platzfresser. Alte Zeitungen, die sich in einer Ecke auftürmen oder zerfleddert auf dem Sofa räkeln, stellen in mehrfacher Hinsicht ein Ärgernis dar. Sie sehen hässlich aus (außer Sie schaffen aus ihnen abstrakte Kunstwerke), sind eine potentielle Brandgefahr und nehmen Platz weg. Also Jungs, rafft euren Lendenschurz zusammen, beschließt aufzuräumen, macht euch an die Arbeit und trennt die Sachen in nützliche und nutzlose Dinge.

Alle nützlichen Sachen brauchen eine Heimat. Wenn wichtige Dinge wie CDs und Zeitschriften obdachlos bleiben, denken Sie darüber nach, ob Sie ein Regal in irgendeine Nische bauen. Unterscheiden Sie die Dinge, die Sie täglich brauchen, von denen, die Sie einfach nur nicht fortwerfen können. Häufig benutzte Sachen sollten einen leicht zugänglichen Platz erhalten, andere kommen auf den Dachboden, unter die Treppe oder sonstwohin. Die nutzlosen Sachen können Sie wegwerfen, oder vielleicht haben Verwandte, Freunde oder Wohltätigkeitsorganisationen noch Verwendung dafür.

Verlotterte Sitzmöbel

Sofas, die aussehen, als hätte auf ihnen ein Elefant übernachtet, schlecht geträumt und dabei zertrampelte Kissen auf dem Boden verstreut, wirken nicht gerade einladend. Statt »Hallo und willkommen!« sagen sie »Hau bloß ab!« Verlotterte Sitzmöbel sind nicht nur hässlich, sondern auch unhygienisch und verbreiten eine »negative« Atmosphäre.

Halten Sie Ihre Sofas und Sessel in Schuss, indem Sie Polster und Kissen regelmäßig aufklopfen und absaugen. Der Krümeltest – Sie fahren mit einer kleinen Staubsaugerdüse oder, schlimmer, mit der Hand die Ritzen der Polstermöbel entlang – ist eine einfache, schnelle Methode, um reiche Ernte an Münzen, Krümeln und alten Chipstüten einzufahren, und befreit Ihr Mobiliar überdies von der Aura der Überbeanspruchung.

Sorgen Sie für Ordnung, indem Sie neben Sofas und Sesseln Zeitschriftenständer aufstellen oder einen niedrigen Couchtisch mit einer Ablage unter der Tischplatte kaufen (aber reißt euch zusammen, Jungs – versteckt dort nicht heimlich Pizzaschachteln).

Messies

Messies sind Experten im Anlegen von Haufen unter der Rubrik »Das könnte ich vielleicht noch gebrauchen«. Lassen Sie sich nicht dazu hinreißen, außer Sie haben solche Sachen in der Vergangenheit nachweislich sinnvoll verwendet. Fragen Sie sich im Zweifelsfall, ob Sie schon jemals aus Haufen alter Zeitungen entzückende Pappmachéschalen gebastelt haben. Seien Sie ehrlich und unbarmherzig, und durchbrechen Sie den Teufelskreis.

Schneiden Sie beim Lesen Ihrer Zeitschriften wirklich interessante, nützliche Artikel aus. Diese heften Sie dann sofort in Ordnern ab, statt wieder einen neuen Haufen zu schaffen. Da wenig Chaos genauso schlecht wie großes Chaos ist, bewahren Sie die jeweiligen Ordner dort auf, wo sie gebraucht werden. Bücher, die Sie ausgelesen haben, sollten zurück in das Bücherregal wandern oder gemeinnützigen Zwecken zugeführt werden.

Zwischenlager

Eine Form der Zwischenlagerung ist das Aufbewahren wichtiger Papiere in Kisten, bis man Zeit hat, sie endgültig abzulegen, oder Fotos in einem Schuhkarton zu sammeln in der Hoffnung, sie demnächst an einem verregneten Tag in Alben einzukleben. Selbst eine Kiste für Altpapier, in der dieses zur grünen Tonne transportiert werden kann, ist eine effektive Art der Zwischenlagerung. Sollte Sie die Vorstellung, alle Ihre Zimmer auf einmal aufzuräumen und für alles eine letzte Ruhestätte finden zu müssen, erschlagen, richten Sie ein paar Zwischenlager ein, und sofort werden Sie sich besser fühlen.

DAS CHAOSMANTRA

Murmeln Sie dieses Mantra, während Sie Ihr Chaos beseitigen:

AUSDAUER
UND
FLEISS
RICHTEN
ALLES,
ENERGIE
UND
MUSKELKRAFT
ELIMINIEREN
NOTORISCHES CHAOS

- Stellen Sie einen Behälter bereit, damit Sie schnell aufräumen können, falls Ihre Mutter unerwartet zu Besuch kommt – Holzkörbe, Kisten auf Laufrollen und Pappkartons können schnell gefüllt und im Abstellraum versteckt werden.
- Lassen Sie nicht zu, dass freie Flächen zugestellt werden. Machen Sie täglich einen Rundgang, und sammeln Sie Papier und Kleider ein, die woanders hingehören.
- Männerspielzeug wie Spielkonsolen, Hi-Fi-Zubehör und andere kleine technische Spielereien können in einem hübschen Behälter, vorzugsweise hinter dem Sofa, aufbewahrt und bei Bedarf herausgeholt werden.
- Bringen Sie Ihrem Haustier bei, herumliegende Sachen einzusammeln und in den Haushaltsraum zu bringen, wenn es dafür als Belohnung einen Leckerbissen bekommt.

Ordnungssysteme
Nachdem Sie Ihr Hab und Gut auf Haufen verteilt und den jeweiligen Nutzungsgrad bewertet haben, beginnen Sie mit der Unterbringung. Während kurzlebige Dinge eine vorübergehende Herberge erhalten können, sollten Sie sich in Ihrem Wohnzimmer nach Aufbewahrungsmöglichkeiten für Dinge umsehen, die Sie immer wieder brauchen.

Eine Kombination aus frei stehenden und eingebauten Möbeln ist oft die richtige Lösung für die Unterbringung all Ihrer Bücher, Zeitschriften und technischen Geräte. Lassen Sie sich von Zeitschriften und Fernsehsendungen inspirieren, welche Schränke, Kommoden, Tische und Stapelkisten Ihren Bedürfnissen am besten gerecht werden.

DER HAUSHALTSGOTT – TREPPE

Wenn Sie immer wieder Sachen die Treppe hinauftragen müssen, aber nicht ständig laufen wollen, leisten Sie sich einen Korb, in dem Sie die Sachen sammeln.

Staub wischen

Die meisten Leser dieses Buches werden vermutlich kaum eine Vorstellung davon haben, wie gerissen Staub ist. Wahrscheinlich ignorieren sie ihn einfach oder tun so, als würde er nicht existieren. Aber Achtung – dadurch bringen Sie sich in Gefahr! Hausstaub ist sehr, sehr schlau. Er dringt in alle Ritzen, wohnt unter dem Sofa, kriecht in Ihr Bett – und beim leisesten Lüftchen startet er durch – um in Ihre Körperöffnungen und Ihren Computer einzudringen. Er fällt sogar über Ihr Essen her. Im Dunkeln ist er unsichtbar, er bewegt sich lautlos – er ist Ihr Feind. Es wird langsam Zeit, ihn ernst zu nehmen, Jungs! Staub ruft Allergien hervor, lockt Schädlinge an und lässt Gerüche entstehen. Er muss verschwinden.

Kampf dem Staub

Regelmäßiges Abstauben und Staubsaugen ist ein absolutes Muss. Denken Sie daran, dass Sie auch Staubmilben bekämpfen müssen. Das sind hässliche kleine Spinnentiere, die man mit dem bloßen Auge nicht sehen kann. Ihre Ernährung besteht aus einer proteinreichen Diät aus Haut (hauptsächlich Ihrer und der Ihrer Haustiere) und anderen organischen Substanzen. Ihre Abfallprodukte (Exkremente und pulverisierte Leichen) können Allergien auslösen und Asthmatikern Probleme bereiten. Staubmilben sind unangenehme Hausgenossen und müssen vertrieben werden.

Staub sammelt sich nicht nur auf waagrechten Flächen in Augenhöhe – auch auf Wänden setzt er sich ab. Fensterrahmen, Gardinen und Fensterläden können erstaunlich staubig werden, und auch jener schwer erreichbare Platz über der Tür ist ein beliebter Aufenthaltsort von obdachlosen Staubpartikeln.

ENTSTAUBUNGSTECHNIKEN

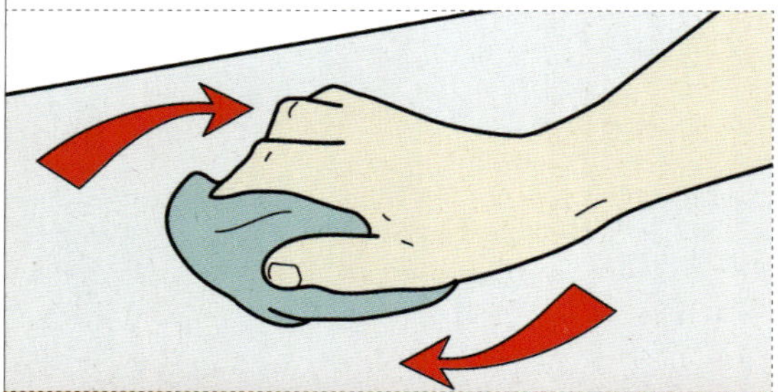

VON WAND ZU WAND

Abstauben ist eine Frage der Strategie, die nicht darin besteht, dass Sie ein altes Hemd suchen und mit ihm nach dem Auseinanderreißen über diese oder jene Fläche fahren, um sich dann mit einem letzten Tusch und einem zufriedenen Grinsen vor möglicherweise vorhandenem Publikum zu verbeugen. Wie bei jeder anderen Arbeit spielen auch hier die Werkzeuge eine wichtige Rolle. Benutzen Sie stets ein sauberes Tuch, sonst werden Sie den Staub nur von einer Fläche auf die andere transferieren. Entstauben Sie Wände mit kreisenden Bewegungen. Arbeiten Sie dabei von oben nach unten und von links nach rechts (auf diese Weise wissen Sie stets, was Sie bereits entstaubt haben).

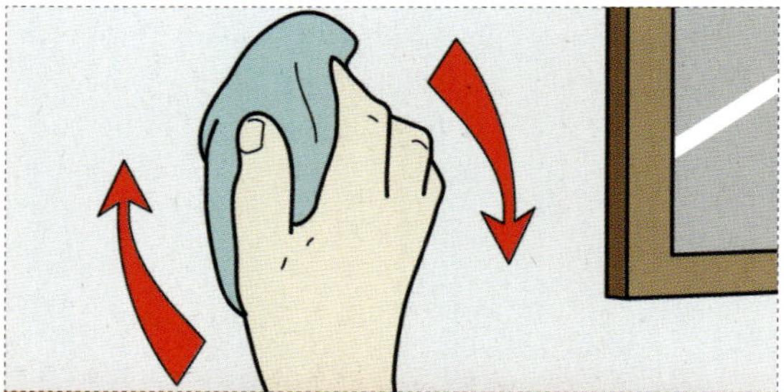

VOM BODENKAMPF ZUM LUFTANGRIFF

Wenden Sie beim Abstauben empfindlicher Flächen keine Gewalt an. Richtig ist ein entschlossenes, aber behutsames Vorgehen. Ihre Bewegungen sollten elliptisch oder kreisförmig sein, und nicht ruckartig, sondern gleitend. Staubwedel wirbeln Staub meist nur auf, statt ihn zu binden und zu beseitigen (was Ziel dieser Übung ist, falls Sie das noch nicht begriffen haben). Die Staubpartikel fliegen einfach umher und lassen sich an anderer Stelle wieder nieder. Die Staubumverteilungstheorie taugt nichts. Leisten Sie sich ein paar anständige Staubtücher, und sorgen Sie dafür, dass diese stets sauber sind. Benutzen Sie nie, aber wirklich nie eine schmutzige alte Socke.

WAFFEN UND TAKTIKEN

Bei der Staubbeseitigung gibt es ein paar nützliche Grundregeln, was man tun und was man lassen sollte:

Von oben nach unten

Arbeiten Sie immer von oben nach unten, von hoch nach tief. Es ist sinnlos, einen niedrigen Tisch abzustauben, ehe Sie den Staub von den Wänden entfernt haben, weil Sie sonst die Arbeit doppelt machen müssen.

Staubfänger

Ihre Aufgabe besteht nicht darin, den Staub umzuverteilen. Ziel ist es, dass er an Ihrem Tuch haften bleibt, statt ziellos im Raum herumzufliegen. Sollten Sie einen Staubwedel Ihr eigen nennen, Vorsicht! Er verteilt mehr Staub als er entfernt.

Eins nach dem anderen

Wischen Sie vor dem Saugen immer erst Staub, außer Ihnen macht Staub wischen so viel Spaß, dass Sie gleich noch einmal von vorn anfangen möchten.

Trockene und feuchte Tücher

Für Holzflächen benutzt man ein trockenes Tuch, für andere Flächen feuchtet man das Tuch etwas an.

Baumwolltücher

Benutzen Sie weiche, saubere Baumwolltücher oder alte (saubere) Geschirrtücher. Synthetische Fasern binden den Staub nicht ausreichend (außer es handelt sich um Spezialtücher).

Holz

Wischen Sie Holz niemals feucht ab. Verwenden Sie hier ein trockenes Tuch und ein Möbelspray oder Politur.

Bewegungsablauf

Arbeiten Sie mit festen, aber sanften elliptischen oder kreisenden Bewegungen. Behandeln Sie die Dinge mit Respekt. Wenn Sachen im Weg stehen wie etwa Glas- und Porzellanschalen, Lampen und Nippes, die für Sie oder eine andere Person hohen sentimentalen Wert besitzen, lautet die Strategie nicht »schieben«, sondern »hochheben«. Mission erfüllt. Bewundern Sie Ihr Werk.

Waschen und wischen

Durch regelmäßiges Abstauben und Absaugen bleiben auch Wände und Zimmerdecken in gutem Zustand, und der große Frühjahrsputz wird weniger erschreckend, mühsam und zeitraubend. Benutzen Sie zum Absaugen von Zimmerdecken und Wänden die Pinselbürste, wobei Sie wieder nach dem Prinzip von oben nach unten, von hoch nach tief (→ S. 60, Staubwischen) vorgehen. Sonst haben Sie doppelte Arbeit.

RAN AN DIE WAND

Hier die Grundausstattung für die Reinigung von Zimmerdecken und Wänden:

- Staubsauger, um Staub von Zimmerdecken und Wänden zu entfernen.
- Stabile, trittsichere Leiter oder ein hoher Hocker.
- Eimer mit Wasser und mildem Allzweckreiniger (zuerst die Gebrauchsanweisung lesen) und ein zweiter Eimer mit klarem Wasser.
- Sauberes Tuch (oder Schwamm) x 3.
- Partnerin (willig, nicht genervt), Freund (hilfsbereit und zuverlässig) oder Nachbar (nett, nicht rachsüchtig).
- Nicht notwendig – Schwindelanfälle oder ein Kater.

Wandpflege

Ehe Sie mit der Arbeit beginnen, müssen Sie prüfen, ob Ihre Wände wirklich abwaschbar sind. Bei den meisten Ölfarben sollte es keine Probleme geben, doch manche Wandfarben können durch Abwaschen Schaden nehmen. Führen Sie deshalb zunächst an einer unauffälligen Stelle einen Test durch. Vielleicht werden Sie danach feststellen, dass Sie besser neu streichen.

Reinigen Sie Zimmerdecke und Wände Stück für Stück mit kraftvollen kreisenden Bewegungen, und waschen Sie Ihr Tuch nach jedem Abschnitt sorgfältig aus. Wischen Sie mit einem sauberen feuchten Tuch nach, und reiben Sie dann die Fläche mit einem Tuch trocken.

Auch manche Strukturtapeten sind abwaschbar. Man arbeitet nach der gleichen Methode wie oben, nur ein wenig behutsamer, und zum Schluss tupft man die Tapete mit einem sauberen Tuch trocken. Wichtig ist, dass sie zuerst abgesaugt oder abgestaubt wird.

Verschmutzungen

Vergessen Sie nicht, schwärzliche Fingerspuren von Lichtschaltern zu entfernen. Schmutzflecken rund um den Lichtschalter lassen sich mit einem weichen Radiergummi beseitigen.

Entfernen Sie regelmäßig Spinnweben von den Wänden. Sie sehen hässlich aus, und sicherlich wäre es Ihnen peinlich, wenn sie plötzlich auf den Kopf Ihrer Schwiegermutter in spe niederschweben, oder?

Küchenwände müssen häufiger abgewischt werden als die Wände in anderen Räumen. Sie sind täglich Angriffsziel für Dampf, Fett, klebrige Finger und Grafittikünstler. Sollte sich an den Wänden ein richtiger Fettfilm befinden, wäscht man sie mit Anlauger ab. Er beseitigt den Schmierschmutz und bereitet die Fläche für einen neuen Anstrich vor. Geraten Sie nicht in Versuchung, schmutzige Wände einfach zu überstreichen – das wird vermutlich ins Auge gehen.

Sollten Sie Wandbehänge haben, schütteln Sie diese von Zeit zu Zeit gründlich aus, um Motten aufzuscheuchen, die dahinter freie Kost und Logis genießen.

Fenster zur Welt

Fensterrahmen und Fensterbretter müssen regelmäßig abgestaubt oder abgesaugt werden, und gestrichene Flächen sollte man nach Möglichkeit einmal im Monat abwaschen. Betrachten Sie Ihre Fenster als Aushängeschild Ihres Heims. Schmutzige Fenster machen nie einen guten Eindruck – es ist so, als wenn man Sie bei einem ersten Treffen ungewaschen und mit einem blauen Auge vorfinden würde. Auch die Lichtverhältnisse im Raum leiden unter schmutzigen Fenstern, was Auswirkungen auf die Stimmung hat. Falls Sie in höheren Gefilden wohnen oder nicht schwindelfrei sind, sollten Sie für die Fensteraußenseiten einen Fachmann bestellen. Benutzen Sie das aber nicht als Ausrede, um sich vor dem Putzen der Fenster von innen zu drücken. Die beste Zeit für den Fensterputz ist ein trüber frostfreier Tag, denn bei Sonne trocknen die Fenster zu rasch, und es entstehen Streifen. Beginnen Sie mit den Rahmen, und putzen Sie dann die Scheiben.

Am schnellsten geht die Arbeit mit einem handelsüblichen Fensterreiniger und einem nicht fusselnden Tuch. Preiswerter ist eine Mischung aus gleichen Teilen Essig und Wasser, und manche Leute schwören auf ein paar zusätzliche Tropfen Geschirrspülmittel. Nachgetrocknet wird mit Küchenpapier oder einem sauberen, saugfähigen Tuch. Eine Abreibung mit zusammengeknülltem Zeitungspapier sorgt für besonderen Glanz. Ich wette, das hat Ihnen Ihre Mutter nie erzählt.

Jalousien und Fensterläden

Sie werden mit einem weichen, sauberen Tuch abgestaubt oder mit dem passenden Zubehörteil des Staubsaugers abgesaugt. Hin und wieder sind drastischere Maßnahmen erforderlich. Kunststoff- und Aluminiumjalousien können nass geputzt werden (Stoff- und Papierrollos bekommt diese Behandlung nicht so gut). Man nimmt die Jalousien ab und säubert sie in der Badewanne mit Wasser und einem milden Allzweckreiniger. Mit klarem Wasser nachwischen. Nicht verwendet werden dürfen Scheuermittel oder Salmiakgeist. Lesen Sie die Pflegeempfehlungen des Herstellers, ehe Sie sich an die Arbeit machen. Auch hier gilt die Von-oben-nach-unten-Regel.

GLANZVOLLE ERSCHEINUNGEN

Holzmöbel müssen regelmäßig mit Politur behandelt werden, und vermutlich werden Sie feststellen, dass sich flüssige Mittel und Sprays am einfachsten anwenden lassen. Besondere Vorsicht ist bei antiken Stücken geboten – für sie benutzt man am besten Wachs. Natürlich müssen Sie vor Beginn der Arbeit stets sorgsam die Gebrauchsanweisung auf den Produkten lesen, aber es gibt einige Grundregeln für die Möbelpflege:

- Das Möbelstück muss trocken und staubfrei sein.
- Ein weiches Baumwolltuch verwenden, an dem sich nichts befindet, das die Oberfläche zerkratzen könnte (ungeeignet ist z. B. ein altes Hemd mit Knöpfen).
- Das Möbelpflegemittel mit einem Tuch dünn und gleichmäßig auf das Möbelstück auftragen.
- Mit einem zweiten sauberen Tuch polieren.

Nun treten Sie zurück, um die glanzvolle Spiegelung (Ihrer Selbst) zu bewundern.

Fleckentfernung

Selbst wenn man sich die größte Mühe gibt, lassen sich Flecke nicht immer vermeiden. Doch je schneller Sie nach einem Malheur handeln, desto größer sind die Erfolgschancen bei der Fleckentfernung.

Fleckkiller

Wände und Anstriche

Kritzeleien auf Wänden verlangen nach Haushaltsnatron, das in einer Schale mit etwas Wasser zu einer dicken Paste verrührt wird. Reiben Sie diese behutsam auf den Stein des Anstoßes.

Bei Tapeten ist die Fleckentfernung eine knifflige Sache, und vielleicht macht der Versuch alles nur noch schlimmer. Der Handel bietet eine große Palette an Mitteln an, doch befolgen Sie sorgsam die Gebrauchsanweisung, und stellen Sie sicher, dass das verwendete Mittel für Ihre Tapete geeignet ist. Mitunter soll es angeblich helfen, schmutzige Stellen mit altbackenem Weißbrot abzureiben.

Teppiche

Bei Teppichen ist Schnelligkeit das A und O. Wenn Sie zulassen, dass ein Fleck in den Teppich eindringt, wird die Entfernung schwierig. Handelt es sich um eine feste oder halbfeste Substanz, heben Sie zunächst mit einem Löffel oder Spatel möglichst viel davon ab.

Flüssigkeiten tupfen Sie mit Küchenpapier oder einem weichen Tuch möglichst weitgehend auf. Dann tragen Sie mit einem Tuch eine kleine Menge Waschmittellauge auf (einen viertel Teelöffel eines milden Flüssigwaschmittels mit 250 ml Wasser). Dabei beginnen Sie an den Außenrändern und arbeiten sich nach und nach zur Mitte vor. Das Ganze wird mit klarem lauwarmem Wasser wiederholt.

Polstermöbel

Die Regeln für die Entfernung von Flecken aus Teppichen gelten auch für Polstermöbel. Führen Sie, nachdem Sie die Gebrauchsanweisung des gewählten Mittels sorgfältig gelesen haben, zunächst an einer unauffälligen Stelle des Stoffs einen Test durch. Manche Stoffe verlieren die Farbe und sollten deshalb nicht ausgewaschen werden.

Fußböden

Ehe Sie versuchen, Flecke von einem Holzboden zu entfernen, müssen Sie prüfen, ob sich der Fleck oder Kratzer in dem Holz selbst oder auf der Beschichtung befindet.

Naturbelassene oder gewachste Böden/Böden ohne harte Beschichtung

Kratzer können mit Wachs repariert werden, doch durch Lebensmittel verursachte Flecke erfordern etwas mehr Köpfchen und Kraft. Reiben Sie den Fleck behutsam mit einem feuchten Tuch weg, dann trocknen und wachsen Sie die Stelle. Wasserflecke sollten mit feiner Stahlwolle entfernt und anschließend gewachst werden. Zur Beseitigung weißer Ringe trägt man eine Paste aus Salz und Olivenöl auf, die man über Nacht einwirken lässt. Am nächsten Morgen wischt man die Paste ab und wachst die Stelle ein.

Holzböden mit Lackbeschichtung (Polyurethanbeschichtung)

Bei diesen Böden ist Sorgfalt geboten (man erkennt sie daran, dass sich der Fleck in der Oberflächenbeschichtung befindet). Kratzer sollten mit Spezialmitteln aus dem Fachgeschäft repariert, Flecke mit Spezialreinigern für Polyurethanoberflächen behandelt werden.

FLECKENTFERNUNGSKASTEN

Jeder Haushalt braucht einen Fleckentfernungskasten, um für jede Situation gerüstet zu sein. Für die üblichen Unfälle reichen die folgenden Dinge aus. Um Ihren Notfallkasten zusammenzustellen, fotokopieren Sie die Liste und gehen mit ihr in einen großen Supermarkt.

- Saugfähige Papiertücher oder Schwämme
- Saubere, saugfähige weiße Stofftücher
- Universalwaschmittel
- Branntweinessig
- Waschbenzin
- Bleichmittel
- Salmiakgeist
- Nagellackentferner (ein Extrakauf lohnt sich)
- Vorbehandlungsmittel für Wäsche
- Spezialfleckentferner (etwa für Kugelschreiber- oder Filzstiftflecke)
- Reinigungsalkohol
- Haushaltsnatron
- Lösungsmittelhaltiges Fleckenwasser
- Fleckentferner in Pulverform
- Zitronen

EINEN FLECK ENTFERNEN

1

Verlieren Sie keine Zeit. Schnappen Sie sich Küchenpapier und handeln Sie. Es nutzt nichts, einen Läufer über den Fleck zu legen. Durch Missachtung verschwindet er nicht. Ebenso wenig wie Zahnschmerzen. Wenn eine Flüssigkeit verschüttet wurde, tupft man sie mit Küchenpapier oder einem weichen, sauberen, farbechten Tuch auf. Arbeiten Sie von außen nach innen. Verwandeln Sie einen Fleck, der wie eine Landkarte von Europa aussieht, nicht in eine Weltkarte.

2

Handelt es sich um eine feste oder halbfeste Substanz, hebt man zunächst möglichst viel mit einem Löffel, einem Spatel oder einem ähnlichen stumpfen Gegenstand ab. Aber verwenden Sie dazu kein Messer. Herausschneiden löst das Problem nicht. Und machen Sie den Fleck nicht noch größer, indem Sie ihn ziellos durch die Gegend schubsen. Dies ist eine ernste Sache, die Sie in den Griff bekommen müssen. Reiben Sie den Fleck nicht in den Teppich ein. Ihre Aufgabe lautet, ihn aus der Unfallzone zu entfernen.

3

Nun ist es Zeit, das Reinigungsmittel aufzutragen. Verwenden Sie Waschmittellauge (→ S. 48) oder einen speziellen Fleckentferner. Lesen Sie vor dem Auftragen ggf. die Gebrauchsanweisung. Führen Sie zunächst an einer unauffälligen Stelle einen Test durch. Tragen Sie das Mittel direkt auf den Fleck auf, geben Sie ihm Zeit, seine Arbeit zu tun, und tupfen Sie es dann mit Küchenpapier oder einem sauberen, weichen, farbechten Tuch wieder ab. Arbeiten Sie dabei von außen nach innen.

4

Möglicherweise muss zur Entfernung sämtlicher Spuren der letzte Arbeitsschritt wiederholt werden. Zum Schluss sprühen Sie klares lauwarmes Wasser auf die anstößige Stelle, das dann wieder abgetupft wird. Nach dem Trocknen bürsten oder saugen Sie die Fläche behutsam ab, um ihr ihre alte Pracht wiederzugeben. Falls Sie Ihre Teppiche mit Dampf oder chemisch reinigen möchten, bestellen Sie Fachleute. Diese Arbeit ist recht aufwendig und sollte nur von jemandem ausgeführt werden, der sich auskennt!

HÄUFIGE FLECKVERURSACHER

Verschiedene Flecke verlangen nach unterschiedlichen Lösungen. Hier einige der bekannteren Substanzen, denen Sie vielleicht beikommen müssen:

BIER UND WEIN (UND SOJASAUCE!)

a) Mit einer Mischung aus 1 Teelöffel Feinwaschmittel und 250 ml Wasser betupfen.
b) Dann eine Mischung aus 80 ml Branntweinessig und 160 ml Wasser auftragen.
c) Mit einem Schwamm und klarem Wasser nacharbeiten. (Bei Wein empfiehlt es sich, Schritt a) zu wiederholen).

SCHOKOLADE, KAFFEE UND TEE

a) Mit einer Mischung aus 1 Teelöffel Feinwaschmittel und 250 ml lauwarmem Wasser betupfen.
b) Dann eine Mischung aus 80 ml Branntweinessig und 120 ml Wasser auftragen.
c) Mit einem Schwamm und klarem Wasser nacharbeiten.

CURRY

Curry gehört zu den Dingen, die besonders hartnäckige Flecke hinterlassen. Curries sind köstlich, aber ihre Spuren fast nicht zu beseitigen. Zeit, die Fachleute ranzulassen – chemische Reinigung ist die beste Lösung.

Der Kamin

Wenn die Küche die Kommandozentrale des Haushalts ist, also gewissermaßen der Kopf des Ganzen, dann ist der Kamin das Herz und der Bauch, verantwortlich dafür, Wärme und Gemütlichkeit zu verbreiten, wenn nicht im wörtlichen Sinn, dann gewiss symbolisch. Seit Homo erectus vor 400 000 Jahren das Feuer entdeckte, ist die Feuerstelle ein bedeutender Treffpunkt für Freunde und Familie, an dem man mit einem Glas Wein oder einer Tasse Tee in der Hand zusammenkommt.

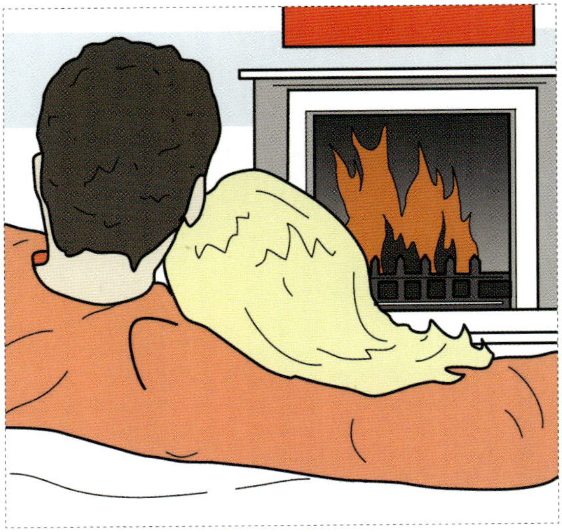

Asche zu Asche
Das Entfernen der Asche ist keineswegs eine Arbeit ohne Aufstiegschancen. Denken Sie nur daran, wieviel Spaß Aschenputtel auf dem Ball hatte und auf welche Weise ihre Karriere begann. Und sie wird genau gewusst haben, dass Asche vor dem Entfernen zunächst vollkommen ausglühen muss. Sie sollten also damit 24 bis 48 Stunden warten und vorsichtig sein. Heiße Glut kann sich meisterlich tarnen und lauert vielleicht verborgen unter der Asche. Zur Aschenputtel-Ausstattung gehören:

- ein feuerfester Behälter mit Griff (z. B. ein Metalleimer)
- eine kleine Schippe
- Kehrschaufel und Handfeger

Sie entfernen die Asche mit der Schippe und leeren sie behutsam in den feuerfesten Behälter. Dann fegen Sie den Kamin aus. Sobald sich der Staub wieder gesetzt hat, wischen Sie rund um den Kamin mit einem feuchten Bodentuch. Gärtner wird es interessieren, dass Holzasche auf dem Komposthaufen verteilt werden kann, Kohlenasche hingegen nicht.

Schornsteinpflege
Es ist ungemein wichtig, dass Ihr Schornstein gewartet und gereinigt wird. Regelmäßig benutzte Schornsteine sollten ein- oder zweimal im Jahr überprüft und gekehrt werden. Sonst kann Ruß einen Schornsteinbrand auslösen, und im Haus kann es zu einer gefährlichen Gasentwicklung kommen. Schornsteinbrände sind ziemlich beängstigend. Denken Sie nicht einmal im Traum daran, dieses Risiko einzugehen, nur weil Sie Geld sparen möchten. Eine Schornsteinreinigung beseitigt Ruß, Vogelnester oder andere Rückstände und Hindernisse.

Die Kaminverblendung
Falls die Verblendung Ihres Kamins aus gestrichenem Holz oder Fliesen besteht, sollte es ausreichen, wenn sie regelmäßig mit einem feuchten Tuch abgewischt und einmal im Monat mit Seifenlauge gesäubert wird. Verblendungen aus Gusseisen bedürfen einer gründlichen Reinigung und müssen gelegentlich mit einer mattschwarzen Spezialfarbe (für Kamine und Holzöfen) eingesprüht werden. Schiefer wischt man mit einem feuchten Tuch ab. Mit einem in Leinöl getauchten Lappen kann man ihm zusätzlichen Glanz verleihen. Marmor ist sehr empfindlich und muss behutsam behandelt werden. Feines Wachs schützt ihn vor Rauch und Verfärbungen.

Holzöfen
Ein Holzofen heizt Räume in der Regel effizienter als der herkömmliche offene Kamin. Wenn Sie sich einen Holzofen anschaffen möchten, braucht Ihr Schornstein ein durchgängiges Abgasrohr, das ein Fachmann installieren muss. Auch bei Holzöfen muss die Asche regelmäßig entfernt werden, aber man lässt eine etwa 2,5 cm dicke Schicht darin. Heizen Sie Ihren Ofen wenigstens einmal am Tag richtig durch, statt ihn die ganze Zeit auf kleiner Flamme brennen zu lassen. Das Abgasrohr sollte ein- oder zweimal im Jahr gereinigt werden.

Elektrokamine
Wenn Sie in den Genuss all der Vorzüge eines Kamins kommen, aber keine Arbeit damit haben möchten, kaufen Sie sich einen Elektrokamin mit natürlich wirkenden Flammen und dem Klang knisternder Holzscheite. Hier müssen Sie nicht anderes tun als ihn anzuschalten (und das Feuer und Ihren Charme spielen zu lassen).

Rauchmelder

Rauchmelder retten Leben. Stellen Sie sicher, dass Sie die besonderen Bestimmungen, die für Ihre Gegend oder Ihren Gebäudetyp gelten, kennen und einhalten, doch normalerweise sollten Sie in jedem Stockwerk einen Rauchmelder haben, auch im Keller. Bringen Sie in Räumen, in denen sich ein Heizgerät befindet, stets einen Rauchmelder an, und vergessen Sie dabei Garage und Hobbyraum nicht. In Küchen und Badezimmern sind Rauchmelder im allgemeinen nicht empfehlenswert, da sie auf Dampf reagieren können. Befolgen Sie bei der Anbringung und Instandhaltung die Anweisungen des Herstellers.

Warnmelder für Kohlenmonoxid

Man kann es weder sehen noch riechen, trotzdem ist Kohlenmonoxid giftig. Es ist in Autoabgasen gegenwärtig und kann aus Schornsteinen, Holz- oder Gasöfen, Öl- und Gasboilern, gasbetriebenen Wassererhitzern und tragbaren Gas- oder Paraffinheizgeräten austreten. Sorgen Sie dafür, dass Ihre Geräte zu Beginn jeder Heizperiode von einem Fachmann überprüft werden. Kohlenmonoxidmelder werden von Sicherheitsexperten einhellig empfohlen. Wie Rauchmelder geben sie einen lauten schrillen Ton von sich, wenn sie ausgelöst werden, und man sollte sie überall im Haus installieren, auch in oder direkt vor dem Schlafzimmer. Aber denken Sie daran, dass es keine Rauchmelder sind und daher Rauch oder Feuer nicht melden.

AUF NUMMER SICHER GEHEN

- Verlassen Sie niemals das Zimmer, ohne das Kamingitter aufzustellen.
- Gehen Sie erst zu Bett, wenn das Feuer erloschen ist.
- Lassen Sie Kinder und Haustiere nicht unbeaufsichtigt in einem Raum, in dem ein Feuer brennt.
- Lassen Sie um den Kamin herum keine Sachen liegen, die sich leicht entzünden können.
- Lassen Sie brennende Kerzen niemals unbeaufsichtigt.
- Gehen Sie niemals zu Bett, wenn noch eine Kerze brennt.
- Bewahren Sie Streichhölzer und Anzünder außerhalb der Reichweite von Kindern auf.
- Lagern Sie Brennholz nicht direkt neben dem Kamin – Funken sind im Weitsprung äußerst begabt.
- Verbrennen Sie im Kamin kein Einpackpapier – es könnte einen Schornsteinbrand verursachen.
- Verwenden Sie in der Nähe eines Feuers niemals Sprays.

FEUER IN EINEM OFFENEN KAMIN MACHEN

Jeder Homo erectus des 21. Jahrhunderts, der etwas auf sich hält, braucht dazu einige der folgenden Dinge:

- Papier – fest zusammengeknülltes Zeitungspapier, keine losen Blätter.
- Trockenes Reisig oder kleine Holzstücke zum Anzünden.
- Feueranzünder – für Anfänger und Ungeduldige (Sie können die Packung ja verstecken) – und Streichhölzer.
- Kohle (sofern erlaubt) oder Brennmaterial, das nicht raucht – schenkt Ihnen die so wichtige Glut und die ihr innewohnende Langzeitwärme.
- Gut abgelagerte Hartholzscheite.

Sorgen Sie dafür, dass der Raum gut belüftet ist. Legen Sie Zeitung und Feueranzünder in die Mitte des sauberen Feuerrosts, und stapeln Sie rundherum locker Anzündmaterial (z. B. Reisig). Entzünden Sie das Papier, und sobald das Reisig brennt, fügen Sie nach und nach das Brennmaterial hinzu (Holzscheite und/oder Kohle). Je härter das verwendete Holz, desto länger und heißer brennt das Feuer. In manchen Kaminen brennt das Feuer besser, wenn die Asche regelmäßig entfernt wird, in anderen sollte man eine Schicht Asche unter dem Feuerrost liegen lassen. Sie werden die kleinen Eigenheiten Ihres Kamins bald kennen und sein Meister werden, wenn nicht sogar sein Freund.

Pflege von Textilien

Nachdem Sie für Ihr Wohnzimmer – sei es eine Junggesellenbude, ein Liebesnest, eine urige Höhle oder ein Technologielabor – endlich alle Gardinen, Vorhänge und Möbel ausgesucht und den Raum neu gestaltet haben, müssen Sie dieses Inventar ebenso pflegen wie Ihren Kleiderschrank.

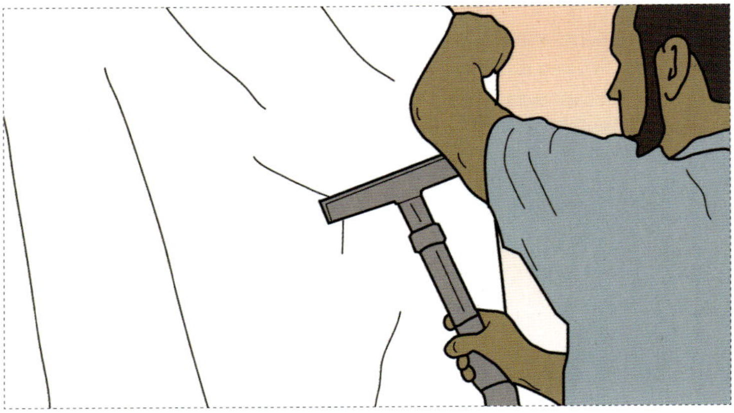

Stores und Vorhänge

Zuerst die gute Nachricht: Sie müssen Ihre Stores und Vorhänge weitaus seltener waschen oder reinigen lassen, wenn Sie mit der Polsterbürste und geringer Saugkraft regelmäßig Staub und Spinnweben absaugen. Wiederum lautet die Strategie von oben nach unten, von hoch nach tief, wobei Sie bahnenweise vorgehen. Falls sich an Ihren Vorhängen dicke Borten oder Fransen befinden, ist es ratsam, ein Stück Store über die Düse zu legen. In Schlafzimmern sollten Gardinen einmal pro Woche, in anderen Räumen einmal im Monat abgesaugt werden. Es dauert nicht lang, und es erspart Ihnen, wie das bei so vielen Hausarbeiten der Fall ist, letztlich Arbeit und Geld. Wenn sich Staub und Schmutz in den Textilien festsetzen, können sie vorzeitig altern oder selbst bei größter Farbechtheit verblassen.

Damit für Ihre Vorhänge nicht der letzte Vorhang fällt

Wie oft Vorhänge gewaschen oder gereinigt werden müssen, hängt weitgehend davon ab, wie sauber die Luft in Ihrem Heim und Ihrer Umgebung ist. Bei Vorhängen, die ständig offenem Feuer, Zigarettenrauch und einer hohen Luftverschmutzung ausgesetzt sind, wird dies häufiger nötig sein.

Ehe Sie darüber entscheiden, ob Sie Ihre Gardinen und Vorhänge waschen oder reinigen lassen, lesen Sie die Pflegeetiketten. Eine gute Maxime lautet: »Im Zweifelsfall Finger weg und in die nächste Reinigung bringen.« Ein gut gemeinter enthusiastischer Wurf in die Waschmaschine könnte für Ihre Fensterdekoration das Aus bedeuten. Viele Vorhänge sind schlichtweg nicht waschbar. Sie können einlaufen oder sich verfärben oder alle möglichen anderen Schäden erleiden, an die man vielleicht nicht sofort denkt (z. B. können Imprägnierungen ihre Wirkung verlieren).

Wenn Sie Ihre Gardinen und Vorhänge in der Maschine waschen, hier ein paar Tipps:

- Ringe oder Röllchen entfernen und die Kräuselbänder auseinanderziehen.
- Ein Feinwaschprogramm und eine niedrige Temperatur wählen.
- Flüssigwaschmittel verwenden, das weder Bleichmittel noch optische Aufheller enthält.
- Die Maschine nicht überladen. Gardinen im Wäschetrockner bei niedriger Temperatur trocknen, damit sie nicht einlaufen (oder auf der Wäscheleine trocknen).
- Gardinen bügeln, solange sie noch feucht sind (längs und nur links). Mehr zum Bügeln → S. 50.

Polstermöbel

Wie Polstermöbel abgesaugt werden, erfahren Sie auf → S. 75. Hier geht es um die Kunst und Fertigkeit des Shampoonierens. Keine Panik, diese Arbeit ist nur alle ein bis zwei Jahre notwendig, sofern Sie nicht eine XL-Familie oder eine Horde zahmer Wildschweine als Hausgäste haben. Sie können einen Fachmann bestellen oder sich mit einem Shampooniergerät (gekauft oder geliehen) selbst an die Arbeit machen. Sollten Sie sich für Letzteres entscheiden, führen Sie, nachdem Sie sorgfältig die Gebrauchsanweisung gelesen haben, an einer unauffälligen Stelle einen Test durch. Und sorgen Sie dafür, dass der Stoff nach dem Reinigen möglichst rasch trocknet. Sie können Polstermöbel aber auch von Hand mit einem handelsüblichen Polsterreiniger säubern, den Sie auf den Stoff sprühen, kräftig einmassieren, einwirken lassen und anschließend absaugen. Unsachgemäße Reinigung kann die Flammenfestigkeit des Stoffs beeinträchtigen.

Vorbeugen ist besser als Shampoonieren

Sofas müssen häufig abgesaugt werden – je öfter man saugt, desto seltener muss man shampoonieren. Saugen Sie regelmäßig, verwenden Sie Überwürfe, Schonbezüge und Imprägnierungen zum Fleckenschutz (wobei Sie stets die Sicherheitsmaßregeln einhalten müssen), und versuchen Sie, streunende Tiere, Kinder und Gäste, die sich nicht benehmen können, davon abzuhalten, Ihr Sofa als Spielplatz, Trampolin oder vorübergehendes Heim zu benutzen. Direkte Sonneneinwirkung lässt Textilien verblassen und sollte verhindert werden. Der Tagestipp: Überwürfe verrutschen nicht so leicht, wenn man Klettbandstücke auf die Rückseite näht.

Leder

Lederbezogene Möbel brauchen nur wenig Pflege. Ein schnelles Abstauben, gefolgt von einer sanften Behandlung mit Lederseife und der Chance zum Trocknen – mehr ist nicht nötig, damit Sie sich auf Ihrem Sofa wieder horizontal in Positur werfen können.

Lampenschirme

Da Sie einen Lampenschirm nicht in der Waschmaschine waschen können, sollten Sie ihn regelmäßig und sorgfältig entstauben. Er kann mit geringer Saugkraft abgesaugt werden, wobei Sie mit der einen Hand die Staubsaugerdüse und mit der anderen den Schirm festhalten. Kunststoffschirme können Sie mit einem feuchten Tuch abwischen, Papierschirme dürfen jedoch nicht feucht gereinigt werden. Wer ganz mutig ist, kann einen waschbaren Stoffschirm in Waschmittellauge tauchen, sollte aber zunächst sicherstellen, dass er dabei nicht die Form, die Farbe oder den Charakter verändert. Antike Lampenschirme müssen mit äußerster Vorsicht behandelt werden.

Horizontalhygiene

Wer ein Bettsofa auszieht, sollte es am nächsten Morgen möglichst rasch wieder des horizontalen Status entheben, vor allem wenn es im Wohnzimmer steht. Sorgen Sie dafür, dass die Bettwäsche und Schonbezüge regelmäßig gewaschen werden. Bloß weil das Bett vielleicht nur gelegentlich benutzt wird, ist das noch lange kein Grund, die Wäsche lediglich einmal im Jahr zu wechseln. Falls Ihre Gäste lieber eigene Bettwäsche mitbringen, dann wissen Sie, dass dringender Handlungsbedarf besteht.

Waschen oder reinigen Sie Überwürfe oder abziehbare Kissenbezüge alle drei Monate (stellen Sie fest, ob sie maschinenwaschbar sind, ehe Sie die Einschalttaste drücken). Überwürfe haben den großen Vorteil, dass sie recht günstig ersetzt werden können. Sorgen Sie für Abwechslung – kaufen Sie ab und zu einen neuen Überwurf.

GUTES SOFA, SCHLECHTES SOFA

Sofas spiegeln die Persönlichkeit des Besitzers wider. Schauen Sie sich Ihr Sofa an. Ist es sauber, ordentlich, aufgeklopft, einladend und vermittelt es Trost und Geborgenheit? Ermuntert es Sie, abzuschalten, einen Moment der Besinnung zu genießen oder ein gutes Buch zu lesen? Oder ist es vermüllt und voller Flecke, unnahbar und einfach abschreckend? Glauben Sie, dass Gäste auf ihm herumtollen, ihm eine Wäsche verpassen oder sich hineinsinken lassen möchten? Auf der Welt gibt es gute und schlechte Menschen, und ebenso gute und schlechte Sofas. Hier erfahren Sie, was sie unterscheidet.

GUTES SOFA

Ein gutes Sofa ist eines, das Respekt verlangt und sich zur richtigen Zeit am richtigen Ort befindet. Es steht nicht in der prallen Sonne, die Kissen sind vollzählig, in gutem Zustand und aufgeklopft. Es ist sauber, staubfrei, ordentlich und keine Zufluchtsstätte für verschollenes Hab und Gut. Es macht nicht den Eindruck, als habe ein Elefant auf ihm übernachtet oder ein Turner es zur Perfektionierung seines dreifachen Saltos benutzt. Könnte es reden, und Sofas sprechen tatsächlich Bände, würde es rufen: »Hallo und willkommen, nimm doch Platz!«

SCHLECHTES SOFA

Ein schlechtes Sofa ist ein Paradies für vierbeinige Kreaturen, Trainingsplatz für kleine Zweibeiner und der bevorzugte Aufenthaltsort von Sofasäuen. Es hat Risse und eklige Flecken. Wenn man sich draufsetzt, steigen Staubwolken auf. Unter seinen Kissen schlummern Pizzaschachteln und Socken führen ein Singledasein. Die Bekanntschaft mit einem Staubsauger oder Shampoo hat es nie gemacht. Es brummt: »Vorsicht, komm bloß nicht näher, denn du könntest es bereuen.« Seien Sie kein Couchpotato. Handeln Sie und geben Sie Ihrem Sofa seine Funktion und seine Seele zurück.

Fußböden ohne Fehl und Tadel

Durch regelmäßiges Saugen bleiben Teppiche schön (→ S. 72), aber Sie sollten von vornherein verhindern, dass große Mengen Schmutz auf sie gelangen. Legen Sie vor die Haustür eine Fußmatte und in den Flur einen Läufer. Sorgen Sie dafür, dass alle, die das Haus betreten, an der Eingangstür ihre Schuhe abputzen. Oder machen Sie sich die alte japanische Sitte zu eigen, vor Betreten des Hauses die Schuhe auszuziehen.

Verrücken Sie ab und zu die Möbel (bitte hochheben, nicht schieben), damit sie keine bleibenden Eindrücke hinterlassen. Ein Tipp für die Beseitigung von Dellen: Legen Sie einen Eiswürfel darauf. Beim Schmelzen quellen die Teppichfasern auf. Wenn Sie nun mit dem Staubsauger darübergehen, richtet sich der feuchte Flor wieder auf. Raffiniert, oder?

Natürliche Schönheit
Heutzutage entscheiden sich viele Menschen für Bodenbeläge aus Naturmaterialien wie Sisal, Jute oder Kokosfaser. Sie sind strapazierfähig und gut geeignet für Haushalte mit kleinen zwei- oder vierbeinigen Mitgliedern. Man sollte sie regelmäßig saugen (die Böden, nicht die Kinder oder Haustiere). Flecke fallen auf diesen Materialien weniger auf, aber dennoch muss man sie entfernen. Handelt es sich um eine feste Substanz, hebt man möglichst viel davon behutsam ab und lässt den Rest trocknen. Dann bürstet man mit einer harten Bürste in Webrichtung und saugt nach. Wenn Flüssigkeit verschüttet wurde, sollten Sie rasch handeln. Tupfen Sie den Überschuss von außen beginnend energisch auf. Rücken Sie dem Fleck nicht mit einem handelsüblichen Teppichshampoo zu Leibe. Bei hartnäckigen Flecken bestellen Sie den Fachmann.

STÜHLE RÜCKEN

Beim Staub wischen sollten Sie stets nach dem Motto verfahren, dass Hochheben besser ist als Schieben. Dies gilt auch für Stühle und andere Möbelstücke. Schleifen Sie Stühle nicht von einem Platz zum anderen. Das verursacht ein unangenehmes Geräusch und Spuren, die in mehrfacher Hinsicht üble Eindrücke hinterlassen.

Fußbodenetikette
Ziehen Sie Stühle nicht geräuschvoll zum Tisch, wenn Sie Besuch zum Abendessen haben. Heben Sie die Stühle vom Boden hoch, um sich Kopfschmerzen zu ersparen.

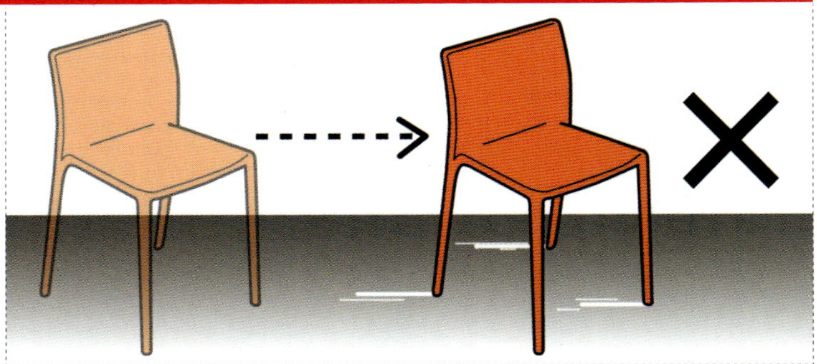

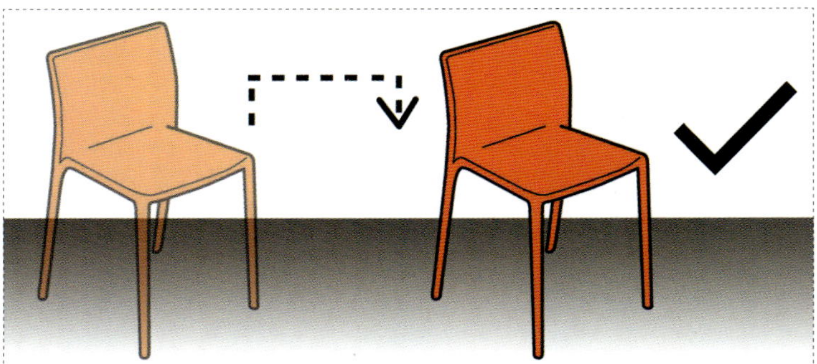

HARTHOLZBÖDEN

ERDE, KIES UND SAND
verkratzen Ihren Boden und machen ihn stumpf. Leisten Sie sich Fußmatten, und halten Sie den Boden sauber. Kehren Sie ihn regelmäßig mit einem feinen Besen, der den Schmutz gut bindet.

HAUSTIERE
mit langen Krallen und Blasenschwäche können Holz verkratzen und verfärben. Bringen Sie Ihren Tieren Benehmen bei, und lassen Sie ihnen die Krallen schneiden (leider eignen sich Filzgleiter nicht für Vierbeiner.)

VERSCHÜTTETE FLÜSSIGKEITEN
Wasser, Kaffee, Wein usw., die nicht umgehend entfernt werden, hinterlassen Flecke auf dem Fußboden. Wischen Sie verschüttete Flüssigkeiten sofort auf.

DAMEN
mit hochhackigen Schuhen und mörderischen Stilettos können bleibende Erinnerungen auf Ihrem Fußboden hinterlassen. Bitten Sie höflich darum, dass sie ihr gefährliches Schuhwerk ausziehen – alle werden sich wohler fühlen.

MÖBEL
die über den Fußboden geschleift werden, verursachen Dellen und Kratzer. Heben Sie Ihre Möbel hoch und kleben Sie Filzgleiter unter die Tisch- und Stuhlbeine. Schleifen ist seit der Zeit der Höhlenbewohner aus der Mode gekommen.

SCHUHE
mit beschädigten Absätzen sind eine potentielle Gefahr. Bringen Sie Ihre Schuhe regelmäßig zum Schuster, und achten Sie darauf, dass Ihre Partnerin und Ihre Mitbewohner das ebenfalls tun. Gäste herumzukommandieren ist schwieriger.

KAUGUMMI
und Kerzenwachs haben auf dem Boden nichts verloren. Legen Sie Eis darauf, bis sie brüchig werden und mit Ihrer behutsamen Hilfe und der eines Messers zerbröseln.

DIREKTE SONNE
kann Holz verfärben. Halten Sie Jalousien und Vorhänge geschlossen, um es vor starker und direkter Sonneneinstrahlung zu schützen.

ANDERE BODENBELÄGE

KORK
Ein Korkboden erfordert besondere Sorgfalt. Saugen oder fegen Sie ihn regelmäßig, aber widerstehen Sie der Versuchung, Wischmopp und Eimer zu holen. Denken Sie daran, Korkböden sind aus Korkeiche und somit ein organisches Material. Sie müssen mit flüssigen Spezialreinigern und Wachs behandelt werden. Lassen Sie sich in einem Fachgeschäft beraten. Kümmern Sie sich um Verschüttetes immer sofort, damit erst gar keine Flecke entstehen. Handeln Sie gleich, damit Sie später nichts bereuen müssen.

LINOLEUM
Linoleum erfreut sich wachsender Beliebtheit. Es wird aus Leinöl, Harzen und Kork- oder Holzmehl hergestellt und ist recht umweltfreundlich, fußwarm und schalldämmend. Verblüffenderweise kann es auch Bakterien auf dem Fußboden töten und Ihnen so Arbeit ersparen. Die Reinigung ist einfach. Fegen oder saugen Sie den Boden einfach gründlich (aber nicht aggressiv), ehe Sie ihn mit einem Allzweckreiniger und warmem Wasser wischen. Heben Sie Möbel und schwere Gegenstände beim Verstellen stets hoch, um Kratzer zu vermeiden. Schützen Sie den Fußboden durch Filzgleiter, die im Fachhandel erhältlich sind. Meist eignen sich selbstklebende Sorten am besten.

TEPPICHE UND LÄUFER
Kleine Teppiche im Wohnzimmer sind eine Superidee. Sie bringen Farbe in den Raum und schützen gleichzeitig den Fußboden vor zu starker Beanspruchung. Damit ein Teppich an seinem Platz bleibt, legt man eine rutschhemmende Matte darunter. Da Teppiche nicht immun gegen die Angriffe ekliger Krabbeltiere sind, müssen sie regelmäßig gesaugt werden.

Saugen und Fegen

Es gibt ein paar wichtige Dinge, die Sie über Staubsaugen wissen müssen, allem voran die Tatsache, dass es nicht besonders zeitaufwendig ist, sofern Sie es regelmäßig tun. Staubsaugen ist keine schwierige Sache und eine schnelle Methode, um den Wohlfühlfaktor für Ihr Heim und Sie selbst zu erhöhen (ehrlich). Staubsaugen spart auch Geld – es verlängert das Leben Ihrer Teppiche, weil es verhindert, dass Staub und Schmutz tief in die Fasern eindringen und diese schädigen. Idealerweise sollten Sie jeden Tag saugen, doch wenn Ihnen dazu einfach die Zeit fehlt, konzentrieren Sie sich auf verkehrsreiche Zonen, denen Sie zwischen dem wöchentlichen Saugen ein paar Extrabehandlungen verpassen. Denken Sie daran, dass Sie dabei Kalorien verbrennen und Muskeln aufbauen.

Selbst Holzböden tut es gut, wenn man sie in Richtung der Maserung saugt. Vermutlich besitzt Ihr Staubsauger Zusatzteile für besondere Zwecke und Oberflächen und eine Saugkraftregulierung. Lesen Sie sorgfältig die Bedienungsanleitung. Ganz allgemein gilt: Je härter oder dichter das Objekt ist, desto größer muss die Saugkraft sein.

Fegen

Beim Fegen ist ein stabiler Besen ein effizientes Gerät, um groben Schmutz von Bodenflächen zu entfernen. Arbeiten Sie von außen nach innen, damit Sie den Staub nicht planlos umverteilen. Ihr Ziel ist es, den Schmutz in der Mitte des Raums zu konzentrieren.

Small is beautiful

Ein Handfeger ist sehr praktisch, um den Schmutz auf die Kehrschaufel zu befördern oder in Ecken, Nischen und Ritzen zu gelangen. Fegen Sie so viel Schmutz wie möglich auf die Kehrschaufel, und ziehen Sie diese dann ein wenig zurück, um den Schmutz aufzufegen, der Ihnen beim ersten Mal entgangen ist.

HI-TECH-PUTZEN

Die Technologie hat auch vor der Putzwelt nicht Halt gemacht. Heute bekommen Sie im Handel langstielige Spezialgeräte, an deren Enden Sie elektrostatisch aufgeladene Tücher festklemmen können. Mit ihrer Hilfe können Sie geschwind und voller Anmut über Ihre Böden huschen und durch die elektrostatische Aufladung Staub beseitigen – schnell, einfach und effizient und ganz schön elegant.

FEGETAKTIKEN

Hinter Fegen verbirgt sich mehr, als es auf den ersten Blick scheint. Damit der Staub Ihren Blick nicht trübt, brauchen Sie eine Strategie (die nicht darin besteht, ihn einfach unter den Teppich zu kehren). Betrachten Sie das Ziel, die Taktik und die Geräte.

Ziel: Staub und Schmutz. Taktik: Konzentrieren und entfernen. Geräte: Besen, Handfeger und Kehrschaufel. Stellen Sie sich den Raum als Kreis vor und als Fokus Ihrer Mission die Mitte. Führen Sie zielgerichtete Bewegungen aus, um den Schmutz zusammenzufegen.

Dann nehmen Sie Kehrschaufel und Handfeger, um das ganze Zeug aufzusammeln. Eine zweite Attacke, und Sie haben Ihre Mission erfüllt.

Der große Kehraus

Das Fegen von Teppichen ist im allgemeinen weder notwendig noch nützlich, außer Sie möchten vielleicht störrische Tierhaare entfernen. Anders sieht die Sache aus, wenn Sie im Wohnbereich Holzboden haben. Den können Sie fegen oder saugen. Sollten Sie so ein Typ sein, der alles in einem Aufwasch erledigen will, gibt es da Produkte für Sie, die von sich behaupten, die ultimativen multifunktionalen Reinigungsgeräte zu sein, mit Moppaufsatz, integrierter Auswringvorrichtung, abnehmbarem Besen und dem Vermögen, mittels elektrostatischer Aufladung Tierhaare von Teppichen und Hartböden zu entfernen. Außerdem kann man mit ihnen draußen den Hof, die Terrasse und die Wege schrubben. Sie sind das Äquivalent zu dem Typen, der sich in Naturwissenschaften, Kunst, Technologie, Liebesdingen und Haushalt gleichermaßen auskennt – eine Art Leonardo da Vinci des 21. Jahrhunderts mit einem Netzstecker.

VIER FAKTEN ÜBER STAUBSAUGEN

- Nur 30 Minuten tatkräftige Schmutzbekämpfung verbrauchen etwa 100 Kalorien.
- Manche Menschen schütten beim Staubsaugen Glückshormone aus, bei anderen hat es eher eine negative Wirkung. Wenn Ihnen diese Arbeit nichts ausmacht, und Ihre Partnerin sie ganz klar hasst, bieten Sie an, den größeren Teil zu übernehmen. Damit sammeln Sie Punkte, und vielleicht zahlt sich das irgendwann aus.
- Über 70 Prozent aller Menschen vergessen beim Saugen Teppichränder und Fußleisten. Verbessern Sie diese Statistik. Wollmäuse fühlen sich an verborgenen, vernachlässigten Stellen besonders wohl. Tun Sie etwas gegen sie, ehe sie Ihnen etwas tun.
- Falls Ihre Mutter oder Ihr Chef anruft und ankündigt, dass sie/er auf dem Weg zu Ihnen sei, saugen Sie den Flur und sichtbare Bereiche im Wohnzimmer. Versprühen Sie im Wohnzimmer Möbelpolitur und im Bad einen dezenten Lufterfrischer. Polieren Sie die Wasserhähne. Dies lenkt die Aufmerksamkeit von Details ab.

WIE FUNKTIONIERT DAS?

Der Staubsauger

Staubsauger sind eine großartige Erfindung. Jedes ihrer Einzelteile ist der Aufgabe gewidmet, Ihr Heim sauberer und hygienischer zu halten. Allerdings müssen Sie auch Ihre Muskeln zum Einsatz bringen. Okay, Staubsauger sind nicht so schnittig und schick wie ein Sportwagen, aber sie erlauben Ihnen eine ruhige Fahrt, und an den Seiten ist sogar Platz für Rallyestreifen. Montieren Sie einen Spoiler, setzen Sie Ihre Sonnenbrille auf, drehen Sie das Radio auf, und legen Sie den höchsten Gang ein. Es ist, als würden Sie im Haus Cabriolet fahren. Wenn Ihr Fahrzeug keucht, hustet und Staub ausspuckt, sollten Sie ernsthaft darüber nachdenken, es in Zahlung zu geben. Bitten Sie den Verkäufer um Rat, welches Modell sich für Ihre Zwecke am besten eignet. Vielleicht haben Sie mehr blanke Fußböden als Teppiche, mehrere Treppen oder aber gar keine. Es gibt für jede häusliche Situation das passende Modell.

1 SCHMUTZIGE LUFT

2 SAUBERE LUFT: Ein Motor erzeugt oben im Zyklon Unterdruck und saugt staubfreie Luft von der Basis nach oben.

3 ÄUSSERER ZYKLON

4 SAMMELBEHÄLTER: Der Staub sammelt sich am Boden des Behälters.

5 KOMBIDÜSE: Die Bürsten auf der Unterseite der Düse können hier umgestellt werden.

Der erste von einem Elektromotor betriebene tragbare Staubsauger kam 1907 auf den Markt. Zu Beginn der achtziger Jahre stellte dann der britische Erfinder James Dyson den beutellosen Staubsauger vor und erreichte später mit seinem dualen Zyklonensystem den großen Durchbruch in der Hausreinigung. Bei seiner Erfindung ersetzte er den herkömmlichen Staubsaugerbeutel durch zwei Zyklonenkammern, in denen die Luft herumgewirbelt wird, um den Staub mittels Zentrifugalkraft herauszufiltern. Dabei wird der Staub an die Kammerwände gedrückt wie Wasser in einer Wäscheschleuder. Der aus der Luft gefilterte Staub sammelt sich in einem Sammelbehälter.

Es gibt viele verschiedene Staubsaugertypen – große, kleine, beutellose und akkubetriebene Modelle, Handstaubsauger und Bodenstaubsauger. Sie müssen entscheiden, welcher für Ihre Zwecke am besten geeignet ist.

Konventionelle Hand- und Bodenstaubsauger besitzen ein Gebläse, das von einem Elektromotor mit bis zu 300 Umdrehungen pro Sekunde bewegt wird und die im Gerät befindliche Luft nach draußen befördert. Dadurch entsteht im Innern ein Unterdruck, durch den Schmutz und Luft in Teppichen, in Polstermöbeln und auf Böden durch die Düse in einen Papier- oder Stoffbeutel gezogen werden. Die Luft tritt durch mikroskopisch kleine Poren im Beutel wieder aus und wird durch ein Filtersystem geleitet, während der Staub im Beutel zurückbleibt. Dieser wird, sobald er voll ist, herausgenommen und weggeworfen.

ZUBEHÖRTEILE

Um sich mit Ihrem Staubsauger vertraut zu machen, müssen Sie seine Zubehörteile kennen lernen. Es ist so ähnlich wie zu Beginn einer neuen Beziehung. Sie müssen wissen, wer die einzelnen Teile sind und was sie können. Alle sind in einer bestimmten Umgebung besonders effizient.

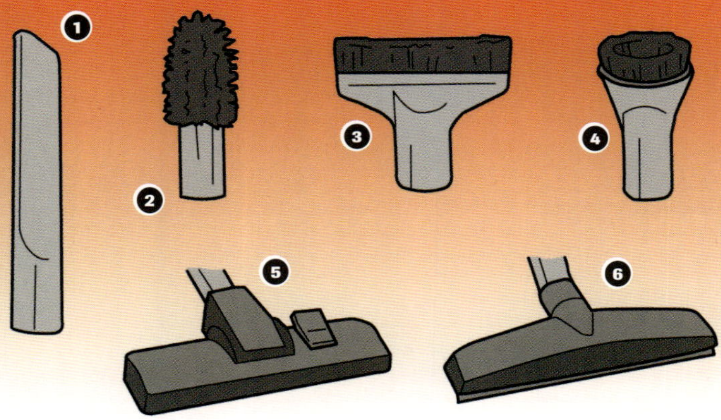

1. Fugendüse
Sie gelangt in Ritzen und Spalten, die Sie bisher noch gar nicht kannten.

2. Heizkörperbürste
Merkwürdigerweise gut geeignet für das Säubern von Heizkörpern.

3. Polsterbürste
Mit ihr können Sofas, Kissen, Gardinen, Matratzen und anderes Mobiliar abgesaugt werden.

4. Möbelpinsel
Entfernt Staub von allen wie auch immer geformten Oberflächen.

5. Kombidüse
Vielseitiges Zubehörteil, das für Hartböden, Teppichböden und empfindliche Teppiche gleichermaßen geeignet ist.

6. Hartbodendüse
Ist sehr spezialisiert. Vor allem für Bodenbeläge wie Parkett, Stein oder PVC geeignet.

HANDLICHE HILFE

Akkubetriebene Handstaubsauger sind eine äußerst nützliche Ergänzung der Haushaltsgeräte. Sie eignen sich großartig, um mit minimalem Aufwand und maximaler Geschwindigkeit Krümeln und Staub den Garaus zu machen. Perfekt für einen Panikputz, wenn Ihre Mutter anruft und ankündigt, dass sie gleich bei Ihnen vorbeikommt.

ESSZIMMER

Pflanzenkultur
Wählen Sie Pflanzen, die sich im Raumklima des Esszimmers wohl fühlen.

Glanzvolle Erscheinung
Oberflächen sollten einmal pro Woche abgestaubt und mit Möbelpolitur behandelt werden. Blumenarrangements verschönern das Ambiente.

Allzeit bereit
Improvisierte Essen mit Freunden lassen sich leichter veranstalten, wenn das Zimmer dafür hergerichtet ist. Legen Sie Sets oder eine Decke auf den Tisch, um die Tischplatte zu schonen.

»Das Letzte, was ein Mann von Welt im Esszimmer braucht, ist ein dummer Diener.«

ROBERT SWIFT

Ordnung muss sein
Chaos und ausgediente Computer haben im Esszimmer nichts verloren. Vor und nach dem Essen sollte man saugen.

Im Esszimmer

Sie besitzen kein separates Esszimmer? Macht nichts. Heutzutage können selbst Essenseinladungen zu besonderen Anlässen in der Küche oder im Wohnzimmer stattfinden. Und es gehört wirklich zu den schönsten Dingen des Lebens, sich um einen Tisch zu versammeln und in einer entspannten, gemütlichen Atmosphäre gemeinsam gut zu essen.

Sie brauchen dazu nichts weiter als einen großen Tisch, einige Stühle und genügend Platz für das Geschirr, Flaschen und andere notwendige Utensilien. Entfernen Sie aber zunächst all die Dinge aus dem Essbereich, die nicht dort hingehören.

Zu große Wärme oder Kälte machen eine Essenseinladung ungemütlich und tragen wenig zu einer entspannten Atmosphäre bei. Sollten Ihre Gäste in dicken Mänteln erscheinen und offenbar unwillig sein, diese abzulegen, oder mitten im Winter in Strandkleidung auftauchen, dann wissen Sie, dass mit dem Ambiente irgendetwas nicht stimmt.

ARBEITSPLAN: WAS TUE ICH WANN?

TÄGLICH:
- Schmutziges Geschirr und Gläser in die Küche bringen
- Essensreste beseitigen
- Schmutzige Oberflächen säubern
- Fenster öffnen und lüften
- Aschenbecher leeren
- Prüfen, ob die Blumen noch genug Wasser haben (Wasser alle paar Tage wechseln)

WÖCHENTLICH:
- Alle Oberflächen abstauben
- Holzmöbel mit Politur behandeln
- Fußboden und Teppiche gründlich fegen bzw. saugen
- Prüfen, ob die Hausbar noch gut gefüllt ist
- Glasflächen und Spiegel putzen
- Blumen (falls notwendig) erneuern

MONATLICH:
- Jalousien reinigen
- Schränke und Schubladen auswischen
- Pflanzen abstauben
- Lampenschirme abstauben
- Wände und Fußleisten abstauben oder absaugen
- Fenster putzen
- Rauchmelder überprüfen

X TABUS

Unordnung zieht Unordnung an, und inmitten eines Chaos kann keine angenehme Atmosphäre entstehen. Deshalb sollten Sie in Ihrer Gästezone folgende Dinge beachten:

1. HÜTE (UND HANDYS)

Vergessen Sie nicht, Ihren Gästen an der Haustür Mäntel, Hüte und Gepäck abzunehmen und diese im Schlafzimmer oder im Flur zu deponieren. Ihre Gäste werden sich nicht wohl fühlen, wenn die Straßenkleider auf ihrem Stuhl ebenso viel Platz brauchen wie sie selbst und ihnen ständig zu verstehen geben, dass sie den Besuch nicht zu lange ausdehnen sollten. Kassieren Sie außerdem sämtliche Handys ein, um sicherzustellen, dass Ihre Gäste sich wirklich entspannen können (außer zu Hause warten kleine Kinder und ein Babysitter).

2. SCHROTT ALLER ART

Missbrauchen Sie das Esszimmer nicht als Lager für alte oder ausgediente Geräte, die Sie bisher aus irgendeinem Grund noch nicht entsorgen oder verkaufen konnten. Ein selten benutzter Raum wird nur zu leicht zu einem überquellenden Ablagefach voll mit nutzlosen Dingen und vermüllt mit Sachen, die Sie wahrscheinlich nie mehr brauchen werden, deren Zukunft aber bislang noch ungeklärt ist.

3. HINTERLASSENSCHAFTEN

Sollten Sie an Ihrem Esstisch Akten studieren, Laubsägearbeiten machen oder einem anderen Hobby nachgehen, dann lassen Sie Ihre Arbeitsutensilien danach nicht einfach liegen. Vor dem Eintreffen von Gästen in letzter Minute hastig Berge von Besitztümern unter das Sofa zu schieben, ist keine dauerhafte Lösung. Räumen Sie auf, selbst wenn Sie keine Gäste erwarten.

4. PIZZASERVICE

Ihnen ist nach Gesellschaft zumute, und Sie haben ein paar Freunde zum Abendessen eingeladen – was machen Sie jetzt? Panik? Dazu besteht kein Grund. Versuchen Sie, sich nicht für die einfachste Lösung zu entscheiden – ein Abendessen vom Pizzaservice, das Sie vielleicht auch noch in den Schachteln servieren. Vielmehr sollten Sie Ihre Gäste dafür belohnen, dass sie sich mit einem guten Tropfen bewaffnet zu Ihnen aufgemacht haben, und sie mit einem selbst zubereiteten Menü verwöhnen.

Tischkultur

Wenn Sie Gäste bewirten, lohnt sich die Mühe, den Tisch hübsch zu decken. Ihr Besuch wird die Einladung dann noch mehr genießen und schon einmal Ihre Tischdekoration bewundern, bevor Sie ihn dann mit Ihren Kochkünsten verblüffen. Sie sollten versuchen, Ihre Gäste zu verwöhnen, ohne dabei den Tisch zu ruinieren. Legen Sie deshalb stets ein Tischtuch auf, das nicht nur Ihren Tisch schützt, sondern auch die Geräusche von Gläsern und Tellern dämpft, die (absichtlich oder versehentlich) auf den Tisch geknallt werden. Stoffdecken sind hierbei stilvoller als Plastikdecken und (gebügelte) Stoffservietten schöner als Papierservietten.

Sitzordnung

Versuchen Sie eine Sitzordnung festzulegen, um Peinlichkeiten zu vermeiden, wenn die Gäste nicht wissen, wo sie sich hinsetzen sollen. Sind die Geschlechter paritätisch vertreten, plazieren Sie Ihren Besuch möglichst nach der Strategie Frau, Mann, Frau, Mann, wobei Paare nicht nebeneinander sitzen sollten, außer sie sind frisch verliebt. Ein Neuling in der Runde erhält den Platz rechts neben dem Gastgeber, damit dieser sich um ihn kümmern kann. Falls Gäste mit diametral entgegengesetzten politischen Ansichten dabei sind, sollten sie an entgegengesetzte Enden des Tischs dirigiert werden, wenn sich der Abend unbeschwert gestalten soll. Sollte ein Gast nicht erscheinen, nehmen Sie sein Gedeck und den Stuhl weg und lassen Sie die Gäste etwas zusammenrücken. Damit retten Sie zwar nicht die Sitzordnung, aber die Atmosphäre. Und achten Sie darauf, dass keiner der Gäste (vor allem kein weiblicher) am Ende des Tischs neben einem leeren Stuhl sitzt. Sie selbst setzen sich am besten an einen Platz in der Nähe der Küche.

Alles an seinem Platz

Lassen Sie sich von den vielen Besteckteilen und Gläsern, die auf der gegenüberliegenden Seite gezeigt sind, nicht ins Bockshorn jagen. Sie können diese Perfektion anstreben, sich aber auch für einfachere Gedecke entscheiden. Sollte der stellvertretende Chef Ihrer Firma zum Abendessen kommen, dann wissen Sie ja, was zu tun ist. Wenn Ihnen das alles zu viel ist, bereiten Sie ein pfannengerührtes Gericht zu, und benutzen Sie Stäbchen.

TISCHLEIN DECK DICH

Es mag vielleicht manchen Leser überraschen, aber es gibt verschiedene Möglichkeiten einen Tisch zu decken, je nach Anlass des Essens. Für ein Abendessen mit Freunden sind vielleicht einige der folgenden Tipps hilfreich:

- Besteck und Gläser sollten sauber sein (möglichst funkeln) und zusammenpassen.
- Messer und Löffel werden rechts neben den Teller gelegt, Gabeln links.
- Die Messerschneiden müssen zum Teller zeigen.
- Das Besteck wird – außen beginnend – in der Reihenfolge seiner Verwendung hingelegt.
- Servietten sollten links neben der Gabel liegen.
- Gläser werden oben rechts neben den Teller gestellt, nahe der Spitze des Messers, wobei das Weinglas rechts vom Wasserglas stehen sollte.
- Dessertbesteck kann zunächst über dem Teller liegen und wird dann nach Abräumen der übrigen Sachen rechts und links neben den Dessertteller gelegt.
- Salz und Pfeffer sollten für jeden Gast leicht erreichbar sein, weshalb Sie möglicherweise mehrere Streuer benötigen, wenn Sie mehr als sechs Gäste eingeladen haben.
- Servieren Sie Würzen, Saucen und Butter in kleinen Schalen und mit den nötigen Werkzeugen (ja, sogar Ketchup).

SPEISENFOLGE

Beim Servieren eines Menüs ist die Gangfolge diese:

- Hors d'œuvre
- Suppe oder Pasta
- Hauptgang (z.B. Fisch, Fleisch, Pasta) dazu oder vorher Salat
- Käse
- Dessert (oder erst das Dessert, dann der Käse)
- Kaffee oder Tee

Natürlich müssen Sie nicht alle aufgeführten Gänge servieren, aber Ihre Gäste sollten nicht hungrig nach Hause gehen. Zu viel ist besser als zu wenig. Sollten Sie bemerken, dass Ihre Gäste heimlich die Nummer des Pizzaservice wählen, dann haben Sie wohl zu wenig gekocht. Reste können Sie auch noch am nächsten Tag essen.

WAS GEHÖRT WOHIN?

A GABEL FÜR SALAT
B ESSGABEL FÜR HAUPTGANG
C MESSER FÜR HAUPTGANG
D MESSER FÜR SALAT
E ESSLÖFFEL
F SUPPENLÖFFEL
G DESSERTGABEL
H DESSERTLÖFFEL
I BUTTERMESSER

Tischdekoration

Geschirr, Besteck und Gläser befinden sich an ihrem Platz, und Sie haben sich die Sitzordnung im Kopf oder sogar auf Papier notiert. Nun fehlen nur noch ein paar letzte schmückende Details. Sie sollten schlicht sein, aber dennoch sind sie wichtig.

Betrachten Sie Ihre Tischdecke als Leinwand. Kleine Ornamente wirken schöner als große Gesten – entscheiden Sie sich für eine minimalistische Gestaltung, dann können Sie die Person sehen, die Ihnen gegenübersitzt. Es ist der Atmosphäre nicht förderlich, wenn Sie ein Dickicht aus riesigen Blumen durchdringen oder sich durch ein Labyrinth aus Kerzenleuchtern quälen müssen, um eine Unterhaltung zu beginnen.

Stimmungsvolle Kerzen

Sie verschönern die Atmosphäre, wenn Sie an beiden Tischenden ein paar kleine, verhältnismäßig niedrige Kerzen aufstellen. Auch Duftkerzen sind eine hübsche Idee. Aber vergessen Sie nicht, alle Flammen zu löschen, wenn Sie sich in einen anderen Raum zurückziehen.

Ein wenig Florales

Sie müssen kein angehender Florist sein, um für den Tisch ein paar Blumen hübsch zu arrangieren. Sollte Sie bei dem bloßen Gedanken daran die Panik packen, kaufen Sie Trockenblumen. Doch ein paar frische, zart duftende Blumen sind ein echter Gewinn.

Servietten falten

Kleinere Servietten kann man zweimal zu einem Rechteck und dann zu einem Dreieck falten. Falls Sie mutig und künstlerisch ambitioniert sind, probieren Sie einmal mit einer relativ großen Stoffserviette die unten gezeigte Methode aus.

DIE TOLLE ROLLE

1

Die Serviette in der Mitte so zusammenfalten, dass Ober- und Unterkante aufeinanderliegen. Nun die Serviette von der linken Seite einfach bis zur Mitte aufrollen. Treten Sie zurück, um Ihr Werk zu bewundern, oder fahren Sie fort.

2

Nach der Vollendung dieser Rolle die Serviette in Vorbereitung auf die Doppelrolle rückwärts umdrehen.

3

Die Serviette von rechts zur Mitte aufrollen, sodass sich die beiden Rollen auf halbem Weg treffen. Voilà.

4

Die fertige Rückwärts-Doppelrolle links neben die Gabel legen. Ein doppeltes Voilà.

BLUMEN ARRANGIEREN

Das Arrangieren von Blumen ist gar nicht so kompliziert und zeitaufwendig, wie Sie vielleicht glauben. Es kann viel Spaß machen und möglicherweise sogar den Künstler in Ihnen zum Vorschein bringen. Für ein einfaches Arrangement besorgen Sie im Supermarkt oder Blumenladen einen Strauß farbenfroher Blumen und stellen ihn vorsichtig in eine Vase (mit Wasser). Achten Sie beim Blumenkauf jedoch darauf, ob diese so aussehen, als würden sie den Tag, an dem sie Ihre Gäste beeindrucken sollen, auch noch erleben. Sollten Sie Ihre Blumen erst kurz vorher besorgen, dürfen die Blüten nicht mehr fest geschlossen sein, denn sie brauchen dann noch ein oder zwei Tage, um aufzublühen.

Mutigere Männer können sich etwas in floristischem Basteln versuchen. Betrachten Sie das folgende Arrangement als ein Rezept für eine einfache Mahlzeit aus nur drei Zutaten – in diesem Fall Anemonen, Tulpen und Korkenzieherhaselzweige. Je nach Jahreszeit können Sie auch andere Blumen und Zweige verwenden, die nach Möglichkeit aber kräftige kontrastierende Farben haben sollten (Rot, Blau und Gelb ziehen immer die Blicke auf sich). Behalten Sie die Gesamtform des Arrangements (d. h. Breite, Höhe, vertikale und horizontale Linien) im Auge. Dieser Strauß eignet sich besonders gut für einen Tisch oder eine Anrichte neben dem Esstisch. Selbst Anfänger sollten ihn in höchstens sieben Minuten fertig stellen können, Fortgeschrittene in fünf Minuten.

1

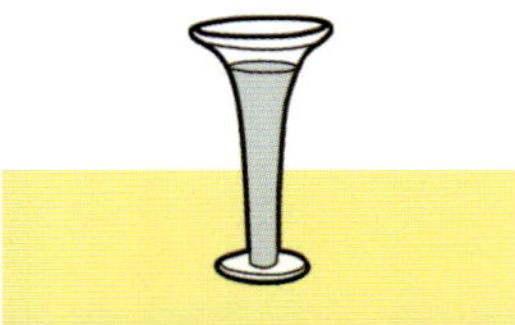

- Hohe Glasvase
- 3 oder 4 Korkenzieherhaselzweige (oder Weide)
- Anemonen (blau, ein Bund)
- Tulpen (gelb, ein Bund)
- Wasser

2

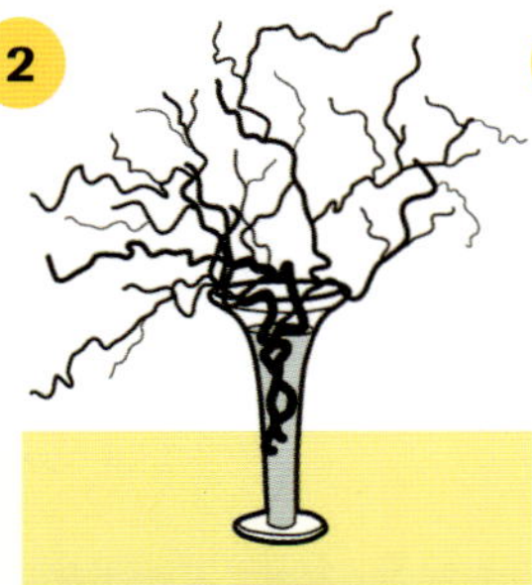

Die Haselzweige so in die Vase stecken, dass sie Halt haben. Sie sollten als Backgroundgruppe betrachtet werden. Übrigens: Sollten Sie keine gedrehten Zweige bekommen oder einfach vergessen haben, sie zu kaufen, gehen Sie in den nächsten Wald und pflücken Sie ein paar hübsche Zweige.

3

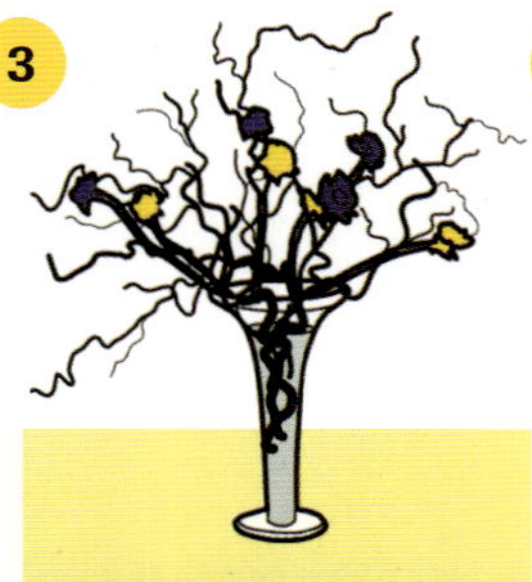

Die Anemonen nacheinander zwischen die Zweige stecken, anschließend die Tulpen. Die gedrehten Zweige geben den Blumen Halt. Die Farben sollten gleichmäßig verteilt sein, sodass sich nicht auf einer Seite nur blaue und auf der anderen Seite nur gelbe Blüten befinden. Hier geht es um ein harmonisches Arrangement, nicht um einen Wettstreit. Achten Sie darauf, dass alle Stiele im Wasser stehen.

4

Möglicherweise haben die Tulpen am nächsten Tag ihre Form und Position verändert und müssen neu arrangiert werden. Stellen Sie den Strauß auf einen Beistelltisch, und sollte ihn niemand entdecken, erwähnen Sie ihn beiläufig. Blumen sorgen bei Tisch nicht nur für Farbe und Duft, sondern können die Unterhaltung bereichern.

Gäste bewirten

Eine Unterhaltung kommt leichter in Gang, wenn sich Ihre Gäste vor dem Essen mit einem Glas in der Hand entspannen können. Vermutlich erscheinen sie nicht alle gleichzeitig, und manche werden vielleicht zu früh auftauchen, aber stellen Sie sich darauf ein, sie trotzdem zu verwöhnen. Halten Sie verschiedene Getränke bereit wie Limonade, Schnaps, Aperitifs, Cocktails, Bier, Weißwein, Rotwein oder Champagner.

WAS TUN, WAS LASSEN

GUT VORBEREITET SEIN

Es ist ein Klischee, doch es trifft für die Küche ebenso zu wie für das Esszimmer. Organisation plus Vorbereitung ist gleich Erfolg (und mehr Zeit für Spaß).

VEGETARISCHE VARIATIONEN

Finden Sie heraus, ob irgendeiner Ihrer Gäste bestimmte Dinge nicht isst (wie Fleisch, Fisch, Eier oder Milchprodukte) und ob jemand irgendwelche besonderen Abneigungen oder Lebensmittelallergien hat. Dadurch ersparen Sie sich bei Tisch Peinlichkeiten oder Panik.

COOL BLEIBEN

Sowohl auf persönlicher als auch kulinarischer Ebene. Bereiten Sie einen Gang bis auf die Garnierung im Voraus zu, und stellen Sie ihn in den Kühlschrank. Dann haben Sie mehr Zeit, sich um Ihre Gäste zu kümmern, und verlieren bei der Unterhaltung nicht den Faden.

AUGENSCHMAUS

Achten Sie darauf, Ihr Menü farbenfroh zu gestalten. Kombinieren Sie Rot, Gelb, Orange und Grün. Betrachten Sie den Teller als Malerpalette. Stellen Sie sich das Zusammenspiel von Tomaten und Basilikum, grünem Salat und Orangen und Fleisch und Kartoffeln vor.

JAHRESZEITEN

An einem kalten Tag ist es herrlich, wenn eine dicke Suppe, dann ein großer Braten mit sämtlichen dazugehörigen Beilagen und schließlich ein traditionelles Dessert mit reichlich Vanillesauce serviert wird. Aber ein solches Menü ist weniger verlockend, wenn draußen Temperaturen wie im Backofen herrschen.

WASSER UND WIESE

Diese Kombination kann köstlich sein (denken Sie nur an *vitello tonnato*), im allgemeinen serviert man Fisch und Fleisch jedoch getrennt, zuerst den Fisch, dann das Fleisch.

EIN GUTER ANFANG

Servieren Sie eine leichte Vorspeise, der ein gehaltvollerer Hauptgang folgt. Betrachten Sie ein Essen wie ein Rockkonzert. Eine gute Vorgruppe heizt die Stimmung an und steigert die Spannung auf den eigentlichen Star des Abends. Schließlich kommt das Finale mit einem leckeren Dessert als Zugabe.

GEGENSÄTZLICHKEITEN

Wenn ein Gang sehr stark gewürzt ist, lassen Sie als Ausgleich einen milder gewürzten Gang folgen. Oder Sie servieren eimerweise kaltes Wasser und halten Feuerlöscher und Magentabletten bereit.

GLASPARADE – EINE FRAGE DER FORM

Versuchen Sie, sich nach und nach eine Kollektion passender Gläser für verschiedene Zwecke zuzulegen. Hier eine kleine Orientierungshilfe:

Das große Rote

Rotweingläser sind üblicherweise größer als ihre Kollegen für Weißwein (rechts). Ihre kurvenreiche Gestalt erlaubt es, den Wein hingebungsvoll im Glas zu schwenken, damit er sein verführerisches Bukett entfalten kann.

Das Sprudelgerät

Hoch, schlank, spritzig – der Sektkelch verbreitet Stimmung. Beobachten Sie, wie die Perlen nach oben steigen, stoßen Sie an, lassen Sie sich ein paar romantische Worte einfallen, und dann versuchen Sie mal, Ihre Nase hineinzustecken.

Der weiße Ritter

Halten Sie Weißweingläser am Stiel, um ihren köstlichen Inhalt nicht mit den Händen zu erwärmen. Genießen Sie an einem Sommerabend mit Ihrer Liebsten ein Glas gekühlten Chardonnay, oder servieren Sie zum Essen einen leckeren Riesling.

Das Multitalent

Sollten Sie knapp bei Kasse sein, kaufen Sie Weingläser, in denen Sie sowohl Rotwein als auch Weißwein und sogar Wasser servieren können. Dieses Glas ist ein Chamäleon und passt sich allem an.

Mein Name ist Bond

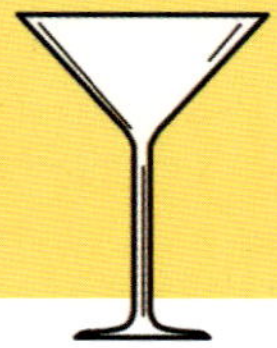

Das Cocktailglas hat einen außergewöhnlichen Zauber. Martini, Oliven, romantische Stimmung, Musik, ein Sonnenuntergang – was brauchen Sie mehr?

Der große Tumbler

Praktisch, vielseitig, robust, groß, spülmaschinenfest (sogar elegant genug für Ihr Lieblingsbier) – das Highballglas ist multifunktionell. Ein transparenter Allrounder.

Nur ein Schlückchen

Wenn Ihre Mutter vorbeischaut, bieten Sie ihr etwas Sherry an, den Sie in einem eleganten Dessertweinglas servieren. Auf diese Weise können Sie ihre Aufmerksamkeit von dem ganzen Staub ablenken.

Un digestif, Monsieur?

Weinbrand und Cognac verlangen nach einem besonderen Glas, das unter Eingeweihten als Cognacschwenker bekannt ist. In einem Weinglas sehen sie albern aus und in einem Highballglas dekadent.

Frecher Knirps

Wer zu viel Likör oder Schnaps trinkt, braucht einen Feuerlöscher, und deshalb ist dieses Glas sehr klein. Sein Inhalt mag durchsichtig sein, aber sein Zweck ist manchmal unklar, und die Folgen sind häufig etwas verschwommen.

Der kleine Tumbler

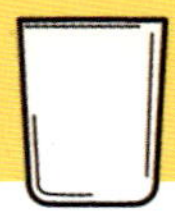

Dieser Mini-Tumbler ist klein, praktisch und kann für Wasser, Säfte und ein Schlückchen Hochprozentiges wie Whisky benutzt werden. Er ist vielseitig, ausgesprochen freundlich und von bescheidener Eleganz – ganz wie sein Besitzer.

Hinter der Bar

Sie müssen kein Fachmann sein, um gern ein Glas Wein zu trinken. Im Grunde geht es nur um die Frage, was Sie mögen und was nicht. Probieren Sie Weine aus verschiedenen Ländern. Kosten Sie rote, weiße, leichte, schwere, reife und junge Weine. Vertrauen Sie Ihrem Gaumen. Sie werden nach und nach herausfinden, welche Traubensorten, Anbaugebiete und Jahrgänge Ihnen am meisten zusagen. Bitten Sie einen Weinhändler um Rat, finden Sie die Vorlieben Ihrer Freunde heraus, und notieren Sie sich besonders leckeren Wein, den Sie geschenkt bekommen oder in einem Lokal getrunken haben.

COCKTAILS

Jeder Barmann, der etwas auf sich hält, besitzt ein bestimmtes Repertoire an Utensilien und weiß natürlich auch, wie man es vor Publikum benutzt. Schlüssel zum Erfolg sind ein stilvoller Cocktail-Shaker, ein Eiswürfelbehälter, hübsche Gläser, ein Messbecher, reichlich zerstoßenes Eis und ein Gefühl für richtiges Timing und Showeffekte – Strohhalme und Papierschirmchen erhöhen den Spaßfaktor. Je nachdem, welche Cocktails Sie zubereiten möchten, brauchen Sie außerdem ein kleineres oder größeres Sortiment an Likören, Schnäpsen, Mineralwasser, Tonic Water, Fruchtsäften, Sahne, Oliven, Limetten und diesen ekelhaft süßen Cocktailkirschen. Die gute Nachricht ist, dass Gäste auf Cocktailpartys gewöhnlich nicht viel zu essen bekommen. Ein paar Häppchen, Nüsse und Salzgebäck sollten reichen.

Gut geschüttelt ist halb gewonnen
Verschiedene Cocktails erfordern unterschiedliche Fertigkeiten. Frischen Sie Ihre Kenntnisse auf, was man mit welchem Rezept tut, dann können Sie Ihre Gäste beeindrucken. Gehen Sie mit der Zeit.

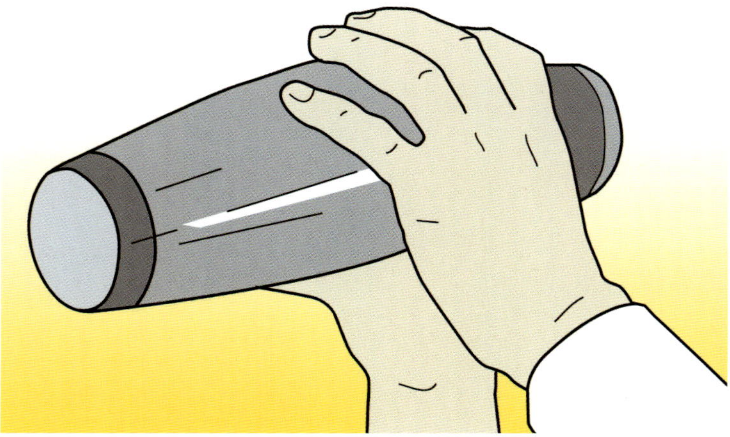

PARTYTRICKS

Wenn man Gäste einlädt, lohnt es sich ein paar Tricks im Ärmel zu haben:

- Halten Sie stets einen Korkenzieher für spontane Feiern bereit.
- Benutzen Sie lieber einen anständigen Korkenzieher als ein Designermodell. Ein Sommeliermesser ist nicht nur ein gutes Werkzeug, sondern passt auch in jede Tasche.
- Verzichten Sie auf Korkenzieher, die wie bewegliche Skulpturen aussehen. Sie sind eher nutzlos als praktisch.
- Wenn ein Korken beim Herausziehen abbricht, halb so schlimm – drücken Sie ihn in die Flasche, und gießen Sie den Wein durch einen sauberen Filter oder ein Sieb in eine Karaffe.
- Dekantieren Sie schwere Rotweine (Bordeaux, Shiraz, Burgunder, Pinot Noir und Chianti) und Portwein einige Stunden vor dem Servieren, damit sie ihr Aroma entfalten können. Achten Sie darauf, dass vorhandener Bodensatz beim Umfüllen in der Flasche verbleibt.
- Weißwein muss nicht dekantiert werden. Servieren Sie ihn nicht zu kalt, da sonst sein Geschmack leidet, und legen Sie niemals Flaschen in das Gefrierfach, weil sie dort leicht vergessen werden.
- Wenn Sie vor den Augen Ihrer versammelten Gäste oder einer besonderen Person eine Champagner- oder Sektflasche öffnen, sorgen Sie dafür, dass ihr Inhalt nicht ausperlt. Entfernen Sie die Folienkappe, lockern Sie den Metalldraht, und halten Sie den Korken mit einer Hand fest für den Fall, dass er herausknallt. Während Sie die Flasche im Winkel von 45° halten, lockern Sie den Korken ein wenig, damit etwas Kohlensäure entweichen kann, indem Sie die Flasche mit der einen Hand unten vorsichtig drehen, während Sie mit dem Daumen der anderen den Korken nach oben drücken.
- Stimmen Sie Speisen und Getränke aufeinander ab. Ein gehaltvoller, fruchtiger Rotwein wie ein Cabernet Sauvignon passt zu rotem Fleisch und Eintöpfen. Leichtere Mahlzeiten finden eine gute Ergänzung in leichteren Weiß- oder Rotweinen. Ein Riesling harmoniert gut mit Thunfisch, und ein leichter Pinot Noir ist ein geeigneter Partner für Lachs, während eine schwerere Sorte besser zu Ente oder Wild passt. Fisch, Huhn und Pasta mögen die Gesellschaft eines Chardonnays. Würzige oder süße Speisen gesellen sich gern zu einem süßen Wein.

DER HAUSHALTSGOTT
DER PERFEKTE BUCK'S FIZZ

Im Jahr 1921 mischte ein Barmann namens McGarry im Londoner Buck's Club einer plötzlichen Eingebung folgend einen Teil Orangensaft mit zwei Teilen gekühltem Champagner und einem Spritzer Grenadine. Der Buck's Fizz war geboren. Ungeachtet seiner Einfachheit ist er bezaubernd und verführerisch, der perfekte Beginn für ein Abendessen oder einen sonnigen Sonntagmorgen mit Ihrer Liebsten. Servieren Sie ihn in einem Sektkelch, und warten Sie, bis die Perlen nach oben steigen. Statt Champagner können Sie übrigens auch Sekt verwenden. Sollten Sie die Flasche nicht austrinken, keine Sorge. Der Rest perlt auch ohne Verschluss (oder Silberlöffel) über Nacht im Kühlschrank nicht aus.

WIE FUNKTIONIERT DAS?

Ein Huhn tranchieren

Wenn Sie die Kunst des Tranchierens erst einmal erlernt haben, möchten Sie Ihr Können sicher vor Gästen demonstrieren. Aber machen Sie vorher ein paar Testläufe. Proben Sie vor Mitbewohnern, ehe Sie vor großem Publikum auftreten. Mitunter ist etwas Feigheit gut, wenn man sich nicht zum allgemeinen Gespött machen will.

Nehmen Sie die Pute oder das Huhn aus dem Backofen, legen Sie das Geflügel auf ein Brett und decken Sie es locker mit Alufolie ab. Lassen Sie es etwa 15 Minuten »ruhen«. Dadurch bleibt der Saft im Fleisch. Dann legen Sie die Pute oder das Huhn auf ein Tranchierbrett mit einer Saftrinne, um herauslaufenden Saft aufzufangen, und entfernen das Dressiergarn. Die Füllung wird gegebenenfalls in eine Servierschüssel geschöpft und warm gehalten. Aufgefangenen Saft verwendet man später für die Sauce.

DER PROFI AM WERK

1

Mit einem Tranchiermesser (oder, sollten Sie länger nicht im Fitnessstudio gewesen sein, einem elektrischen Messer) zwischen Oberschenkel und Rumpf die Haut einschneiden.

2

Weiterschneiden, bis Sie das Gelenk erreichen, dann das Bein vom Körper wegdrehen. Die Keule in Ober- und Unterschenkel teilen.

4

Den Oberschenkel mit einer Gabel festhalten und das Fleisch parallel zum Knochen abschneiden.

5

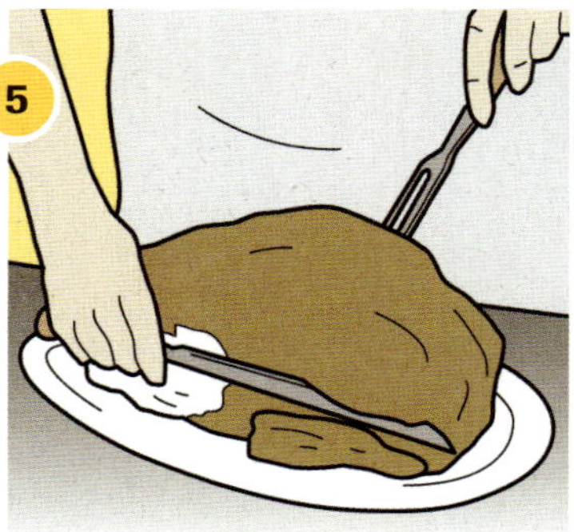

Die beiden Flügel abtrennen. Flügel und Fleischscheiben auf einer Servierplatte anrichten. Lächeln. Die Geflügelbrust dicht bei einem Flügelgelenk tief einschneiden.

RESTEREGELN

Stellen Sie die Reste, die von einer Pute oder einem Huhn übrig bleiben, möglichst bald in den Kühlschrank, wobei Sie zuvor das Fleisch von den Knochen lösen. Lassen Sie die Karkasse nicht über Nacht im Esszimmer stehen. Die Reste sollten innerhalb von drei Tagen verzehrt werden. In Scheiben geschnittenes Puten- oder Hühnerfleisch kann man (in einem geeigneten Behälter) auch einfrieren, aber man sollte es innerhalb eines Monats verwenden oder wegwerfen. Denken Sie an die UFO-Theorie (→ S. 24).

3

Den Unterschenkel bei einer Pute schräg halten und mit dem Messer das Fleisch in gleichmäßigen Scheiben abschneiden, dabei den Schenkel drehen.

6

Dann das weiße Brustfleisch in dünnen Tranchen abschneiden. Mission erfüllt. Warten Sie auf den Applaus Ihrer beeindruckten, hungrigen Gäste.

MESSERMAGAZIN

Messer gibt es in verschiedensten Größen und Ausführungen. Wie Fußballspieler haben alle besondere Fähigkeiten:

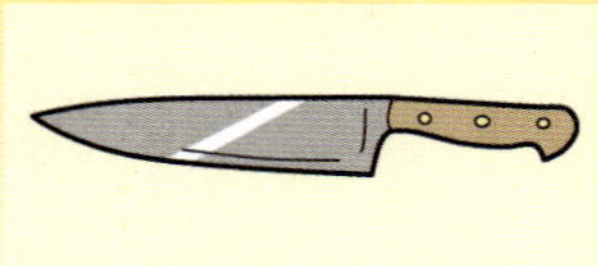

KOCHMESSER
Im Hacken und Schneiden der unumstrittene Weltmeister.

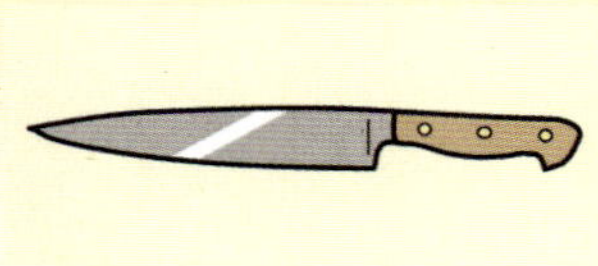

TRANCHIER- ODER OFFICEMESSER
Unverzichtbar zum Schneiden dünner Scheiben.

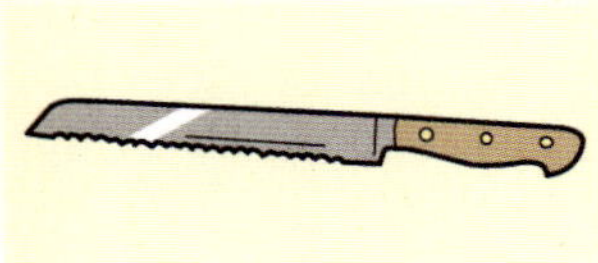

BROTMESSER MIT WELLENSCHLIFF
Beim Schneiden von Brot den anderen einfach überlegen.

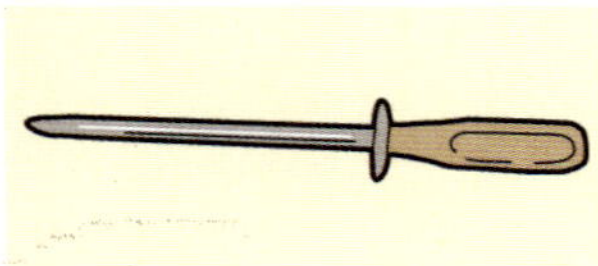

WETZSTAHL
Hält alle auf Trab. Ein Vereinsmanager mit scharfer Zunge.

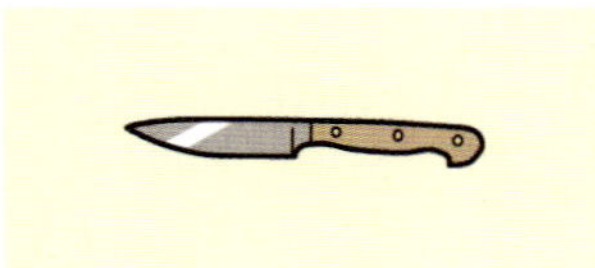

SCHÄLMESSER
Gut geeignet zum Schälen und für taktische Manöver. Ein echter Teamspieler.

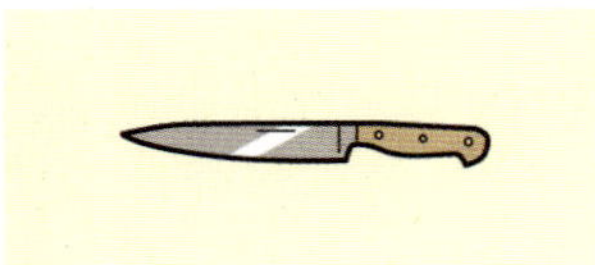

KÜCHENMESSER
Alleskönner, der Gemüse mag. Unverzichtbarer Spieler.

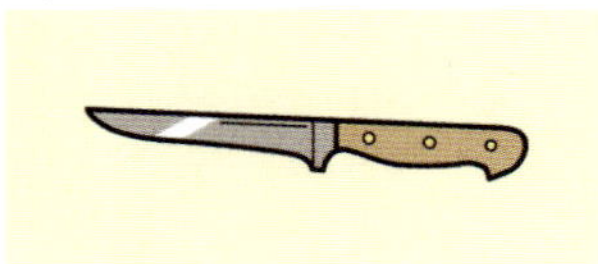

AUSBEINMESSER
Robust und vielseitig. Sollte man in der Reserve haben.

BÜRO

Gemütliche Ecke
Schaffen Sie einen Platz, an dem Sie es sich bequem machen, nachdenken oder Gäste empfangen können.

Pflanzenkultur
Verbessern Sie die Arbeitsatmosphäre durch Zimmerpflanzen, aber denken Sie daran, dass diese auch Pflege brauchen.

Ablage
Schaffen Sie ein funktionierendes Ablagesystem. Auf dem Schreibtisch sollten nur die notwendigsten Papiere liegen. Auch auf dem Boden haben Papiere nichts zu suchen.

»Ein Stück Papier kann gute oder schlechte Nachrichten bedeuten. Bei einem Stapel Papier handelt es sich stets um überholte Nachrichten.«

MARK ROBERTS

Sitzkomfort
Achten Sie darauf, dass Ihr Stuhl die richtige Höhe hat.

Bildschirmpflege
Stauben Sie Ihren Computer einmal pro Woche ab.

Im Büro

Heutzutage arbeiten immer mehr Menschen zu Hause, wodurch sie gegenüber ihren Kumpels im Geschäftsbüro ein paar eindeutige Vorteile haben. Kompetenzwirrwarr, Kleiderkodex, die schlecht funktionierende Klimaanlage und der scheußliche Kaffee gehören für sie der Vergangenheit an. Aber da sind natürlich auch Nachteile. Man ist öfter allein, man kann nichts delegieren, niemand macht die Ablage, und es gibt keine Reinigungsfirma, die sauber macht.

Vermutlich war der Raum, in dem Sie Ihr häusliches Büro eingerichtet haben, nicht dafür vorgesehen. Es ist wahrscheinlicher, dass Sie Ihren Arbeitsplatz in ein anderes Zimmer integriert oder in den kleinsten Raum der Wohnung gezwängt haben. Doch wie dem auch sei. Nutzen Sie den vorhandenen Platz möglichst ökonomisch und ergonomisch sinnvoll. Stellen Sie Ihren Computer nicht direkt vor ein großes Fenster – idealerweise sollte sich das Fenster zu Ihrer Rechten oder Linken befinden. Ein Fenster im Rücken kann Spiegelungen verursachen. Wichtig ist eine gute Schreibtischleuchte, die weiches, indirektes Licht spendet und nicht flackern sollte. Sorgen Sie für einen anständigen Stuhl, und achten Sie darauf, dass sich Ihre Tastatur in bequemer Höhe befindet.

ARBEITSPLAN: WAS TUE ICH WANN?

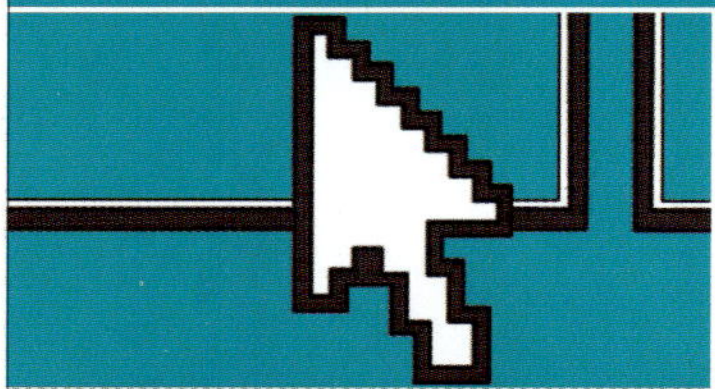

TÄGLICH:
- Schreibtisch aufräumen und abwischen
- Eingegangene Post sortieren – bearbeiten, ablegen oder wegwerfen
- Reklamesendungen entsorgen
- Alte Kaffeetassen und Teller entfernen
- E-Mails bearbeiten (virtuelle Hausarbeit)
- Daten sichern (virtuelle Ablage)
- Abfall rausbringen

WÖCHENTLICH:
- Fußboden fegen oder saugen
- Bildschirm abstauben
- alle Oberflächen abwischen
- Zimmerpflanzen versorgen
- Papier für das Recycling sortieren
- Ablage machen

MONATLICH:
- Computertastatur und Bildschirm säubern
- Regale und Fensterbretter abstauben
- Fenster putzen
- Büromaterial überprüfen
- Ordner durchsehen und gegebenenfalls Akten aussortieren
- Wertstoffe entsorgen
- Gründlich saugen oder fegen
- Gestrichene Flächen abwischen

X TABUS

Ein ordentliches Büro ist ein effizientes Büro. Halten Sie das Durcheinander möglichst gering, und der Arbeitstag wird Ihnen erheblich kürzer erscheinen.

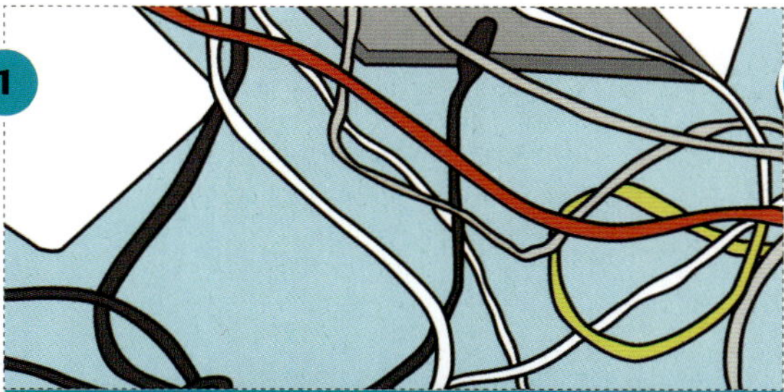

1. KABELSALAT

Sollten Sie dem Chaos in der Firma entronnen sein, dann ersetzen Sie es nicht durch ein Tohuwabohu aus Kabeln und Leitungen. Ihre Vernetzung wird sicher nicht funktionieren, wenn Sie Tag für Tag über einen Wust aus Leitungsschnüren stolpern. Kabelsalat ist gefährlich, sieht hässlich aus und wird niemanden beeindrucken. Kabel sollten alle mit einem geeigneten Aufkleber gekennzeichnet, ordentlich zusammengebunden und weitgehend in Röhren oder unter Abdeckungen versteckt werden. Und halten Sie Haustiere davon fern.

2. FRÜHSTÜCKSSPUREN

Wenn Sie an Ihrem Schreibtisch schon Kaffee schlürfen müssen, passen Sie wenigstens auf, dass Sie ihn nicht auf Ihre Unterlagen und vor allem nicht auf Ihre Tastatur verschütten. Sollten Sie besonders tolpatschig sein, leisten Sie sich für Ihre Tastatur eine Kunststoffabdeckung.
Lassen Sie keine Ekel erregenden Tassen mit eingetrockneten Kaffee- oder Teeresten herumstehen und verkneifen Sie sich ein zweites Frühstück am Schreibtisch. Das gibt nur Flecke. Seien Sie nett zu Ihrer Büroreinigungskraft. Denken Sie daran, das sind Sie!

3. CHAOS-COMPUTER

Tastaturen und Bildschirme ziehen Staub, Krümel und schmutzige Fingerabdrücke magisch an, und in den Ritzen machen sich gern alle Arten von Mikroben breit. Regelmäßiges Säubern schafft Abhilfe. Entfernen Sie Staub zwischen den Tasten mit einem großen weichen Pinsel, einem Wattestäbchen oder einem Druckluftspray. Fingerabdrücke auf Ihrem Bildschirm beseitigen Sie mit einem leicht feuchten Tuch, aber schalten Sie den Computer zuerst aus. Computer sollten auch nicht direkt in der Sonne stehen, weil sie sich sonst überhitzen können.

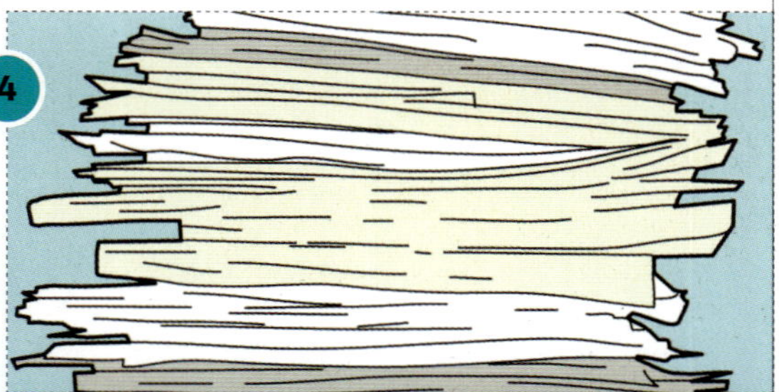

4. PAPIERBERGE

Geschäftsmäßigkeit ist gleich Geschäftserfolg (wie einmal irgendein Millionär sagte). Kreativität ist in der Kreativabteilung angesagt, nicht aber in der Buchhaltung. Platz, den Papiere ohne feste Bleibe beanspruchen, Körbe und Kästen ohne eindeutige Bestimmung und Haufen ohne feste Ordnung sind keine sicheren Anlagen. Über Unordnung muss Rechenschaft abgelegt werden – denken Sie daran, Sie bezahlen für sie die Miete. Es muss eine Zwangsräumung erfolgen.

Wie man aus Elefanten Mücken macht

Papierberge auf einem Schreibtisch sind nicht notwendigerweise ein Beweis dafür, dass sein Besitzer besonders fleißig ist. Behalten Sie deshalb durch Organisation und Entschlossenheit die Kontrolle. Zuerst der Eingangskorb. Besorgen Sie sich einen Dokumenten-Manager, um seinen Inhalt zu ordnen und Prioritäten zu setzen. Legen Sie auf Ihren Schreibtisch nur die Dinge, die heute, morgen oder bis Ende der Woche erledigt werden müssen. Zweitens: Leeren Sie den Ausgangskorb – verteilen Sie den Inhalt auf Postkorb, Ablagekorb und Papierkorb. Machen Sie jeden Tag ein bisschen, dann werden sich keine riesigen Haufen bilden.

KAMPF DEM CHAOS

SCHUBLADEN AUFRÄUMEN

Herrscht in Ihren Schubladen das komplette Chaos? Wenn ja, räumen Sie gnadenlos auf. Dann setzen Sie einen Kasten mit mehreren Fächern ein oder teilen die Schublade einfach in der Mitte, wobei Sie die Dinge, die Sie regelmäßig brauchen, vorn unterbringen. Hohe Schubladen mit Hängemappen eignen sich gut für Dokumente, die Sie häufig brauchen.

AKTENORDNUNG

Sehen Sie sich Ihr Ablagesystem an. Gibt es zu dicke Ordner? Sind manche Dokumente älter als Ihre Katze? Unterteilen Sie Ihre Ablage in »Vergangenheit« und »Gegenwart«. Bewahren Sie wichtige Papiere leicht zugänglich auf, und lagern Sie den Rest ein. Überprüfen Sie Ihre Ordner regelmäßig, und stellen Sie sie in alphabetischer Reihenfolge ins Regal.

VISITENKARTEN

Sammeln Sie Visitenkarten nicht wie Briefmarken. Ihr Wert wird nicht steigen, dafür nehmen sie Platz weg. Heften Sie diejenigen, die Sie behalten möchten, auf die alphabetisch geordneten Karten einer Rollkartei, und fügen Sie nützliche Informationen hinzu. Dann haben Sie jederzeit ein Miniprofil von Kunden oder Lieferanten griffbereit. Ordnen Sie hier auch für den Haushalt relevante Adressen ein wie etwa die Telefonnummern von Klempner, Elektriker, Hausarzt und Tierarzt.

ELEKTRONISCHE SPEICHERUNG

Nutzen Sie Ihren Computer sinnvoll. Dazu kaufen Sie sich die beste Backup-Software, die Sie sich leisten können. Betrachten Sie Ihren Computer als ein virtuelles Haus und die Dateien als die Zimmer. Sie müssen Ordnung schaffen, Sicherheitsvorkehrungen treffen und Ihre Investitionen schützen. Und führen Sie von Zeit zu Zeit einen Frühjahrsputz durch.

SCHNEE VON GESTERN

Wenn Sie eine Reihe von Fachzeitschriften abonniert haben, sortieren Sie regelmäßig alle aus, die älter als sechs Monate sind. Wichtige Artikel können ausgeschnitten und in Ordnern abgelegt werden.

SCHNELLER ABGANG

Für den Fall, dass Sie Ihr Heim vielleicht einmal rasch verlassen müssen, sollten Sie wichtige Dokumente (wie Reisepass, Geburtsurkunde, Anlagepapiere, Versicherungsscheine, Steuerunterlagen) in einem Ordner in einem feuersicheren Safe aufbewahren. Wenn Sie sich doppelt absichern möchten, können Sie auf Ihrer Bank Kopien der Dokumente hinterlegen.

DIE POST ÖFFNEN

Öffnen Sie Ihre Post an einem Platz, der sich in Reichweite von Dokumenten-Manager, Wertstoffkiste und Abfalleimer befindet. Auf diese Weise können Reklamesendungen und Briefumschläge umgehend entsorgt werden. Rechnungen, die in den nächsten 7–14 Tagen bezahlt werden müssen, kommen in das entsprechende Fach im Dokumenten-Manager. Rechnungen, die sofort fällig sind, legt man in den Eingangskorb, in den nur die Dinge gehören, die unverzüglichen Handlungsbedarf erfordern. Ein nützliches Motto ist hier: Was du heute kannst besorgen, das verschiebe nicht auf morgen.

EINGANG, AUSGANG, ABLAGE

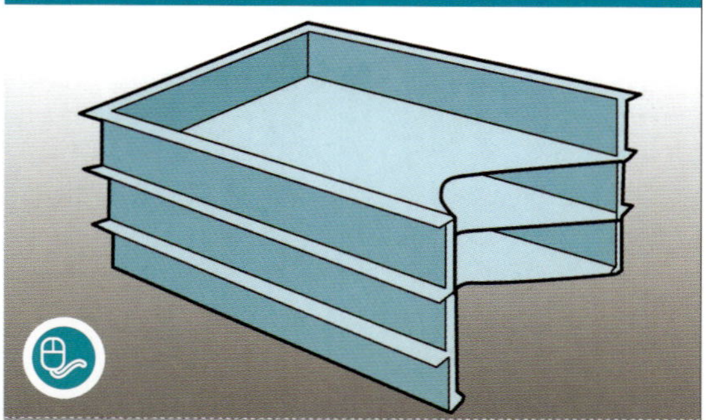

Drei Ablagekörbe erlauben es Ihnen, die Übersicht über Ihre Papiere zu bewahren. Legen Sie eilige Schriftstücke und Rechnungen in den Korb mit der Aufschrift »Eingang«. Dieser Korb befindet sich ganz oben – sein Inhalt bleibt in Sichtweite und hat damit eine Chance erledigt zu werden. Dinge, die weitergeleitet oder weggeschickt werden müssen, kommen in den mittleren Korb mit der Aufschrift »Ausgang«. Der untere Korb ist für Dinge, die abgelegt werden müssen. Sorgen Sie dafür, dass sich dort die Papiere nicht so lange ansammeln, bis sie den Ausgangskorb von unten hochdrücken.

Raumausnutzung

Wenn Ihr Büro ein Laden wäre, müsste sich jeder Zentimeter Bodenfläche bezahlt machen. Ungenutzte – waagrechte oder senkrechte – Flächen sind unprofitabel. Schauen Sie sich um. Sollten Sie ein chaotisches Durcheinander aus bunten Zetteln am Notizbrett entdecken mit Motivationsmantras oder Namen und Telefonnummern von Leuten, an die Sie sich nicht mehr erinnern können, dann handeln Sie. Schaffen Sie freien Raum, um Ihren Geist zu befreien. Und wenn Sie aufgeräumt haben, dann putzen Sie auch gleich noch ein wenig.

Umgehende Erledigung

Wenn Sie Ihren Papierkram gleich bei Eingang sortieren, wird er sich nicht ansammeln und irgendwann zu einem furchterregenden lähmenden Berg auftürmen. Sollten Sie sich nicht sofort darum kümmern, werden Sie später Zeit mit der Suche nach Ihren Unterlagen verschwenden. Denken Sie nur daran, wie viele Stunden Sie schon vergeudet haben, um irgendeine Rechnung wiederzufinden, und welchen Stress Sie hatten, weil Sie nicht mehr wussten, wo Sie diesen dicken Scheck hingelegt hatten. Vergleichen Sie diese Gefühle von Frust, Ungeduld und Besorgnis mit der Befriedigung, die Sie empfinden, wenn Sie Rechnungen sortieren und Schecks wegschicken oder gleich auf die Bank bringen.

Endgültig Ordnung

Betrachten Sie den Fußboden und andere waagrechte Flächen in Ihrem Büro. Schätzen Sie, wie viele Papiere dort herumliegen. Sorry, es gibt keinen Preis, falls Sie richtig geraten haben. Nun müssen Sie sich vorstellen, dass die Papiere aufgehoben, sortiert, abgelegt, weggeworfen oder zum Altpapier gebracht wurden. Welch ein Gefühl.

Zurück zur Realität. Räumen Sie endlich den Saustall auf. Heben Sie die Papiere auf. Befassen Sie sich mit den Dingen, die erledigt werden müssen. Werfen Sie Müll weg. Führen Sie den Rest der Wiederverwertung zu. Sobald Sie den Teppich freigeschaufelt haben, saugen Sie ihn. Stellen Sie einen bequemen Stuhl in die neu geschaffene papierfreie Zone. Benutzen Sie ihn, um lange Dokumente zu lesen, Computerausdrucke nach Informationen zu durchforsten oder einfach fern von Ihrem Computer nachzudenken (Sie müssen nicht vom Morgengrauen bis zur Abenddämmerung vor Ihrem Bildschirm hocken). Bitten Sie Gäste, es sich darin bequem zu machen, statt sich auf einen alten, noch vollen Karton zu setzen, der herumsteht, seit Sie Ihr Büro eingerichtet haben. Sehen Sie, die Sache sieht doch schon viel besser aus.

WIE FUNKTIONIERT DAS?

Zimmerpflanzen und ihre Besitzer

Stellen Sie sich Ihr Heim als Miniaturplaneten mit einer Vielzahl unterschiedlicher klimatischer Bedingungen vor. Ihr Bad ist ein Regenwald mit hoher Luftfeuchtigkeit, Ihre Küche ein dunstiger Dschungel und Ihr Wohnzimmer eine warme, sonnige Trockenzone. Sie dürfen Pflanzen nicht als isolierte hübsche Objekte betrachten, die etwas Farbe und Duft in Ihr Heim bringen, sondern als Teil des häuslichen Ökosystems. Ihre Aufgabe als Zimmergärtner besteht darin, Mikrolebensräume zu schaffen, die ausreichend Licht, Wasser, Nahrung und Wärme bieten, und Pflanzen auszuwählen, die die dort herrschenden Bedingungen mögen. Betrachten Sie Ihre Zimmerpflanzen als Hausgenossen.

DIE RICHTIGE WAHL

Kaufen Sie nicht die nächstbeste hübsche Pflanze, der Sie begegnen. Denken Sie an den Raum, für den sie vorgesehen ist, und welche Bedingungen (Temperatur, Luftfeuchtigkeit, Helligkeit) dort herrschen. Dann schauen Sie auf dem Etikett nach, ob die Pflanze dafür geeignet ist, oder fragen Sie einen Verkäufer um Rat. Wählen Sie eine Pflanze mit sauberen gesunden Blättern, die keine Anzeichen von Schädlingen, Krankheiten oder Verfärbungen aufweist.
Ein helles, luftiges Büro ist eine gute Umgebung für Pflanzen. Suchen Sie den Platz für jede Pflanze mit Bedacht aus. Wenn sie vor einer weißen Wand in Fensternähe steht, wird sie gerade wachsen. Vor einer dunklen Wand, die das Licht nicht reflektiert, wird sie sich dagegen der Lichtquelle, dem Fenster, zuneigen.

LIEBESGABEN

Zimmerpflanzen müssen regelmäßig mit einem geeigneten Dünger gedüngt werden. Die Düngermenge hängt von der Größe und Art einer Pflanze ab, doch je größer und kräftiger eine Pflanze ist, desto mehr Dünger braucht sie für gewöhnlich. Und suchen Sie die Blattunterseiten Ihrer Pflanzen regelmäßig nach Schädlingen wie z. B. Spinnmilben ab.

DER DAUMENTEST

Um festzustellen, ob eine Pflanze Wasser braucht, drücken Sie Ihren Daumen in die Erde, um die Feuchtigkeit zu prüfen. Gießen Sie nur, wenn die Erde sich trocken anfühlt. Sollte sich die Erde von den Topfwänden lösen, haben Sie damit ein bisschen zu lange gewartet. Um eine ausgetrocknete Pflanze wiederzubeleben, lockern Sie die obere Erdschicht. Gießen Sie die Pflanze ausgiebig, und besprühen Sie die Blätter mit lauwarmem Wasser.

BLÄTTER SÄUBERN

Ja, Zimmerpflanzen machen Arbeit, aber sie hält sich in Grenzen. Bei robusten Pflanzen mit festem glänzenden Laub wie z. B. einem Gummibaum kann man die Blätter mit einem Schwamm und Seifenwasser säubern. Verwenden Sie aber kein Spül- oder Waschmittel, und wischen Sie nur bereits voll entwickelte Blätter ab. Kleinere Pflanzen mit behaarten Blättern (wie etwa Usambaraveilchen) brauchen eine sanfte Behandlung und sollten nicht mit Wasser oder chemischen Mitteln gesäubert werden. Stauben Sie in diesem Fall die Blätter mit einem weichen Pinsel ab.

SANFTE PFLEGE

Richtiges Gießen ist das A und O. Zu viel Wasser, und die Wurzeln können nicht mehr atmen, was dazu führt, dass die Blätter gelb werden, faulen und absterben. Zu wenig Wasser, und die Pflanzen gehen ebenfalls ein. Verwenden Sie zum Gießen lauwarmes Wasser. Gießen Sie so viel Wasser in den Topf, dass es unten wieder herausläuft und sich im Untersetzer sammelt. Lassen Sie Pflanzen aber niemals in dem Wasser stehen. Je wärmer der Raum, desto größer ist die Verdunstung, und je kräftiger Pflanzen wachsen, desto mehr Wasser werden sie brauchen.

WELCHE PFLANZE WOHIN?

WOHNZIMMER

Kakteen stehen gern warm und trocken und sind im Wohnzimmer am besten aufgehoben. Während der Ruheperiode im Winter gießt man sie nur sparsam, im Frühjahr dann mehr. Sukkulenten hassen Staunässe und faulen, wenn man sie in Wasser stehen lässt.

BAD UND KÜCHE

In diesen Räumen kann es dampfig und feucht werden, und das Usambaraveilchen findet hohe Luftfeuchtigkeit einfach hinreißend, weil es dadurch an die Küstenwälder seiner Heimat erinnert wird. Überwässern Sie die Pflanze jedoch nicht, denn nasse Füße sind nicht ihr Ding. Sind die Lichtverhältnisse in Ihrem Bad schlecht, versuchen Sie es mit einem Mädchenhaarfarn, der im Tropenwald zuhause ist. Ziehen Sie auf einem Fensterbrett in der Küche oder auf dem Balkon ein paar Ihrer Lieblingskräuter. Basilikum, Petersilie und Schnittlauch gedeihen in Töpfen gut. Hyazinthen und Amaryllis lieben die Sonne, und Orchideen sind auf einem Fensterbrett mit sonniger Aussicht glücklich, müssen aber während der Wachstumsperiode besprüht werden.

PROBLEMZONEN

Palmen mögen schattige Ecken und tolerieren Zugluft, zu viel oder zu wenig Wasser und den Rauch von offenen Feuern. Sie sind pflegeleicht und wenig anspruchsvoll.

BÜRO

Pflanzen heben bei der Arbeit das Wohlgefühl. Zimmerpflanzen im Büro nehmen Schadstoffe und Gase auf, vor allem Kohlenmonoxid, das ein Hauptbestandteil von Zigarettenrauch ist. Pflanzen sind gewissermaßen die perfekten natürlichen Klimaanlagen. Wenn in Ihrem Büro Platz für einen Baum wäre, er würde für das Klima im Arbeitszimmer Wunder wirken. Zimmerpflanzen sind die unkompliziertere Wahl. Duftende Pflanzen lassen Sie tiefer durchatmen, und Sie sind entspannter, wenn ärgerliche E-Mails eintreffen.

Falls eine Pflanze an dem von Ihnen gewählten Platz nicht gedeiht, geben Sie nicht auf. Stellen Sie die Pflanze um, und warten Sie, was passiert. Zimmer mit Zentralheizung sind ungeeignet für Pflanzen, die hohe Luftfeuchtigkeit benötigen, aber es hilft, wenn man ihre Töpfe neben Wasserschalen stellt. Besprühen Sie ab und zu die Blätter.

Haustiere in Büro und Wohnung

Besitzer eines Haustieres wissen, dass das Tier dafür, dass man ihm die Dosen öffnet, mit ihm ein bisschen im Park herumtollt, es regelmäßig bürstet und ihm einen gemütlichen Schlafplatz einrichtet, bedingungslose Liebe, unkritische Gesellschaft und absolute Loyalität bietet. Katzen und Hunde (und vielleicht sogar Fische) sind stets entzückt, ihr Herrchen zu sehen. Australische Forscher haben sogar herausgefunden, dass Tierbesitzer gesünder sind und seltener an Herzerkrankungen und Bluthochdruck leiden als Leute, die kein Haustier besitzen. Überdies ist bekannt, dass Haustiere die Stimmung heben.

Aber Ihr Haustier muss mit Ihrem Lebensstil, Ihrem Temperament und Ihren Wohnverhältnissen harmonieren. Ein großer wilder Hund und ein selten anwesender Besitzer sind in einer kleinen Stadtwohnung nicht das perfekte Liebespaar. Denken Sie daran, dass ein Haustier Arbeit macht. Wenn die Beziehung funktionieren soll, müssen Sie einige Regeln befolgen.

HILFREICHE HYGIENE

- Nach Möglichkeit sollte sich Ihr Haustier nur in bestimmten Räumen aufhalten, und es sollte eine haustierfreie Zone geben. Bürsten und baden Sie Ihr Haustier regelmäßig, damit es sauber bleibt.
- Waschen Sie sich die Hände, wenn Sie Ihr Tier gestreichelt haben.
- Jedem das seine: Teilen Sie mit Ihrem Tier niemals Schüsseln und Teller. Kaufen Sie ihm eine hübsche Schüssel, und achten Sie darauf, dass alle im Haus sie nur für Muschi oder Fifi benutzen.
- Ziehen Sie die Bettwäsche ab, wenn sich Ihre Katze oder Ihr Hund mal wieder ins Bett geschlichen hat.
- Falls Sie an allergiebedingter Bindehautentzündung leiden, sollten Sie eine Sonnenbrille tragen, wenn Sie mit Ihrem Haustier herumschmusen. Es wird Sie nicht auslachen.

TIPPS UND TABUS

TIPPS ✓

Lohnende Investitionen
Eine kluge Investition zahlt sich gewöhnlich aus. Verbringen Sie jeden Tag etwas Zeit mit Ihrem Tier, kaufen Sie ihm Spielsachen und Kauknochen, stellen Sie Ihrer Katze einen bequemen Hochsitz neben ein sonniges Fenster, oder richten Sie Ihrem Hund ein gemütliches Plätzchen ein. Säen Sie für Ihren Stubentiger Katzengras in Töpfe. Kaufen Sie ihm einen Katzenbaum, damit er klettern kann. Ein glückliches Haustier ist vermutlich auch ein friedliches Haustier.

Die richtige Wahl
Finden Sie heraus, welche Hunderasse Ihrer Lebenssituation am besten gerecht wird. Wie viel Platz, Zeit und Energie können Sie Ihrem Hund widmen? Denken Sie dabei in erster Linie an das Tier. Hunde werden in den Medien häufig als schmückendes Beiwerk, Trophäen oder Modeartikel präsentiert. Deckt sich dies mit Ihrer Vorstellung, kaufen Sie sich besser ein Haustier mit Batterie.

Giftige Pflanzen
Wählen Sie Ihre Zimmerpflanzen sorgfältig aus, denn manche sind giftig. Katzen graben gern in der Erde, und bei bestimmten Pflanzen bekommt ihnen das vielleicht gar nicht gut. Fragen Sie Ihren Tierarzt oder Gärtner.

Tür zu und Deckel drauf
Wenn Sie Haustiere von bestimmten Räumen fernhalten möchten, schließen Sie stets die Türen. Manche Tiere spielen gern mit Abfall herum. Sorgen Sie deshalb dafür, dass er vor ihren Pfoten, Krallen und Zähnen sicher ist.

Auf allen Vieren
Durchforsten Sie Ihr Heim nach potentiell gefährdeten Objekten – müffelnden Socken, spitzen Stiften, wichtigen Dokumenten, teuren Aktentaschen, freiliegenden Computerkabeln. All diese Dinge sollten stets sicher aufbewahrt werden.

TABUS

Schlechtes Zuhause
Ein Goldfischglas ist bestenfalls ein provisorisches Heim für Goldie – ihr oder sein (wer weiß das schon?) dauerhafter Wohnsitz sollte ein ausreichend großes Aquarium mit Pflanzen, einer Pumpe, Spielzeug usw. sein, das Sie einmal im Monat säubern müssen. Falls Sie es mit Leitungswasser füllen, stellen Sie fest, ob die Zugabe von Chemikalien erforderlich ist, um das im Wasser enthaltene Chlor und weitere Stoffe zu entfernen. Und füttern Sie Goldie nicht fett.

Weihnachtsdekorationen
Schmücken Sie die unteren Zweige Ihres Weihnachtsbaums nicht. Wenn Ihr Tier Lametta frisst, kann es daran ersticken.

Verwenden Sie zum Aufhängen von Christbaumkugeln Schnur, und bringen Sie Efeu oder Misteln außerhalb der Reichweite von Vierbeinern an.

Gefährliche Knochen
Vorsicht, wenn Sie Ihrem Tier die Reste vom Gänsebraten geben. Geflügelknochen können bei Hunden und Katzen zu tödlichen Verletzungen führen.

Medikamente und Schokolade
Bewahren Sie Medikamente tiersicher auf. Sie können für Ihr Tier selbst in kleinen Dosen tödlich sein. Auch Schokolade bekommt Tieren oftmals nicht.

Küsse
Einem Haustier kann man keine E-Mail schicken und Schluss machen. Richten Sie sich auf eine Langzeitbeziehung ein. Aber lassen Sie sich von Ihrem Tier nicht auf die Lippen küssen. Das sollten Sie Ihrer Liebsten vorbehalten.

Telefone
Katzen kauen auf fast allem herum, doch ganz oben auf der Liste ihrer Favoriten stehen schnurlose Telefone mit Antennen. Bewahren Sie diese Dinge sicher auf.

Schmutzige Katzenklos
Wechseln Sie Katzenstreu täglich oder zumindest jeden zweiten Tag. In Bereichen, in denen Speisen gelagert oder zubereitet werden, hat das Katzenklo nichts zu suchen. Stellen Sie es an einen gut gelüfteten Platz, etwa in den Haushaltsraum oder in die Garage. Die Box sollte regelmäßig geputzt werden – wenn möglich im Freien. Und auch in Tierkäfigen muss man die Streu regelmäßig erneuern.

Schlammpfoten
Sorgen Sie dafür, dass schlammige Pfoten keine neuen Muster auf Ihrem Teppich hinterlassen. Putzen Sie Ihrem Hund die Pfoten ab, oder fertigen Sie zwei Paar Schuhe für ihn an.

Haare und Flöhe
Regelmäßiges Abstauben, Saugen und Wischen spielt in einem Haushalt mit Tieren eine wichtige Rolle. Am besten sollten Sie diesen Beschäftigungen zweimal pro Woche frönen, um Haaren und Allergenen Herr zu werden. Saugen befreit Ihr Heim auch von Tierflöhen. Halten Sie vor allem den Schlafplatz Ihres Haustiers sauber.

SCHLAFZIMMER

Unordnung
Sorgen Sie dafür, dass in Ihrem Schlafzimmer Ordnung herrscht, dann werden Sie gut schlafen. Hängen Sie Ihre Kleider abends auf, und saugen Sie einmal pro Woche.

Bettbenehmen
Waschen Sie regelmäßig Ihre Bettwäsche, vor allem den Kopfkissenbezug. Machen Sie Ihren Haustieren klar, dass Ihr Bett ein Sperrbezirk ist.

»Ein Hauptmann in der Küche ist im Schlafzimmer häufig ein Brigadegeneral.«

A. ELLIS

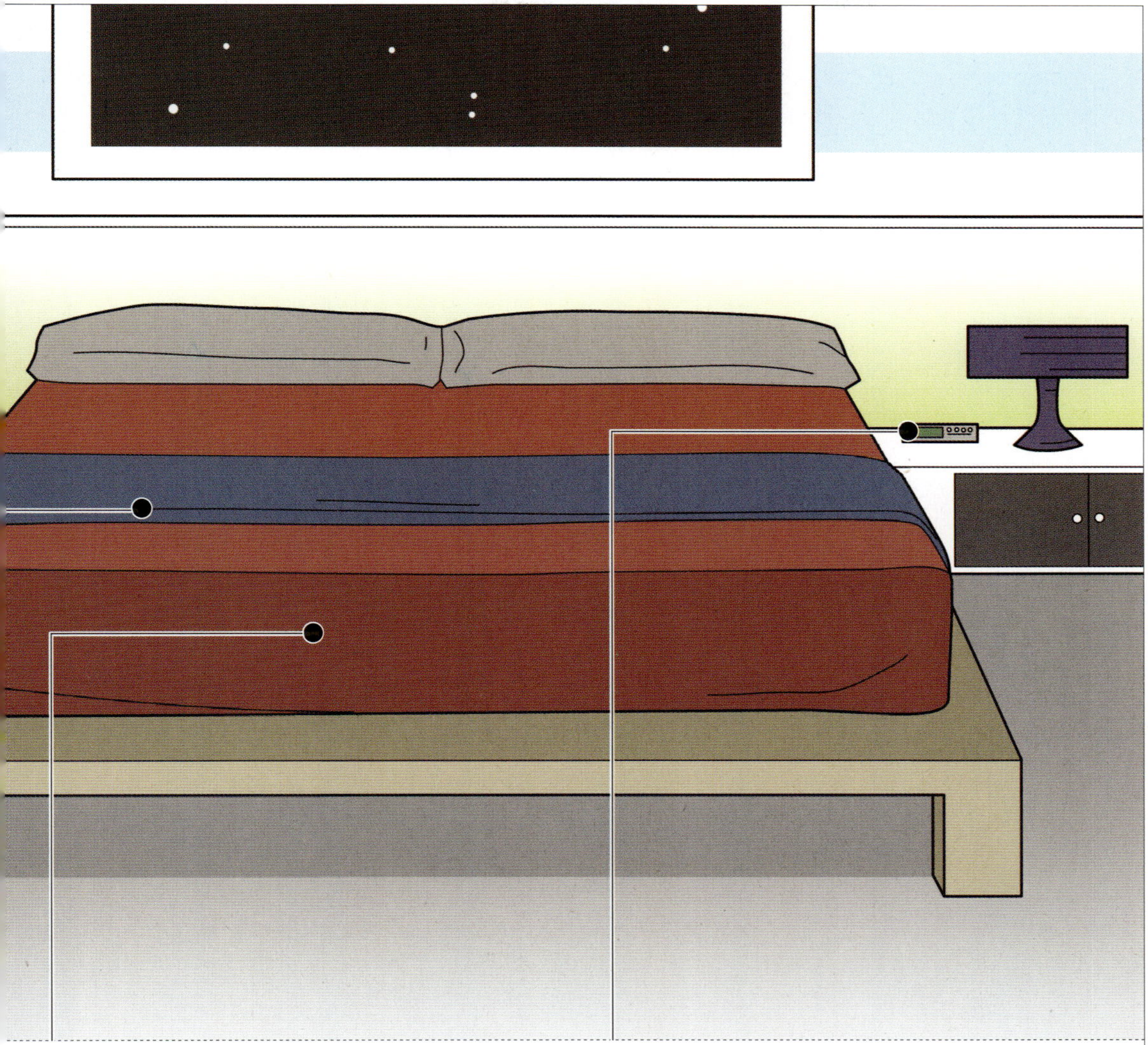

Matratzenmanagement
Matratzen müssen regelmäßig gedreht und abgesaugt werden, um Staubmilben in Schach zu halten.

Geräte
Elektrogeräte sollten im Schlafzimmer auf ein Minimum beschränkt werden.

Im Schlafzimmer

Das Schlafzimmer ist ein sehr privater, persönlicher Bereich. Wenn einem die Dinge in anderen Räumen oder in der großen bösen Welt dort draußen zu viel werden, ist es ganz natürlich und heilsam, Zuflucht im Schlafzimmer zu suchen. Es ist wichtig, dass man sich dort sicher und geborgen fühlt, jedenfalls so sicher, dass man Gefühlen, Phantasie und sexuellen Empfindungen freien Lauf lassen, sich sowohl körperlich als auch geistig entblößen, die Maske des Tages ablegen, Anzug, Schlips oder Uniform abstreifen und einfach nur sein kann.

Ehe Sie aber schlafen, vielleicht auch träumen (wie der große Shakespeare einmal sagte), ist es wichtig, dass Sie einige Tabus verinnerlichen.

ARBEITSPLAN: WAS TUE ICH WANN?

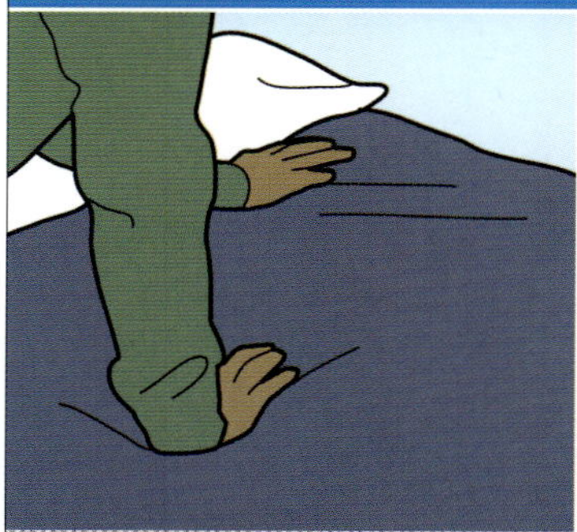

TÄGLICH:

- Bettzeug und Zimmer lüften
- Das Bett machen
- Schmutzwäsche aussortieren und entfernen
- Kleider aufhängen
- Zimmer aufräumen
- Tassen, Gläser und Teller hinaustragen

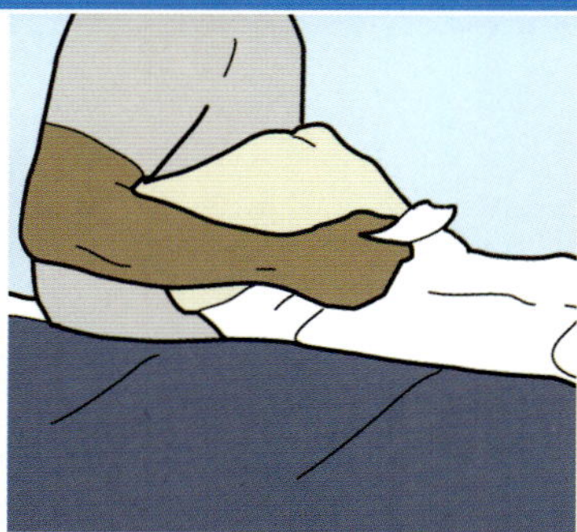

WÖCHENTLICH:

- Bettwäsche wechseln (oder alle zwei Wochen)
- Kopfkissenbezüge waschen
- Fußboden saugen oder fegen
- Staub wischen
- Oberflächen abwischen
- Kleidungsstücke für die Reinigung aussortieren

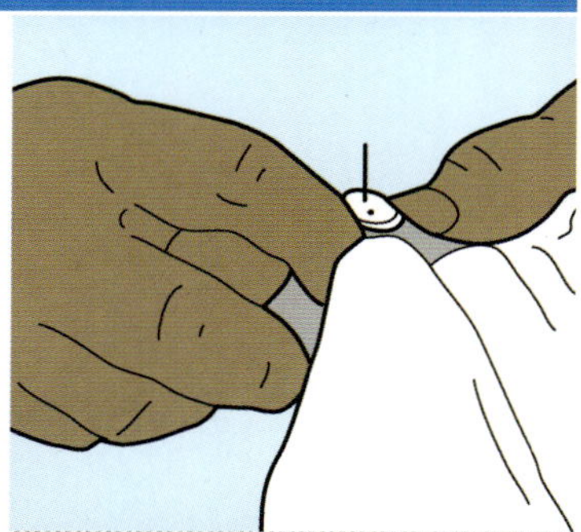

MONATLICH:

- Matratzen drehen und absaugen
- Fenster putzen
- Gründlich saugen
- Wandanstriche abwischen
- Kleiderschrank aufräumen
- Kleidungsstücke flicken

X TABUS

1. FREMDKÖRPER

Versuchen Sie nicht, Ihr Büro vom Bett aus zu führen, indem Sie dort eine kleine Kommandozentrale einrichten. Laptops sind im Bett tabu, und das gilt auch für Handys, Fernbedienungen, Aktentaschen und Arbeitsunterlagen. Bettgeflüster ist ungefährlich, schalten Sie aber den Verstand ein, und bleiben Sie bei Persönlichem. Sollten Sie und Ihre Partnerin im Bett liegen, aber an verschiedenen Telefonen hängen, stimmt irgendwas nicht, und es besteht Handlungsbedarf.

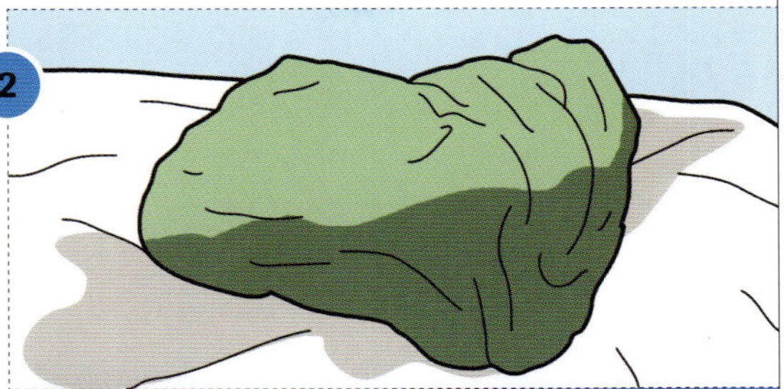

2. FEUCHTE HANDTÜCHER

Wenn Sie ein nasses Handtuch auf dem Bett liegen lassen, tun Sie damit niemandem einen Gefallen. Dieses Verhalten ist gedankenlos und unhygienisch, weil Laken oder Bettdecke feucht werden und weder Handtuch noch Bettzeug richtig trocknen und auslüften können. Die Feuchtigkeit kann nicht verdunsten, und es entsteht ein perfekter Lebensraum für eklige Mikroben und Schimmelverursacher, die sich rasch vermehren werden. Es dauert ein paar Sekunden, ein nasses Handtuch aufzuhängen, also wo ist das Problem?

3. HAUSTIERE

Es ist verständlich, wenn Sie Ihre Haustiere glauben machen möchten, sie seien das Kostbarste in Ihrem Leben, doch Ihr Schlafzimmer sollte tabu für sie sein, vor allem wenn Sie unter Allergien leiden. Teddybären und Stofftiere ziehen Staub an und lassen Unordnung entstehen, verwandeln Sie Ihr Schlafzimmer daher nicht in einen kleinen Zoo. Tierische Triebe verschiedenster Art sind wunderbar, aber keine Viecher, bitte.

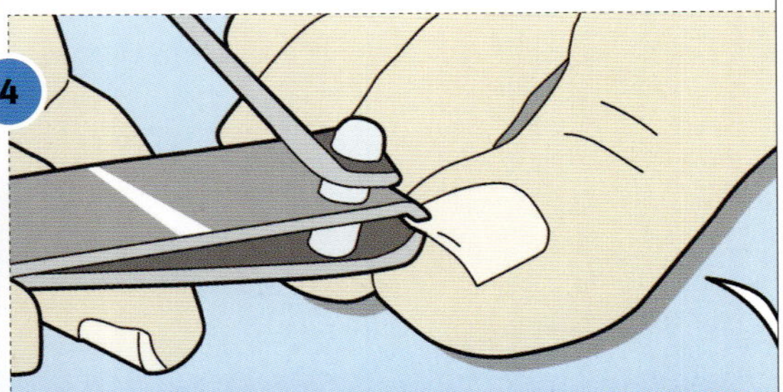

4. ABGESCHNITTENE NÄGEL

Maniküre im Bett ist das letzte, okay? Sie ist eine der übelsten Angewohnheiten, die man überhaupt haben kann, vor allem für andere. Zehennägel sind der entlegenste Teil des Körpers, und zwar aus gutem Grund. Die amputierten, ekelhaften Dinger sollten niemals in der Nähe des Schlafzimmers auftauchen. Abgeschnittene Zehennägel im Bett sind der Tod jeder Romanze. Ende der Diskussion.

Bettikette

Irgendwer hat einmal ausgerechnet, dass Menschen etwa ein Drittel ihres Lebens im Bett verbringen, was aber nicht heißt, dass sich dort ein Drittel Ihrer Besitztümer zu Ihnen gesellen muss. Schlafzimmer sollten Geborgenheit wie ein Mutterschoß vermitteln und ein Platz sein, der uns den Schutz und die Dinge bietet, die wir für unsere Entwicklung brauchen.

Das Zauberwort heißt Klarheit. Verbannen Sie belanglose Erinnerungsstücke, Fotos, Trophäen oder Krimskrams aus der Kindheit, und beschränken Sie sich auf dezenten Zimmerschmuck und klare Linien. Ganz allgemein fühlt man sich in einem schlicht eingerichteten Schlafzimmer sicherer und wohler. Es macht nichts, wenn der Raum nicht sehr groß ist. Dadurch kann ein Gefühl der Geborgenheit und Intimität entstehen, das größeren Räumen manchmal fehlt. Außerdem hat man das Staubsaugen schneller erledigt, und was will man mehr?

GUTES BETT/SCHLECHTES BETT

Es schlechtes Bett ist ungemacht, unordentlich, unhygienisch und ungemütlich, eben einfach unmöglich. In einem Bett mit schmutziger, zerknitterter Bettwäsche werden Sie nicht gut schlafen. Sollten sich in ihm zahllose Bücher, Videos und Krümel befinden (wobei es sich hier nur um die identifizierbaren Fremdobjekte handelt), werden Sie vermutlich allein darin schlafen. Wechseln Sie die Bettwäsche regelmäßig, lüften Sie Kissen und Bettdecken täglich, und bringen Sie herumliegende Sachen dorthin, wo sie hingehören. Vergleichen Sie die beiden Bilder unten – welcher Raum sieht einladender aus?

Ein gutes Bett ist sauber, ordentlich, wohlriechend, einladend und minimalistisch. Sein einziger Zweck besteht darin, Ihnen einen tiefen und gesunden Nachtschlaf zu schenken. Wärmen Sie es an einem kalten Abend mit Ihrem Föhn etwas an. Sorgen Sie dafür, dass die Kissen immer gut aufgeschüttelt sind, damit Sie sich hineinkuscheln können. Achten Sie darauf, dass Sie nicht zu warm schlafen. Passen Sie Ihre Bettdecke der Jahreszeit an. Wenn es sehr heiß ist, reicht vielleicht sogar ein Laken aus. Reduzieren Sie das Inventar von Raum und Bett für maximales Wohlbefinden auf ein Minimum.

VORHER

NACHHER

Sauber und ordentlich

Wenn Sie das nächste Mal im Bett liegen, schauen Sie sich im Zimmer um, bevor Sie das Licht ausknipsen, und denken Sie über das Inventar und die Gestaltung nach. Wie fühlen Sie sich? Entspannt, unruhig, eingeengt, etwas bedrängt von all dem Zeug, das Sie oder Sie und Ihre Partnerin im Laufe der Zeit angesammelt haben? Steht einfach zu viel herum? Versuchen Sie das Chaos jeden Tag ein wenig zu lichten, gleich am Morgen, wenn Sie aufstehen, und auch am Abend, ehe Sie zu Bett gehen. Sie werden staunen, wie das Ihre Stimmung hebt. Beschränken Sie Elektrogeräte auf ein Minimum, und behalten Sie nur Dinge, die unbedingt notwendig sind.

Verbannen Sie überflüssige oder wenig benutzte Sachen wie Fernsehapparat, Musikanlage, Computer, Fußbad oder Heimtrainer aus dem Schlafzimmer. Werfen Sie alles fort, was mehr Staub als Aufmerksamkeit auf sich zieht, und behalten Sie nur die Dinge, die Ihren Wohlfühlfaktor erhöhen. Denken Sie daran: Weniger Chaos bedeutet weniger Staub, weniger Arbeit und mehr Zeit zum Entspannen.

Luftig und leise

Feuchte, schlecht gelüftete Zimmer sind ein perfekter Lebensraum für eklige kleine Milben, Allergene und Wanzen, also lassen Sie in regelmäßigen Abständen frische Luft in das Schlafzimmer. Öffnen Sie die Fenster so weit und so oft wie möglich, damit der Raum herrlich erfrischenden Sauerstoff tanken kann. Außerdem ist es immer eine gute Idee, das Bettzeug zu lüften, und die Sonne hilft Ihnen dabei. Sie vertreibt Staubmilben und hebt Ihre Stimmung.

Sorgen Sie dafür, dass der Raum nicht zu warm ist, und rauchen Sie nicht im Bett. Rauch und andere hässliche Gerüche setzen sich fest und sind einfach abstoßend. Hängen Sie im Schlafzimmer keine nassen Kleider zum Trocknen auf. Denken Sie daran: Es ist eine Zufluchtsstätte für Sie und Ihre Partnerin und sollte als solche respektiert werden. Entehren Sie Ihr Schlafzimmer auch nicht unnötig durch Geräusche wie Schnarchen, laute Musik und Telefonklingeln (sofern möglich).

Während Sie schlafen, nimmt Ihr Körper Sauerstoff auf und gibt Kohlendioxid ab (in der Tat ist das bei Ihnen genau umgekehrt wie bei Pflanzen). Sie schwitzen, sondern Fette ab, Ihre Haut schuppt sich. Das alles ist völlig normal und braucht Ihnen nicht peinlich zu sein, aber sorgen Sie dafür, dass die Luft im Zimmer nicht muffig, staubig und abstoßend ist.

Und dies ist mein Zimmer …

Wenn Sie jemanden aus welchen Gründen auch immer zum ersten Mal in Ihren Privatbereich einführen, ist dies eine sehr intime Angelegenheit und etwa so, als würden Sie jemanden einen Blick in die Schublade mit Ihrer Unterwäsche werfen lassen. Fragen Sie sich, was wohl sein erster Eindruck ist, und ob er Wert darauf legen wird, noch einen zweiten Blick zu riskieren.

UNERWÜNSCHTE UNTERMIETER

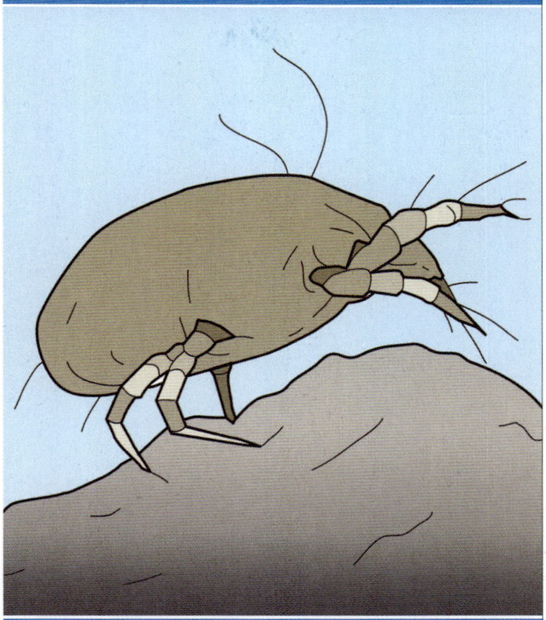

Haben Sie letzte Nacht gut geschlafen? Vielleicht wird Sie Folgendes interessieren, ehe Sie heute Abend in Ihr Bett zurückkehren. Möglicherweise haben Sie Ihren ganz privaten Bereich mit bis zu zwei Millionen Staubmilben geteilt. Auch Wanzen könnten dort auf der Lauer liegen. Und Bakterien mit langen, komplizierten Namen wie Staphylococcus oder Enterococcus sind vielleicht bereit, jederzeit ihr widerliches Geschäft zu erledigen und Halsentzündungen oder Durchfall herbeizuführen. Wenn Sie nicht in ihrer Gesellschaft schlafen wollen, saugen Sie regelmäßig Ihre Matratze ab.

Pro Jahr stößt ein Mensch etwa 500 g Hautschuppen ab. Wenn Sie das nächste Mal eine 500 g-Packung Mehl kaufen, stellen Sie sich vor, es wären Hautschuppen. Falls Sie mit einer Partnerin zusammenleben, ist es die doppelte Menge. Fügen Sie im Geist ein paar Dosen Schweiß und Hautfett hinzu, und Sie werden die Notwendigkeit der Schlafzimmerhygiene schnell erkennen.

Schlafzimmer-Routine

Betten lüften

Da Bettzeug täglich gelüftet werden sollte, müssen Sie Ihr Bett nicht gleich nach dem Aufstehen machen. Stattdessen ziehen Sie die Bettdecke zurück (nein, nicht auf den Boden werfen) und lassen alles atmen, während Sie sich auf den Tag vorbereiten. Nach dem Frühstück kehren Sie in das Schlafzimmer zurück, glätten Laken und Bezüge, schütteln die Kissen auf (→ S. 104) und breiten die Bettdecke über das Bett. Auf Bett, Stuhl oder Fußboden herumliegende Kleidungsstücke sollten unter das Kopfkissen gelegt, in den Wäschekorb gesteckt oder in den Schrank gehängt werden. Öffnen Sie die Vorhänge und, wenn möglich, das Fenster. Lassen Sie Luft und Sonne ihre Arbeit tun, während Sie die Ihre erledigen.

Betten abziehen

Idealerweise würden Sie Ihre Bettwäsche jede Woche wechseln. Falls Sie wenig Zeit haben, ist etwa alle zwei Wochen auch noch okay, aber wenigstens Ihren Kopfkissenbezug sollten Sie jede Woche waschen. Denken Sie daran, dass Ihr Kopfkissen ein Drittel des Tags Schweiß, Tränen, Hautfett und Speichel eine direkte Angriffsfläche bietet.

Wenn Sie eine Bettdecke regelmäßig benutzen, sorgen Sie dafür, dass sie einmal im Jahr gereinigt wird. Bringen Sie mit Daunen oder Federn gefüllte Bettdecken und Kopfkissen einmal pro Jahr in eine Spezialreinigung. Bettzeug mit synthetischer Füllung kann in der Maschine gewaschen werden. Sollten Sie versehentlich auf einem Kissen oder einer Decke mit einer natürlichen Füllung etwas verschütten, schütteln Sie die Füllung vom Fleckgebiet weg, und säubern Sie dieses mit einem Schwamm. Eine Matratzenauflage sollte die Matratze bei den meisten Unfällen schützen, aber falls sie doch einmal Flecken bekommt, darf sie nicht zu nass gesäubert werden, sonst wird sie innen feucht und kann zu schimmeln beginnen. Schutzbezüge von Kissen, Matratzenauflage und Bettbezüge waschen Sie alle ein bis zwei Monate.

HORIZONTALE HARMONIE

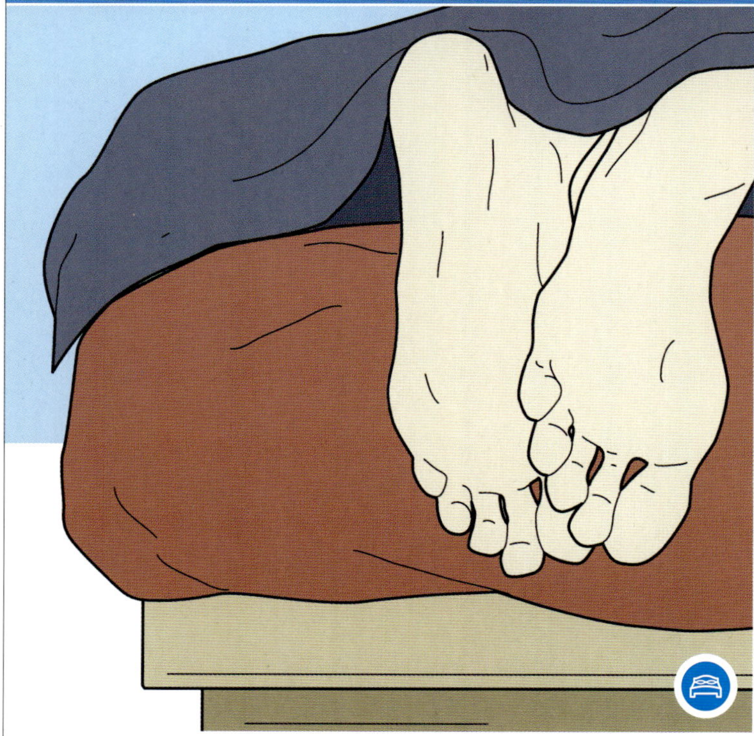

Pflegen Sie Ihr Bett, es wird es Ihnen danken. Matratzen haben eine natürliche Lebenserwartung von etwa zehn Jahren, und wenn Sie Ihre Matratze so lange behalten möchten, müssen Sie Folgendes tun. Drehen Sie die Matratze von Zeit zu Zeit auf die andere Seite, damit keine Kuhlen entstehen, und alle drei Monate um 180 Grad. Saugen Sie Matratze und Kissen regelmäßig ab. Durch regelmäßiges Lüften im Freien bleibt Ihre Matratze frisch und milbenfrei. Sollte dies nicht möglich sein, sorgen Sie dafür, dass Schutzbezüge, Auflagen usw. regelmäßig gewaschen werden. Auch Bettdecken und Kissen sollten hin und wieder im Freien ausgelüftet werden. Sie ziehen dazu alle Bezüge ab, schütteln Bettdecken und Kissen gründlich auf und legen sie für ein paar Stunden in die Sonne. Sollten Sie keinen Garten haben, hängen Sie Ihr Bettzeug aus dem Fenster.

HINEINLEGEN UND SICH WOHL FÜHLEN

Ein paar Toptipps für tipptoppe Betten:

KNITTERFALTEN GLÄTTEN

Es gibt nichts Schlimmeres als ein Bettlaken, das wie eine dreidimensionale Höhenlinienkarte vom Himalaya aussieht. Sorgen Sie deshalb dafür, dass Ihre Laken stets glatt und knitterfrei sind. Das Aufziehen von Spannbetttüchern kann eine echte Herausforderung sein, doch wenn Sie sich eine Ecke nach der anderen vornehmen, werden Sie es schaffen.

UMFALTEN

Sollten Sie ein Laken unter Ihre Bettdecke legen, falten Sie es am oberen Ende über die Decke, damit Sie diese während der Nacht nicht besabbern.

EINSCHLAGEN

Ein Laken, das Sie unter die Bettdecke legen, sollte rundum sorgfältig unter die Matratze geschlagen werden, damit Sie nicht mitten in der Nacht plötzlich unter dem Eisfuß-Syndrom leiden.

DECKENDILEMMA

Beim Bettenbeziehen ist der Kampf mit dem Bettbezug eine häufige Ursache für Ärger und Frust. Dabei ist die Sache im Grunde recht einfach. Man dreht den Bezug auf die linke Seite und fährt mit den Armen hinein, sodass sich der Stoff zusammenschiebt. Dann nimmt man die oberen Ecken des Bettbezugs, fasst die dazugehörigen Ecken der Bettdecke, hält die Decke hoch und schüttelt sie, sodass der Bezug darüber gleitet. Oder man befestigt an den beiden oberen Ecken Klammern, schiebt die Bettdecke in den Bezug und schüttelt sie. Dann legen Sie die Bettdecke ordentlich auf das Bett und treten zurück, um Ihr Werk zu bewundern.

P.S. Und vergessen Sie nicht, einmal pro Woche gründlich staubzuwischen und zu saugen.

HAUSHALTSGOTT

Schließen Sie Ihren Bettbezug stets vor dem Waschen, damit Socken und Unterwäsche während des Tumults in der Waschmaschine nicht darin Schutz suchen.

Kleiderschrankordnung

Schließen Sie die Augen, machen Sie im Geiste einen kleinen Spaziergang durch Ihre Wohnung und öffnen Sie jede Tür. Welche möchten Sie vor Entsetzen und Scham sofort wieder zuschlagen? Vermutlich diejenige, hinter der Ihre Kleider ums nackte Überleben kämpfen und wie ein bunter Sardinenschwarm um Platz und Luft konkurrieren. Ebenso wie Menschen mögen Kleidungsstücke sowohl senkrechte als auch waagrechte Stellungen. Und ebenso wie Menschen verdienen sie Respekt. Behandeln Sie Ihre Garderobe gut und sie wird es Ihnen danken.

Senkrecht oder waagrecht

Kleidungsstücke aus Wolle liegen gern flach. Strickwaren legt man sorgfältig zusammengefaltet in ein nicht zu tiefes Fach oder eine Schublade, wobei man ihnen Platz zum Atmen lassen muss. Überzeugen Sie sich vor dem Einräumen davon, dass die Fächer sauber sind, denn Schmutz zieht Motten an, die nichts lieber tun, als Ihre Kleider in Siebe zu verwandeln. Dagegen bevorzugen gebügelte Hemden eindeutig die Vertikale. Sie mögen es gar nicht, wenn man sie zerknüllt und zerknittert irgendwohin stopft. Hängen Sie Hemden auf Bügel, und lassen Sie Platz dazwischen, dann knittern sie weniger. Das kommt allen Beteiligten zugute.

Ehe Sie zu Bett gehen, legen Sie Ihre Hosen zusammen und hängen sie auf, nachdem Sie alle Taschen geleert und den Gürtel herausgezogen haben. Das verhindert, dass sie sich an unpassenden Stellen ausbeulen. Dieses Verfahren ist übrigens auch für Jackentaschen empfehlenswert. Vielleicht sollten Sie auch alle Sachen für den nächsten Tag auf einen Bügel hängen, damit sie nach dem Aufstehen gleich griffbereit sind. Dies ist vor allem dann sinnvoll, wenn Ihre Liebste später aufsteht als Sie oder es aus irgendeinem anderen Grund vorzieht, dass Sie sich im Dunkeln ankleiden. Achten Sie in diesem Fall aber darauf, dass Sie Ihre Schrankseite nicht verwechseln. So vermeiden Sie im Büro Konflikte, Kommentare und Konfusion. Trennen Sie in Ihrem Schrankbereich Sachen nach ganzer und halber Länge. Sie könnten sogar versuchen Ihre Garderobe nach Farbe, Anlass oder Absicht zu sortieren – Büro, Abend, Restaurant, Freizeit, leger, unauffällig, unwiderstehlich, Skipiste, Tennisplatz, Sauna …

Socken und Unterwäsche sind in der Horizontale zufrieden, doch am frühen Morgen leichter zu identifizieren, wenn man sie in der Schublade in getrennten Fächern unterbringt. Montieren Sie an einer ungenutzten Innentür des Kleiderschranks einen Krawattenhalter. Dann sehen Sie Ihre komplette Kollektion nicht nur auf einen Blick, sondern sie bleibt auch in gutem Zustand. Misten Sie jedoch von Zeit zu Zeit aus, damit sie nicht überquillt. Befestigen Sie an freien Flächen Haken, an denen Sie Gürtel, Schirme und Taschen aufhängen. Auch Schuhgestelle sind nützlich, um die Übersicht zu behalten.

Sollten Sie unter Vergesslichkeit leiden, bringen Sie an Schubladen Schildchen an, die ihren Inhalt ausweisen. Mit dieser Methode können Sie auch territorialen Übergriffen vorbeugen, sollten Sie Ihren Schrank mit Ihrer Lebensgefährtin teilen. Aber üben Sie sich in Zurückhaltung. Sprühen Sie Ihren Namen nicht mit Farbe auf, nur um etwas klarzustellen. Graffiti gehören an die Wand.

ALLES AN SEINEM PLATZ

HOSEN

Wie Menschen profitieren auch Schränke davon, wenn sie ordentlich und logisch organisiert sind. Aber ebenso wie Menschen können sie auch völlig chaotisch sein. Hosen hängen am liebsten. Was sie dadurch an bedauerlichen Knitterfalten einbüßen, gewinnen Sie an Eleganz.

STRICKSACHEN

Legen Sie Ihre Pullover und Strickjacken ordentlich gefaltet und flach in nicht zu tiefe Fächer. Räumen Sie vor dem Winter die Sommersachen im Schrank ganz nach oben und umgekehrt. Sortieren Sie Ihre Sachen nach Farben, damit Sie morgens oder vor einem Rendezvous schnell das Gewünschte finden.

OPTIMALE RAUMNUTZUNG

Nutzen Sie schlecht erreichbare Plätze ganz oben im Schrank für Koffer und Taschen. Plazieren Sie unten Kisten, in denen Sie Sachen verstauen können.

SOCKEN UND UNTERWÄSCHE

Bringen Sie Socken und Unterwäsche in Schubladen unter. Sie sollten jedoch nicht einfach in die Schubladen geworfen werden, sobald sie sauber und trocken sind. Bewahren Sie Socken niemals ohne zugehörigen Partner auf. Das wäre einfach grausam. Socken sind von Natur aus monogam – das müssen Sie respektieren.

HEMDEN UND JACKEN

Räumen Sie Ihren Hemden im Schrank so viel Platz ein, dass sie nicht knittern. Weshalb haben Sie sie sonst überhaupt gebügelt? Benutzen Sie anständige Bügel, und leeren Sie vor dem Aufhängen die Jackentaschen. Lassen Sie Kleidungsstücke nach dem Reinigen nicht in der Schutzfolie hängen.

Nähkästchen-Geschichten

Nun zu ein paar kniffligeren Handfertigkeiten. Sagen Sie jetzt nicht, Sie hätten bei solchen Sachen zwei linke Hände. Es ist alles eine Frage des Willens und des Vorhandenseins eines Notfall-Nähkästchens. Lesen Sie weiter und finden Sie heraus, wie Sie sich helfen können, sollte sich ein Knopf unerlaubt entfernen. Ein paar Stiche zur rechten Zeit ersparen Ärger und Peinlichkeit. Chirurgen bedienen sich dieser Fertigkeit, und jeder bewundert sie dafür. Auch Sie werden den Dreh bald heraushaben.

Fangen wir von vorn an – mit dem Notfall-Nähkästchen. Ein jederzeit griffbereiter Kasten oder ein kleines Nähetui sind prima und ungemein praktisch. Stecken Sie für Konferenzen und Geschäftsreisen ein Nähetui in Ihre Aktentasche und bewahren Sie stets eines im Auto auf. Ein Nähetui ist nichts anderes als die Mini-Version eines Werkzeugkastens und sollte die folgende Grundausstattung enthalten:

- Ein Päckchen Nähnadeln verschiedener Länge und Dicke
- Stecknadeln
- Nadelkissen (muss funktionell sein, nicht chic)
- Sicherheitsnadeln (klein und groß)
- Nähgarn (verschiedene Farben, z. B. Schwarz, Blau, Weiß und Braun)
- Einfädler
- Schere
- Auswahl an Knöpfen (verschiedene Größen und Farben)
- Maßband
- Fingerhut (für Leute mit niedriger Schmerzgrenze)

Ein schlechter Handwerker gibt stets seinen Werkzeugen die Schuld. Kaufen Sie also ein gutes Nähetui, dann wird alles klappen. Stellen Sie sich die folgende peinliche Szene vor, und Sie werden froh sein, wenn Sie nähen können.

HILFE! MEIN KNOPF IST ABGEPLATZT, JETZT STEHE ICH VÖLLIG IM FREIEN!

Keine Panik! Holen Sie Ihr Notfall-Nähkästchen heraus, und machen Sie sich an die Beseitigung des Problems. Wenn Sie den fehlenden Knopf nicht mehr finden können, suchen Sie einen ähnlichen, oder entfernen Sie an einer unauffälligeren Stelle Ihres Hemds einen Knopf.

VORBEREITUNGEN

Hemd ausziehen: Nur sehr Erfahrene können einen Knopf wieder an ein Kleidungsstück nähen, das sie am Leib tragen. Da Sie sich verletzen könnten, ziehen Sie das Hemd besser aus, ehe Sie Ihre neuen Fähigkeiten ausprobieren.

Markieren: Zeichnen Sie mit einem Bleistift an, wo der Knopf hinkommen soll (z. B. an seinen ursprünglichen, nunmehr verwaisten Platz).

Farbkoordination: Wählen Sie ein Nähgarn, das die gleiche Farbe hat wie das Hemd oder ein wenig dunkler ist.

Einfädeln: Fädeln Sie mit einem Einfädler ein langes Stück Garn (60 cm) in Ihre Nähnadel.

1

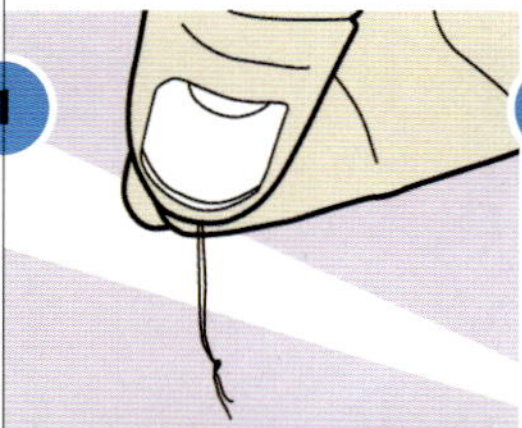

Das Ende des Nähfadens verknoten, damit er nicht nach dem ersten Stich wieder herausrutscht. Erfahrene Näher können stattdessen ein oder zwei kleine Stiche machen.

2

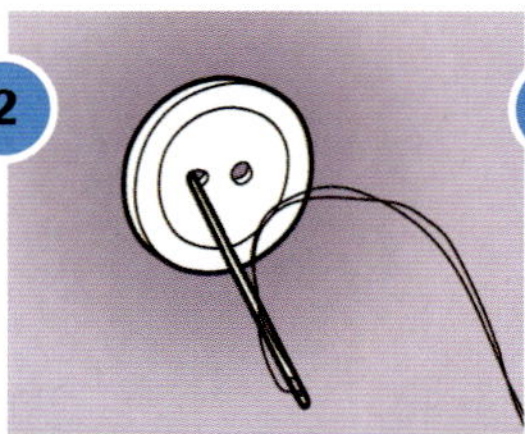

Den Knopf in Position bringen (mittig auf die gewählte Stelle setzen). Die Nadel von unten durch eines der Löcher stechen und durchziehen.

3

Die Nadel in das danebenliegende Loch und durch den Stoff stechen. Einige Male wiederholen, den Faden aber nicht zu fest ziehen, sonst lässt sich das Hemd nicht mehr zuknöpfen.

4

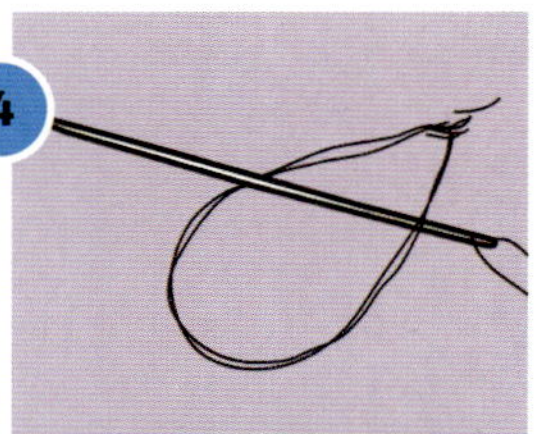

Den Faden von links vernähen. Dazu einen kleinen Stich machen, eine Schlaufe lassen, die Nadel durchstecken und den Faden fest anziehen. Wiederholen und den Faden abschneiden.

20 DINGE, DIE EIN GEPFLEGTER MANN WISSEN MUSS:

KLEIDERPFLEGE

1. Waschen oder reinigen Sie Kleidungsstücke nur, wenn es notwendig ist. Ihre Sachen nutzen sich so langsamer ab.
2. Lesen Sie beim Kleiderkauf sorgsam die Pflegeetiketten, damit sich in Ihrer Garderobe nicht zu viele Teile finden, die nur von Hand gewaschen werden können.
3. Legen Sie Sachen nicht schmutzig in den Kleiderschrank. Oder stellen Sie schmutzige Teller in den Schrank?
4. Lassen Sie Kleidungsstücke nach dem Tragen auslüften – legen Sie Wollsachen für etwa eine Stunde ausgebreitet auf das Bett, damit unangenehme Gerüche verduften können.
5. Leisten Sie sich eine Kleiderbürste und eine Fusselrolle, um Haare und Schmutz von Ihren Kleidern zu entfernen.
6. Bürsten Sie Ihre Garderobe regelmäßig und sorgfältig ab. Das tut ihr gut.
7. Tragen Sie neue Riechwässerchen vor dem Ankleiden auf, damit Sie Ihre Kleidung nicht mit einem unerprobten, unpassenden Duft schwängern, und verzichten Sie auf schwere Parfüms.

SCHRANKTIPPS

10. Nehmen Sie Kleidungsstücke möglichst rasch aus der Schutzfolie – die Folie kann Lichtschäden und Schimmelbefall verursachen und trocknet Leder aus.
11. Ersetzen Sie Ihre Drahtbügel nach und nach durch Holzbügel, Kunststoffbügel oder gepolsterte Kleiderbügel.
12. Lassen Sie feuchte oder nasse Kleidungsstücke gut trocknen, ehe sie wieder in den Schrank kommen.
13. Behandeln Sie Flecken möglichst rasch. Wärme und Licht machen sie hartnäckiger und die Entfernung unmöglich.
14. Lassen Sie Deodorant trocknen, ehe Sie sich anziehen, damit Ihre Kleider keine hässlichen weißen Flecke bekommen.
15. Befestigen Sie keine Anstecknadeln oder Abzeichen an Wollsachen. Sie können Löcher verursachen.

BÜGELWEISHEITEN

8. Ein heißer Dampfstoß beseitigt Knitterfalten, oder nehmen Sie Ihre Kleider, wenn Sie duschen, mit ins Bad, damit sie vom heißen Dampf etwas abbekommen.
9. Bügeln Sie Kleider mit Flecken nicht – die Flecken lassen sich danach schwerer entfernen.

UND WAS ES SONST NOCH GIBT

16. Hängen Sie Jacken oder Mäntel möglichst nicht am Kragen oder an Haken auf.
17. Hängen Sie Anzüge, ehe sie in den Schrank kommen, an einen luftigen Platz, damit sie auslüften und wieder glatt werden.
18. Bringen Sie Schuhe zur Reparatur, ehe die Sohlen durchgelaufen sind und Sie nasse Füße bekommen.
19. Gönnen Sie Ihren Schuhen eine Pause – ziehen Sie mehrere Paare abwechselnd an, und sie bleiben länger in Form.
20. Wenn Ihr Reißverschluss klemmt, fahren Sie mit einem Bleistift darüber, und in der Hosenabteilung werden die Dinge glatter laufen.

Kleider machen Leute

Betrachten Sie Ihren Kleiderschrank als Investition. Wählen Sie Ihre Garderobe mit Intelligenz und Vernunft und einem Blick für langfristige Erträge aus, denn gute Einkäufe werden Dividenden bringen. Die Wahl billiger Kleidung ist eine Sparstrategie, die bei kurzlebigeren Teilen funktionieren mag. Aber kümmern Sie sich gut um Ihre langfristigen großen Investitionen – die Kleider und Schuhe, die Sie bei der Arbeit tragen. Mit dem Rest verfahren Sie wie folgt:

Ein gründliches Ausmisten des Kleiderschranks gibt Ihnen ein gutes Gefühl und öffnet die Augen für modischere Dinge. Alle Schrankleichen, die über ein Jahr lang kein Tageslicht mehr gesehen haben, sind ernsthafte Anwärter für die Altkleidersammlung. Kleidungsstücke, die Ihnen viel zu groß oder zu klein sind, müssen gehen, und außerdem können Sie sich getrost von Sachen verabschieden, die geflickt werden sollten, denn wahrscheinlich werden Sie niemals zu Nadel und Faden greifen.

Sollten Sie trotz einer gnadenlosen Räumung immer noch nicht genug Platz im Kleiderschrank haben, trennen Sie Winter- und Sommersachen, und packen Sie die einen oder anderen weg. Aber stellen Sie zuerst fest, ob sie sauber sind. Zu Beginn der nächsten Saison wenden Sie die oben aufgeführten Regeln wiederum gnadenlos an, ehe Sie den Kleidungsstücken einen Platz in Ihrem Schrank zugestehen. Und benutzen Sie vernünftige Bügel, dann halten Ihre Sachen länger.

ANZUGETHOS

Rekapitulieren wir noch einmal, wie Sie das Leben Ihrer Anzüge verlängern und Ihre Investitionen schützen können:

- Kaufen Sie zwei (wenn Sie es sich leisten können auch drei) Anzüge, die Sie abwechselnd tragen.
- Legen Sie sich passend zu jedem Anzug zwei weitere Hosen zu, um Glanzstellen am Allerwertesten vorzubeugen.
- Geben Sie Anzüge drei- oder viermal im Jahr in die Reinigung, und entfernen Sie nach dem Abholen zu Hause sofort die Schutzfolie.
- Benutzen Sie anständige Bügel, und hängen Sie abends sowohl Hose als auch Jackett auf, nachdem Sie die Taschen geleert, den Gürtel herausgezogen und Knöpfe und Reißverschlüsse geschlossen haben.
- Lassen Sie Anzügen im Schrank Platz zum Atmen.
- Bürsten und lüften Sie Anzüge regelmäßig aus.
- Setzen Sie Anzüge regelmäßig instand (ein Stich zur rechten Zeit erspart später neunundneunzig).
- Stecken Sie möglichst keine Füller oder Kugelschreiber in die Taschen (sie laufen meistens aus).

X TABUS

Tragen Sie niemals gleichzeitig einen Gürtel und Hosenträger, sondern nur eines von beiden. Ihre Entscheidung wird davon abhängen, wo Sie am nötigsten Halt brauchen.

Verzichten Sie auf protzige Gürtelschnallen, sofern Sie nicht für eine Rolle in einem Cowboyfilm vorsprechen wollen. Oder möchten Sie, dass alle auf Ihren Bauch starren?

Weiße Socken und dunkle Schuhe sind nicht füreinander bestimmt. Rote Socken sind für besondere (persönliche und berufliche) Präsentationen okay, aber Weiß ist out.

Eine schreiende Hemdfarbe ist manchmal okay, und ein verrückter Schlips auch. Zusammen treffen sie aber nicht den richtigen Ton – nie.

MODISCHE FEHLTRITTE

Viele Frauen beneiden die Männer darum, dass sie sich morgens einfach Anzug, Hemd und Schlips schnappen und aus der Tür stürzen können, ohne kostbare Minuten auf die Entscheidung verschwenden zu müssen, was sie anziehen sollen. Aber trotzdem gibt es einige Dinge, die Sie besser berücksichtigen sollten.

- Gürtel und Schuhe sollten zusammenpassen. Ein schwarzer Gürtel und braune Schuhe sind ein Fauxpas.
- Glanzstellen (an Hosen) sind ein absolutes Tabu. Kaufen Sie für jeden Anzug zwei weitere Hosen, damit keine Glanzstellen entstehen. Noch besser: Ziehen Sie zwei oder drei Anzüge im Wechsel an.
- Schwarz kann kräftiger gebaute Männer schlanker machen, außerdem fallen auf Schwarz Flecke weniger auf.
- Obwohl ein schwarzer Anzug für die meisten offiziellen Anlässe – Vorstellungsgespräche, Präsentationen, Geburtstage oder Hochzeiten – eine passende Wahl ist, kommt es nicht gut an, wenn Sie jeden Tag in Schwarz erscheinen. Sorgen Sie mit einem grauen oder blauen Anzug hin und wieder für Abwechslung.
- Sollte Ihr Jackett nach dem Zuknöpfen etwas ausgebeult oder knitterig aussehen, ist es an der Zeit, ein neues zu kaufen – vielleicht haben Sie aber auch im Fitnesstudio oder Büro versehentlich ein falsches Jackett mitgenommen?!
- Schmutzige, glanzlose Schuhe verraten leider einiges über Ihren Charakter. Möglicherweise glauben Sie, dass dieser »Kümmere-dich-um-mich-Look« anziehend wirkt. Aber da irren Sie sich!
- Wenn Sie nicht ganz so groß sind, wie Sie gern wären, ist ein Nadelstreifenanzug eine gute Wahl. Sollten Sie glauben, mit auffälligen, dicken Schulterpolstern an Größe zu gewinnen, liegen Sie leider vollkommen falsch.
- Doppelreihige Jacketts sollten nur schlanke Männer anziehen und Leute, die zeitlos und seriös wirken möchten. Einreihige Anzüge eignen sich für die meisten Figuren.
- Kaufen Sie sich jedes Jahr einen interessanten oder sogar Aufsehen erregenden Schlips. Tragen Sie ihn, wenn Sie im Mittelpunkt des Interesses stehen möchten.

ELEGANZ – SCHRITT FÜR SCHRITT

Treten Sie vor den Spiegel. Befolgen Sie die folgenden Instruktionen, damit der Schlipsknoten keine halbe Sache wird. Es ist ein vollendeter Windsorknoten.

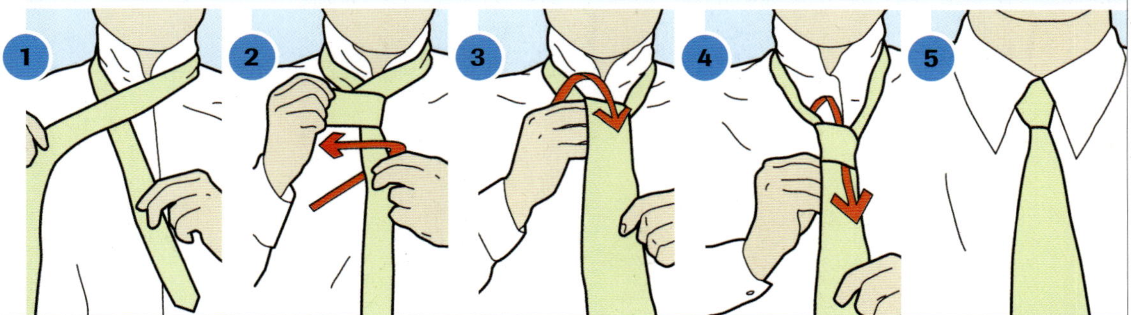

Zeigt her eure Schuh'!

Ein Blick auf die Schuhe ist oftmals besonders aufschlussreich, um einen anderen Menschen zu beurteilen, und zukünftige Partnerinnen gründen möglicherweise ihren ersten und bleibenden Eindruck auf Ihr Schuhwerk, also Achtung! Pflegen Sie Ihre Schuhe sorgfältig, dann werden sie länger halten, besser aussehen und Ihren Geldbeutel schonen.

Schuhe putzen

Okay, Schuhe zu putzen ist nicht so aufregend, wie den Mount Everest zu besteigen oder allein den Atlantik zu überqueren. Aber es ist eine wichtige Arbeit, die man erledigen kann, während man seine Lieblingsmusik hört, sich in Karaoke übt oder eine Fremdsprache erlernt. Sie brauchen dazu eine Grundausrüstung. Putzen Sie Ihre Schuhe wenn möglich mindestens zweimal pro Woche, falls Sie sehr beschäftigt sind, wenigstens einmal. Für strahlend glänzende Schuhe befeuchtet man die Ecke eines trockenen Tuchs, gibt eine kleine Menge Schuhcreme darauf und reibt diese mit kleinen kreisenden Bewegungen in Schuh oder Stiefel ein, bis Glanz entsteht (manche Leute behaupten, dass es hilft, wenn man dabei zwischendurch auf die Schuhe spuckt). Dies wiederholt man mehrmals. Mit Watte sorgt man für ultimativen Glanz. Bewundern Sie nun Ihr Spiegelbild, und bereiten Sie sich darauf vor, dass Sie Eindruck machen werden.

EIN PAAR TIPPS FÜR DEN HAUSHALTSGOTT

DIE FORM WAHREN

Schuhspanner halten Lederschuhe in Form und erleichtern das Putzen und Polieren. Stecken Sie Spanner hinein, ehe Sie die Schuhe wegräumen. Machen Sie aus Zeitung oder Pappe eigene Schuhleisten. Benutzen Sie zum Schuhe anziehen einen Schuhlöffel, um die Hinterkappen zu schonen. Schuhlöffel aus unbehandeltem Sandelholz sind besonders gut, weil sie die im Leder vorhandene Feuchtigkeit aufnehmen. Lockern Sie die Schnürsenkel, ehe Sie Ihre Schuhe ausziehen, und nehmen Sie beim Ausziehen Ihre Hände zu Hilfe – nicht den anderen Fuß!

WECHSELWEISE

Ziehen Sie nicht jeden Tag die gleichen Schuhe an. Das tut weder Ihren Füßen noch Ihren Schuhen gut. Wenn Sie schicke, bequeme Schuhe finden, die Ihnen wirklich gefallen, kaufen Sie sich einfach zwei Paar davon.

AUFBEWAHREN

Stecken Sie Ihre besten Schuhe in einen Schuhbeutel oder den Originalkarton, statt sie einfach in den Schrank zu werfen. Kennzeichnen Sie Beutel oder Karton auf irgendeine Weise.

PFÜTZENTAKTIKEN

Behandeln Sie Ihre Schuhe mit einem Imprägniermittel für Leder, damit sie bei Nässe keine Wasserflecken bekommen.

SCHUHE KAUFEN

Kaufen Sie Schuhe gegen Abend ein, denn dann sind Ihre Füße am stärksten geschwollen. Probieren Sie beide Schuhe an (wahrscheinlich ist ein Fuß größer als der andere), und laufen Sie etwas auf und ab, um festzustellen, ob die Schuhe bequem sind und passen. Kaufen Sie niemals Schuhe in der falschen Größe, nur weil sie um die Hälfte reduziert oder das letzte Paar im Laden sind. Es würde Sie einiges kosten, die Blasen wieder loszuwerden.

FRISCHE LUFT

Lüften Sie Ihre Schuhe ebenso regelmäßig aus wie Ihr Bett (d. h. jeden Tag). Lassen Sie Ihre Schuhe über Nacht draußen stehen (aber nicht im Schlafzimmer oder Garten), damit sie atmen können. Leder benötigt 24 Stunden, um seine Form wiederzuerlangen. Zur Bekämpfung von Schweißgeruch streuen Sie vor dem Auslüften etwas Haushaltsnatron in Ihre Schuhe. Und tragen Sie Baumwollsocken.

REGENTAGE

Wenn Schuhe bei Regen nass werden, zieht man sie sobald wie möglich aus und stopft Zeitungspapier hinein. Schuhe müssen langsam an der Luft trocknen, und nicht vor einem Feuer oder Heizkörper. Sobald sie trocken sind, reibt man sie mit Lederseife ein (sie findet sich im gleichen Regal wie Schuhcreme und Schuhwachs) und poliert sie anschließend.

SPITZENTIPP

Wenn die Kunststoffkappen an den Enden der Schürsenkel abgehen, tauchen Sie die Enden in etwas (geliehenen) farblosen Nagellack oder sengen Sie sie an, damit sie nicht ausfransen.

LEITFADEN FÜR DEN PERFEKTEN SCHUHPUTZER

SCHUHPUTZ-KASTEN

- Alte Zeitung (um Arbeitsfläche, Teppich oder Tisch zu schützen)
- Schuhputzbürste
- Schuhcremebürste (oder Zahnbürste)
- Poliertuch (oder altes T-Shirt)
- Schuhcreme
- Muskelkraft

1

Die vorgesehene Arbeitsfläche mit Zeitung abdecken und mit einem feuchten Tuch Schmutz von den Schuhen entfernen. Für diese Arbeit nicht die Schuhputzbürste verwenden, da sich der Schmutz in ihr festsetzen würde.

2

Die Schuhe trockenreiben, eine kleine Menge Schuhcreme auf die Schuhcremebürste geben und diese gleichmäßig auf dem Schuh verteilen. Die Creme braucht Zeit, um einzuziehen – bügeln Sie inzwischen ein Hemd oder putzen Sie die Badewanne.

3

Schuhcremereste mit der Schuhputzbürste entfernen.

4

Dann mit einem sauberen, nicht fusselnden Tuch kräftig nachreiben. Siehe oben die Zugabe, die zu einer glänzenden Karriere führen könnte. Im Sauseschritt zum Erfolg.

FRAGEN UND ANTWORTEN

F **Hilfe! Mir ist die Schuhcreme ausgegangen, und ich muss gleich zu einem wichtigen Meeting!**

A Benutzen Sie Möbelpolitur oder Fußbodenwachs – aber nur dieses eine Mal.

F **Hilfe! Muss ich wirklich Socken in den Schuhen tragen?**

A Schuhe ohne Socken zu tragen ist absolut tabu. Man würde glauben, Sie hätten sich im Dunkeln oder in einer fremden Wohnung angezogen. Evtl. stimmt das ja …

F **Hilfe! Ich habe so viel um die Ohren, dass ich mich zwischen Sport und Schuheputzen entscheiden muss!**

A Tun Sie beides. Putzen Sie Ihre Schuhe so energisch, dass Sie dabei richtig Kraft aufwenden. Sie verbrauchen dann bis zu 100 Kalorien.

Arbeitsplan eines Haushaltsgotts (18 bis 9 Uhr)

Okay, wir sind uns einig, dass die Führung eines Haushalts der Leitung einer Firma ähnelt. Vermutlich haben Sie Ihren Arbeitsablauf tagsüber mehr oder weniger im Griff, aber bislang noch nicht die besten Taktiken für die abendlichen Arbeiten gefunden. Doch der Erfolg Ihrer Zuhause GmbH basiert auf den gleichen Fähigkeiten und verlangt strategisches Denken und Disziplin. Nun ist es an der Zeit, einen glatten Arbeitsablauf zwischen sechs Uhr abends und neun Uhr morgens sicherzustellen. Das Ziel: Die Fertigkeiten eines Haushaltsgotts zu erlernen, zu erweitern und zu perfektionieren. Geschäftsbonze am Tag, Haushaltsgott am Abend – unterschiedliche Karrieren, die gleichermaßen von Erfolg gekrönt, ähnlich befriedigend und lohnend sind. Erinnern Sie sich an das Gesellschaftsspiel mit den Leitern – zwischen neun Uhr morgens und fünf Uhr nachmittags klettern Sie fröhlich die Leitern empor, aber fallen Sie danach nicht zurück. Lernen Sie die Spielregeln, würfeln Sie, und setzen Sie auf Sieg.

DAS LEBEN EINES HAUSHALTSGOTTS NACH DIENSTSCHLUSS

18 UHR

Ankunft in der Zuhause GmbH
Partnerin, Hund, Katze, Fische mit einem fröhlichen Lächeln begrüßen und ihnen nötigenfalls zu essen und zu trinken geben. Für die Partnerin und sich selbst ein Glas gekühlten Wein oder ein heißes, wohltuendes Getränk bereitstellen. Nachfragen, wie der Tag der Liebsten verlaufen ist, und für einen Moment ins Schlafzimmer gehen.

18.15 UHR

Abschalten
Tagesgarderobe ablegen, etwas Bequemes anziehen und ggf. die Bürokleidung aufhängen, nachdem die Taschen geleert und Geld und Schlüssel an einen gut sichtbaren Platz gelegt wurden. Schuhspanner in die Schuhe stecken und diese nach der Bekämpfung unangenehmer Gerüche in den Schrank stellen. Schmutzige Kleidungsstücke in den Wäschekorb legen. Auf dem Bett Gymnastik- oder Atemübungen machen. Das Zimmer aufräumen. Erholungsphase beendet.

18.45 UHR

Administration und Stärkung
Dringende Rechnungen bezahlen, E-Mails abrufen, Anrufbeantworter abhören. 15 Minuten administrative Arbeiten am Tag halten das Wochenende frei. Eine einfache, ausgewogene, nahrhafte Mahlzeit für Sie (und Ihre Partnerin) zubereiten, mit der Sie Ihre Kochkünste und Ihr Bewusstsein für die Bedeutung einer gesunden Ernährung unter Beweis stellen. Abwasch erledigen, Küche aufräumen, Arbeitsflächen abwischen.

20–22 UHR

Kommunikation und Medien
Im Wohnzimmer entspannen, der Partnerin zuhören, gemeinsame und eigene Termine durchsprechen, Zeitung lesen, fernsehen, Radio oder Musik hören. In persönlichen, nationalen und internationalen Angelegenheiten auf den neuesten Stand bringen.

22 UHR

Hausaufgaben
Sachen für den nächsten Tag bügeln (auch die der Partnerin). Schuhe putzen. Wohnzimmer aufräumen, Kissen aufklopfen, alte Zeitungen und Müll entfernen, Abfall hinausbringen, Tassen und Gläser abspülen. Feststellen, ob die Haustiere/Zimmerpflanzen noch etwas brauchen.
Vorräte überprüfen und Einkaufsliste schreiben.

Wie bei allen anderen Dingen bedarf es einer sorgfältigen Planung, wenn man ein Haushaltsgott werden will. Es passiert nicht einfach über Nacht. Der Schlüssel zum Erfolg besteht darin, einen Schritt nach dem anderen zu machen. Wie in jedem Spitzenjob sind harte Arbeit und Engagement erforderlich. Lassen Sie uns einen Zeitplan aufstellen. Sie verbringen einen Abend zu Hause, allein, mit Ihrer Partnerin und/oder Ihren Haustieren. Die angegebenen Zeiten sind nicht unumstößlich und können der jeweiligen Arbeitszeit angepasst werden. Alles beginnt damit, dass Sie durch die Küchentür treten. Atmen Sie tief durch, Sie sind zu Hause.

22.40 UHR

Zeit und Bewegung
Schmutzwäsche in den Haushaltsraum bringen und Waschmaschine anschalten. Saubere trockene Kleider ordentlich in den Bügelwäschekorb legen. Kleider für die Reinigung und die Aktentasche in Nähe der Wohnungstür deponieren. Türen abschließen und feststellen, ob Haus- und Autoschlüssel griffbereit liegen. Garderobe für den nächsten Tag heraushängen. Partnerin fragen, ob sie noch etwas für den nächsten Morgen braucht.

23 UHR

Ruhevorkehrungen
Bettfertig machen, ins Bad gehen, in der Badewanne entspannen, Musik hören. Badezimmer kurz durchputzen.

24–7 UHR

Ruhe und Erholung
Fenster kippen, mit Partnerin reden oder entspannen, so fest und so geräuschlos wie möglich schlafen, um geistige und körperliche Energie für das 9–17-Uhr-Arbeitspensum zu tanken.

7 UHR

Morgenroutine
Partnerin guten Morgen sagen, Bett und Haustieren frische Luft gönnen. Morgendliche Selbstreinigung durchführen, Frühstück für sich, Partnerin und Haustiere bereiten, Bett in Ordnung bringen, Schlüssel, Handy, Terminkalender und Aktentasche zusammensuchen und dann einen stressfreien Abgang machen.

8–9 UHR

Szenenwechsel
Ankommen am Arbeitsplatz oder in der Universität, gelassen und bereit für die Herausforderungen des Tages. E-Mails abrufen, Anrufbeantworter abfragen und dringende Arbeiten erledigen. Termine machen, Prioritäten setzen, organisieren. Tagesablauf 9–17 Uhr beginnt.

Rat mal, wer zum Schlafen kommt!

Anfangs hält man es für eine tolle Idee, Eltern oder Freunde zum Übernachten einzuladen, bis dann der fragliche Tag näher rückt und man immer nervöser wird. Bereiten Sie sich auf den Besuch wie auf eine Präsentation für einen wichtigen Kunden vor. Das Produkt: Die Zuhause GmbH. Der Zielmarkt: Mitglied(er) eines der besten gesellschaftlichen Zirkel. Die Strategie: freundlich willkommen heißen, beeindrucken und verwöhnen. Der Zeitrahmen: ein Tag oder zwei Abende. Der Aktionsplan: die folgenden Ratschläge lesen, verinnerlichen und beherzigen.

WIE MAN EIN GUTER GASTGEBER WIRD

- Versuchen Sie herauszufinden, wann Gäste ihren Besuch planen. Vorbereitung ist besser als blinde Panik.
- Wenn Gäste an einem Freitagabend ankommen, können Sie es sich angesichts eines bevorstehenden ganzen gemeinsamen Tags mit ihnen gemütlich machen und darauf hoffen, dass sie am Sonntag nach dem Mittagessen wieder abreisen.
- Heißen Sie Ihre Gäste mit einem Glas gekühltem Wein oder Schampus willkommen. Sie werden sich geehrt fühlen.
- Organisieren Sie einen Ausflug – ein Besuch im örtlichen Museum, auf dem Markt oder in einem Park ist genug. Finden Sie aber erst heraus, ob Ihre Gäste sich mehr für Geschichte, Einkaufen oder Botanik interessieren.
- Arrangieren Sie einen gemütlichen Spaziergang zu einer reizenden Gastwirtschaft. Bieten Sie an, die erste Runde zu spendieren, und hoffen Sie, dass Ihr Angebot abgelehnt wird.
- Sollte ein Abend kalt sein, zünden Sie im Wohnzimmer den Kamin an (→ S. 66). Im Hochsommer halten Sie besser den Grill bereit.
- Informieren Sie sich über die Ernährungsgewohnheiten Ihrer Gäste. Eine Fleischorgie kommt bei Vegetariern nicht so gut an.
- Wenn Gäste anbieten, dass sie kochen möchten, lehnen Sie nicht ab. Sie fühlen sich dann zu Hause, und vielleicht sind sie die besseren Köche.
- Versprühen Sie im Gästezimmer etwas Lavendelduft – dann werden Ihre Gäste im Handumdrehen einschlafen.

WEG MIT TABUS

Entfernen Sie Tabus aus Wohnzimmer (→ S. 57), Esszimmer (→ S. 79), Schlafzimmer (→ S. 103), Küche (→ S. 15) und Bad (→ S. 125). Falls sich der Haushaltsraum und Ihr Arbeitszimmer nicht im Bestzustand befinden, halten Sie die Gäste davon fern. Welchen Teil der Reinigungsaktion Sie auch auslassen mögen, es fliegt auf. Bereiten Sie sich auf konstruktive Kritik vor.

KEINE PANIK

Denken Sie daran, Ihre Gäste kommen zu Ihnen, um Zeit mit Ihnen zu verbringen, nicht um Ihre Wohnverhältnisse zu inspizieren. Wenn die Ordnung vorübergehend zusätzlichen Stauraum erforderlich macht, in Gottes Namen, aber schwören Sie sich, die Sache zu bereinigen, sobald Ihre Gäste wieder fort sind. Sollte die Zeit knapp sein, konzentrieren Sie Ihre Putzaktivitäten auf die sichtbarsten Bereiche in den wichtigsten Räumen. Oberflächen in Küche und Bad stehen ganz oben auf der Liste, Vorhänge waschen nicht. Genießen Sie es, den Gastgeber zu spielen.

WILLKOMMEN BEI MIR ZU HAUSE!

Räumen Sie das Gästezimmer auf, und putzen Sie es. Entfernen Sie jegliche unpassende Lektüre von vorherigen Bewohnern. Überzeugen Sie sich, dass die Bettwäsche sauber ist. Sorgen Sie für ein wenig Luxus z. B. mit Blumen, einem Hochglanzmagazin, frischem Obst oder Keksen und einem frischen flauschigen Handtuch auf dem Bett. Schlagen Sie am Abend die Bettdecke zurück, prüfen Sie die Zimmertemperatur, und lassen Sie Ihre Gäste stets zuerst in das Bad. Bereiten Sie am nächsten Morgen ein schmackhaftes Frühstück zu.

Hilfe! Die Mutter meiner Lebensgefährtin ist unerwartet in der Stadt und möchte bei uns übernachten. Das Haus ist ein einziges Chaos. Wir haben noch zwei Stunden Zeit. Was sollen wir tun?

Waschen und trocknen Sie die Bettwäsche im Kurzprogramm. Suchen Sie ein sauberes Handtuch. Übernehmen Sie jeder zwei Räume (Küche und Wohnzimmer, Bad und Gästezimmer). Stauben Sie die notwendigsten Dinge ab. Saugen Sie überall. Versprühen Sie im Wohnzimmer Möbelpolitur. Klopfen Sie Kissen auf. Putzen Sie Badewanne und Toilette. Bringen Sie Schmutzwäsche in den Haushaltsraum. Tragen Sie den Abfall hinaus. Stellen Sie Bierdosen hinten in den Kühlschrank. Öffnen Sie die Tür, und begrüßen Sie Ihren Gast mit einem entspannten Lächeln.

WIE FUNKTIONIERT DAS?

Koffer packen

Sind Sie beim Kofferpacken ein hoffnungsloser Fall, und treffen Sie am Flughafen immer wie ein schlecht gelaunter Packesel ein, während alle anderen einen schicken kompakten Koffer und ein überhebliches Lächeln auf den Lippen haben? Halb so wild. Befolgen Sie diese Tipps:

MAN DENKE SICH EINE ZAHL UND HALBIERE SIE

Kaufen Sie einen leichten Koffer. Legen Sie alle Kleidungsstücke, die Sie mitnehmen möchten, auf das Bett. Bilden Sie Haufen aus Unterwäsche, Socken, Hemden, T-Shirts, Hosen, Schuhen, Pullovern usw. Nun halbieren Sie mit Ausnahme der Unterwäsche sämtliche Stapel. Dies ist die Menge, die Sie tatsächlich brauchen.
Dunkle Sachen sind praktisch, weil auf ihnen Flecken weniger auffallen, aber für heiße Reiseziele sind sie nicht ideal. Wenn das Wetter nicht vorhersagbar ist, entscheidet man sich am besten für die »Schichten-Strategie«. Und ziehen Sie auf der Reise Ihre schwersten Schuhe und Ihre dickste Jacke an, um den Koffer zu entlasten.

PACKSTRATEGIEN

Legen Sie die schwersten Sachen (Schuhe, Bücher, Waschbeutel) hinten in den Koffer. Stecken Sie zusammengelegte Unterwäsche, Socken und aufgerollte Gürtel in die Schuhe. Packen Sie Schuhe einzeln in Schuhbeutel, Küchenpapier oder Folie, damit sie benachbarte Kleidungsstücke nicht verschmutzen. Nehmen Sie von Ihren Toilettenartikeln möglichst kleine Packungen mit. Füllen Sie Shampoos und andere flüssige Substanzen in kleine Kunststoffflaschen um, die Sie in Folienbeutel packen, denn sie könnten auslaufen.

HILFE!

MEIN ANZUG IST VÖLLIG ZERKNITTERT, UND ICH HABE GLEICH MORGEN FRÜH EIN WICHTIGES VORSTELLUNGSGESPRÄCH!

Suchen Sie die Hosenpresse, oder rufen Sie den Zimmerservice.

ANZÜGE UND HOSEN

Manche Leute benutzen für Reisen lieber Kleidersäcke, weil sie ihre Sachen dann nicht zusammenfalten müssen und vernünftige Bügel mitnehmen können. Wollen Sie ein Jackett in einen Koffer packen, legen Sie zuerst die Ärmel auf den Rücken und falten das Jackett dann in der Mitte zusammen. Außerdem kann das Jackett vor dem Zusammenlegen auf die linke Seite gedreht werden. Hosen lassen sich auf verschiedene Arten falten und einpacken, z. B. indem man eine Hose, Bügelfalten aufeinander, auf den Boden des Koffers legt, wobei man die Beine über den Rand hängen lässt. Dann packt man die restlichen Kleider auf die Hose, leichtere Stücke zuletzt, und legt zum Schluss die Hosenbeine darüber. So bleiben die Bügelfalten perfekt. Oder man faltet Hosen ordentlich im Drittel zusammen, wobei man zunächst die Nähte der beiden Beine aufeinander legt, damit die Bügelfalte keinen Schaden nimmt. Jeans faltet man einmal und rollt sie dann zusammen, um sie dann an ein lauschiges Plätzchen zu packen.

HEMDEN

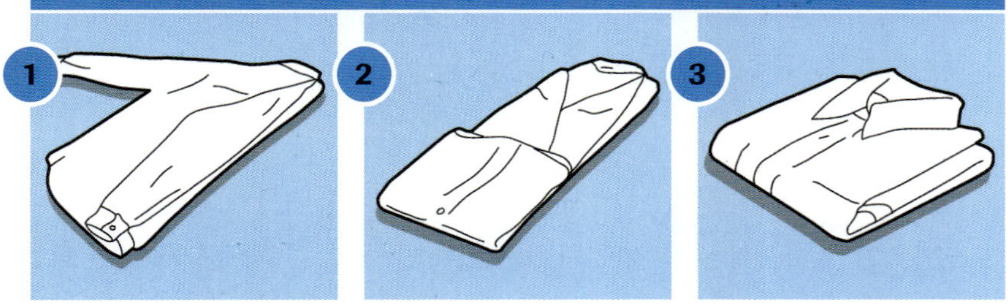

Hemden sollten ordentlich zusammengefaltet und ganz oben in den Koffer gelegt werden, damit sie nicht knittern. Packen Sie zuerst stets dicke Kleider ein und dann dünne Sachen. Nehmen Sie auch ein paar gute Kleiderbügel mit, denn die in Hotels sind oft wenig brauchbar. Nutzen Sie den vorhandenen Platz klug, und lassen Sie Ihren Kleidern etwas Raum zum Atmen. Zerbrechliche Dinge sollten Sie in Luftpolsterfolie einpacken und zwischen weiche Sachen legen.

HAUSHALTSGOTT

PRÜFEN, PRÜFEN, PRÜFEN

Nehmen Sie folgende Dinge mit an Bord:

- Eine zusammenfaltbare Tasche für Einkäufe und Geschenke
- Schmutzwäschebeutel
- Spannungswandler oder Adapter für Elektrogeräte
- Großer Zettel mit persönlichen Angaben und Kontaktadressen am Zielort, den Sie oben auf Ihre Kleider legen
- Eine komplette Drogerie ist nicht erforderlich. Beschränken Sie sich auf das Wesentliche (Deodorant, Zahnbürste, Zahnpasta, Sonnenschutz usw.), und kaufen Sie fehlende Toilettenartikel ggf. am Zielort.
- Ein Stück bunter Stoff, an dem Koffer befestigt, als Erkennungszeichen auf dem Gepäcklaufband
- Schlösser und erforderliche Schlüssel

Nicht vergessen!

- Reisedokumente wie Fahrkarten oder Reisepass
- Kontaktnummern für Notfälle (z. B. für die Verlustmeldung einer Kreditkarte)
- Ersatzkontaktlinsen und Ersatzbrille
- Medikamente (plus Rezepte mit den Wirkstoffnamen)
- Zahlenkombinationen für Schlösser (falls Sie vergesslich sind)
- Laptop
- Kamera, Handy, Taschenrechner

BAD

Beckenhygiene
Ein blitzsauberes Waschbecken ist für Hygiene, Gesundheit und häusliche Harmonie wichtig.

Makellose Sauberkeit
Die Toilette sollte täglich geputzt werden.

Hochglanzbilder
Putzen Sie Ihre Spiegel einmal pro Woche, um eine glänzende Erscheinung abzugeben.

»Das Bad eines Mannes verrät mehr über ihn als sein Schlafzimmer.«

JOANNA RAMPLEY-STURGEON

Alles auf Lager
Achten Sie darauf, dass Sie von wichtigen Körperpflegemitteln immer einen Vorrat zu Hause haben.

Flutmarke
Die Badewanne muss nach dem Baden geputzt werden, damit keine ekligen Schmutzränder zurückbleiben.

Schimmelvorbeugung
Waschen Sie Ihren Duschvorhang regelmäßig, damit er nicht zu schimmeln beginnt.

Im Bad

Der kleinste Raum in der Wohnung ist ein besonders intimer Bereich. Gästen und (existierenden oder potentiellen) Partnerinnen verrät Ihr Bad, wie Sie es mit der Körperhygiene halten. Es ist eine Art wasserdichte Bühne, auf der man alles geben sollte – haltet es also sauber, Jungs! Ihr dürft dort singen oder Gedichte vortragen, aber keine nachhaltigen Eindrücke in der Badewanne hinterlassen. Nichts ist ekelhafter als der Anblick von schwarzen Rändern, an denen man den Pegelstand Ihres letzten Bades ablesen kann, von einem Waschbecken voller Bartstoppeln ganz zu schweigen. Machen Sie das Badezimmer zu einem Heiligtum, einer Zufluchtsstätte, einem Ort, an dem Sie und Ihre Partnerin oder Ihre Gäste sich sicher und gut aufgehoben fühlen. Sollten Sie aus dem Bad kommen und sich schmutziger fühlen als vorher, stimmt etwas nicht.
Die Einhaltung einiger Tabus wird Ihnen helfen, auf direktem Weg in den Hygienehimmel zu gelangen.

ARBEITSPLAN: WAS TUE ICH WANN?

TÄGLICH:

- Toilette und Waschbecken putzen
- Vorräte an Toilettenartikeln überprüfen
- Abfall hinausbringen
- Toilettenpapier ersetzen
- Schmutzwäsche entfernen

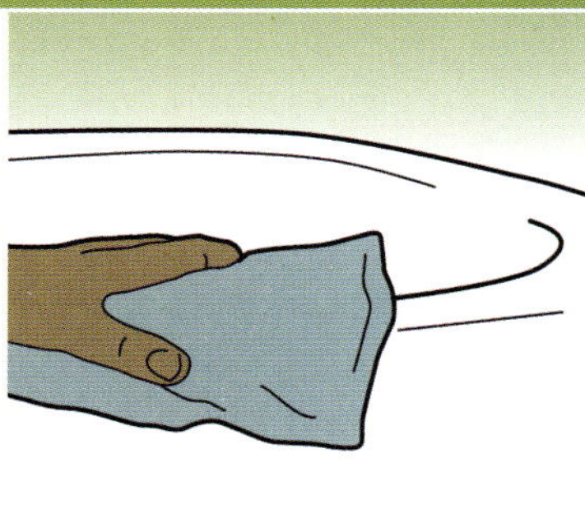

WÖCHENTLICH:

- Badewanne putzen (zweimal pro Woche)
- Handtücher wechseln (dito)
- Oberflächen abwischen
- Badvorleger waschen
- Spiegel putzen
- Fußboden saugen oder fegen

MONATLICH:

- Fußboden gründlich putzen
- Wasserhähne polieren
- Vorräte an Toilettenpapier, Shampoo und Seife überprüfen
- Duschvorhang waschen (alle zwei Monate)
- Inventur in der Hausapotheke machen
- Fliesen abwischen

X TABUS

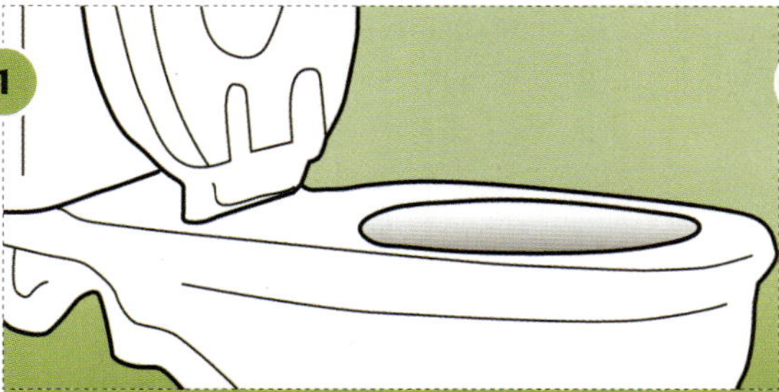

1. HOCHGEKLAPPTE KLOBRILLEN

Es mag sich wie ein Klischee anhören, dass ein Großteil der männlichen Bevölkerung der Angewohnheit frönt, die Toilettenbrille nicht wieder herunterzuklappen, doch leider ist es wahr. Sorgen Sie also dafür, dass es im kleinsten Raum der Wohnung zu einem absoluten Tabu wird. Eine hochgeklappte Brille ist vielleicht praktisch (nähere Erklärungen sind wohl überflüssig), aber ihr Anblick ist für andere wenig erhebend. Außerdem erzählt sie zuviel über eine Sache, die letztlich sehr privat ist. Respektieren Sie die Sitzordnung im Bad ebenso wie im Esszimmer.

2. SCHWARZE RÄNDER

Gewöhnen Sie sich an, nach dem Baden die Wanne zu putzen. Das dauert nicht einmal fünf Minuten und erspart Ihnen später stundenlange mühsame Arbeit. Eine ausgezeichnete Präventivmaßnahme gegen schmutzige Wannen ist die Verwendung eines Badezusatzes. Dadurch werden Ränder weitgehend verhindert, und Sie entsteigen dem Bad auch noch angenehm duftend. Putzen Sie Wanne oder Waschbecken nach der Benutzung möglichst sofort – je länger Sie warten, desto länger dauert es, und außerdem kann dies Streit heraufbeschwören.

3. PAPIERNOTSTAND

Unsere Urahnen mussten sich vielleicht mit Blättern oder Gras behelfen, und in äußerster Not mag auch der moderne Mensch zu dergleichen greifen, doch gewöhnlich begrüßen wir es, wenn es sich bei den Papierwaren im Bad um schönes, weiches Toilettenpapier handelt. Lassen Sie keine Vakanzen entstehen, und ersetzen Sie leere Rollen. Sie möchten Ihre Gäste oder neuen Freunde doch sicherlich nicht in Verlegenheit bringen, oder? Legen Sie einen ordentlichen Vorrat an, und stellen Sie stets eine Ersatzrolle in das Bad, z. B. in einem hübschen Korb (nicht in der gehäkelten Klopapiermütze Ihrer Tante).

4. SCHNEE VON GESTERN

Vielleicht bringen Sie sich in Ihrem kleinsten Raum gern auf den neuesten Stand der Dinge, aber deshalb müssen Sie keine Zeitungen oder unanständigen Witzebücher herumliegen lassen, die unnötiges Chaos verursachen. Im Bad kann es sehr warm und feucht sein, und das letzte, was Sie brauchen, sind durchfeuchtete, müffelnde, vergilbte Zeitungen. Wenn Sie das Bad unbedingt als Lesezimmer benutzen müssen, bewahren Sie Ihre Literatur (wenn man das so nennen kann) auf einem ordentlichen Stapel oder in einem Korb auf.

Haushaltsgott - Hygiene von Kopf bis Fuß

Es ist völlig sinnlos, heldenhafte Anstrengungen zu unternehmen, um die Wohnung in Ordnung zu halten, wenn Sie Ihrem Körper nicht die gleiche Aufmerksamkeit widmen. So einladend, eindrucksvoll und seltsam verführerisch eine blitzsaubere Küche, ein funkelndes Bad oder ein makelloses Schlafzimmer auch sein mögen, ein Mangel an persönlicher Hygiene wird Partnerinnen, Freunde und selbst Verwandte nachhaltig abschrecken. Wenn Sie gepflegt sein möchten, müssen Sie sich pflegen, ganz einfach. Betrachten Sie die Bereiche Ihres Körpers als Räume Ihrer Wohnung, die im unterschiedlichen Maß Ordnung und Sauberkeit erfordern.

VOM SCHEITEL BIS ZUR SOHLE

Haare

Haare müssen regelmäßig gewaschen und mit einer Spülung gepflegt werden – unter der Dusche dauert dies fünf Minuten. Wählen Sie die Produkte entsprechend Ihres Haartyps aus, und sollten Sie Schuppen haben, verwenden Sie ein Shampoo, das dieses Problem bekämpft. Schuppen sind abgestorbene, mit Fett und Schmutz vermischte Hautzellen – das klingt unappetitlich und sieht erst recht so aus. Gehen Sie regelmäßig zum Friseur.

Augenbrauen

Bitten Sie Ihren Friseur oder Ihre Partnerin, Ihre Brauen zu schneiden und für Sie unter Kontrolle zu halten. Fragen Sie aber nicht Ihre Ex-Freundin, sonst fehlt Ihnen anschließend vielleicht etwas.

Augen

Augen sind die Fenster zur Seele und spiegeln Ihre Lebensgewohnheiten wider, vor allem die nächtlichen. Gönnen Sie Ihrem Körper den Schlaf, den er braucht, nicht nur das Bisschen, das ihm Ihr selbst gewählter Tagesablauf erlaubt. Essen Sie vernünftig, und trinken Sie wenig Alkohol, dafür aber reichlich Wasser. Rot bedeutet Stopp. Mit einer solchen Augenfarbe erhalten Sie in der Liebe niemals grünes Licht.

Gesicht

Reinigen Sie Ihr Gesicht morgens und abends mit Waschgel oder Reinigungsmilch. Achten Sie auf die T-Zone (Stirn und Nase), wo die Haut fettig und pickelanfällig sein kann. Denken Sie daran, dieses Gesicht werden Sie noch viele Jahre haben. Sollten Sie nicht auf Runzellook stehen, benutzen Sie Sonnenschutz. Verwenden Sie regelmäßig ein Peeling und täglich Feuchtigkeitscreme. Schönheitsmittelchen sind nicht nur was für Mädels.

Nase & Ohren

Seltsamerweise scheinen Kopfhaare gern zu emigrieren, um sich in Nase und Ohren anzusiedeln. Versuchen Sie, diese mit einem Nasenhaarschneider unter Kontrolle zu halten. Benutzen Sie dazu weder Pinzette (aua) noch Schere. Waschen Sie sich regelmäßig die Ohren (auch die Rückseiten), und achten Sie auf Stalagmiten und Stalaktiten an Ihrer Nase, vor allem wenn Sie sich mit Ihrem neuen Boss treffen oder ein Rendezvous haben.

Zähne

Frischer Atem, ein schönes Lächeln und ein bakterienfreier Mund – das sollte Ihr Ziel sein. Putzen Sie Ihre Zähne morgens und abends und möglichst auch zwischendurch, um Speisereste und Beläge zu entfernen. Ihre Worte können noch so romantisch sein, Spinat auf Ihren Zähnen verdirbt irgendwie die Atmosphäre. Ersetzen Sie Ihre Zahnbürste alle sechs bis acht Wochen oder sobald sie unappetitlich aussieht.

Kinnbereich

Tragen Sie nach der Rasur Aftershave auf, damit Ihre Haut glatt und geschmeidig bleibt. Ein Stoppelbart oder anderer Bart kann attraktiv aussehen, aber vielleicht sollten Sie Rat einholen, ehe Sie sich einen Bart wachsen lassen. Übrigens: Wenn Sie den längsten Bart der Welt haben möchten, muss er über sechs Meter lang werden. Und ein kleiner Spritzer Duftwasser ist wirkungsvoller als eine halbe Flasche.

Lippen

Halten Sie Ihre Lippen mit Lippenbalsam (nicht mit Lipgloss) geschmeidig oder mit der guten alten Vaseline. Es sind bereits mehr als genug Kröten zum Küssen unterwegs – verschlechtern Sie die Statistik nicht noch.

Oberkörper

Halten Sie Ihren Oberkörper sauber, gestählt und gut eingecremt. Die Haut ist das größte Organ, das Sie besitzen – sie schützt Sie vor allen möglichen Widerlichkeiten und verdient Respekt. Sport stärkt das Immunsystem, und ein paar Dehnungsübungen und Sit-ups, ein wenig Joggen und Wackeln hält Sie fit und zufrieden. Aber duschen Sie nach dem Sport, wenn Sie Wert auf Gesellschaft legen.

Achseln

Regelmäßiges Waschen und ein Deodorant sind bei der Pflege dieses Bereichs der Schlüssel zum Erfolg. Denken Sie daran, dass Sie mehr als zwei Millionen Schweißdrüsen besitzen. Vielleicht möchten Sie die Region gelegentlich stutzen, um das Schwitzen unter Kontrolle zu halten. Wenn Sie einen langen Tag vor sich haben oder am Abend verabredet sind, nehmen Sie einen Deostift mit zur Arbeit.

Bauch

Halten Sie Ihren Waschbrettbauch sauber und glatt und Ihren Bauchnabel frei von Wollmäusen. Es ist keine Lösung, sie dorthin abzuschieben. Abstauben oder Saugen ist nicht notwendig – Sie müssen sich einfach nur waschen.

Handtuchzone

Diese Zone muss stets makellos sauber und trocken sein. Ein hoher Prozentsatz jener Schweißdrüsen, von denen wir sprachen, operiert in diesem Bereich. Es ist ein hygieneintensiver Bezirk. Teilen Sie sich im Fitnesscenter nicht Ihre Handtücher mit anderen. Wechseln Sie mindestens siebenmal pro Woche die Unterwäsche.

Hände

Waschen Sie Ihre Hände gründlich und häufig, und benutzen Sie eine Handcreme, damit die Haut weich und geschmeidig bleibt. Sie sorgen somit dafür, dass Händchen halten Spaß macht. Schmutzige Fingernägel sind ein absolutes Tabu. Auch lange Nägel können abstoßend wirken, und deshalb sollten Fingernägel einmal pro Woche geschnitten werden.

Beine

Beine müssen regelmäßig gewaschen, eingecremt und sportlich betätigt werden. Sie brauchen Ihre Beine, um von A nach B zu gelangen. Falls sie einen Notruf senden, hilft eine Wadenmassage in der warmen Badewanne.

Füße

Fußpilz kann man an jeder Ecke bekommen. Da er dunkle, feuchte Bedingungen liebt, sollten Sie Ihre Füße regelmäßig waschen und gut abtrocknen. Falls sie zu jucken beginnen, wenden Sie ein pilztötendes Mittel an. Socken müssen täglich gewechselt und vor dem Schlafengehen ausgezogen werden. Rubbeln Sie Ihre Fersen in der Badewanne mit einem Bimsstein ab. Benutzen Sie eine Fußlotion mit Pfefferminze, um Gerüche in Schach zu halten.

Das Bad putzen

Badezimmerhygiene ist ein absolutes Muss. Wer nicht putzt, schafft perfekte Laborbedingungen für ein Experiment in Bakterienvermehrung. Bäder sind potenzielle Feuchtgebiete, in denen sich Schimmel so richtig wohl fühlt. Daher öffnen Sie die Fenster so oft und so weit wie möglich, und halten Sie den Raum warm und trocken. Hängen Sie schmutzige, nasse Handtücher auf.

SPIEGLEIN, SPIEGLEIN AN DER WAND

Putzen Sie Spiegel mit einem sauberen Tuch und Wasser mit einem Spritzer Essig und polieren Sie mit Zeitungspapier nach, um altmodischen Glanz zu erzeugen.
Oder Sie verwenden einen Glasreiniger, den Sie nicht auf den Spiegel, sondern auf das Tuch sprühen, und arbeiten Sie von innen nach außen. So läuft die Flüssigkeit nicht auf die Ränder, wo sie die Silberschicht oxidieren und schwarz werden lassen würde. Nach dem Polieren bewundern Sie Ihr Spiegelbild.

KAMPF DEM BADEZIMMERBLUES

In einem Badezimmer sollten sich folgende Dinge finden:

- Schränke für Kosmetika, Haarpflege- und Rasierutensilien, Toilettenpapier, saubere Handtücher usw.
- Ein sicherer Platz zum Aufbewahren kleinerer Putzhilfen (größere bleiben besser im Haushaltsraum)
- Kindersicherer Apothekenschrank
- Beheizbarer Handtuchhalter
- Beutel oder Korb für Schmutzwäsche
- Eine Anzahl Haken

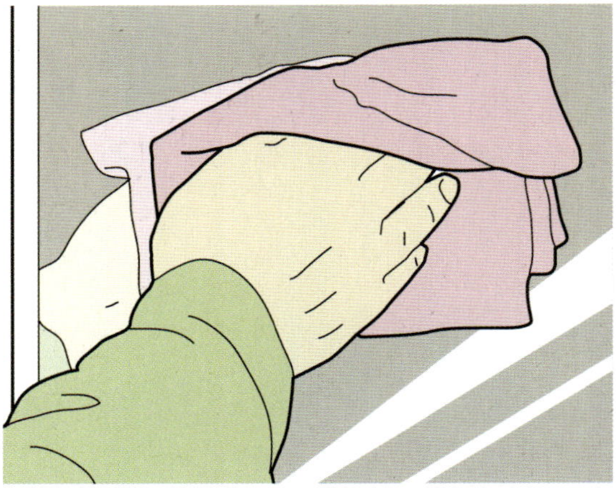

FRAGEN UND ANTWORTEN

F Hilfe! Meine Partnerin meint, ich hätte ein Problem mit Körpergeruch, aber ich wasche mich jeden Tag. Was kann ich tun?

A Wenn Sie jeden Tag duschen oder ein Bad nehmen, aber Ihre Kleider nicht wechseln, hängt in ihnen der Körpergeruch von gestern (und der von vorgestern und vorvorgestern ...).

F Hilfe! Meine Partnerin sagt, ich muss mich zwischen einem neuen Rasierwasser und einer neuen Adresse entscheiden. Was empfehlen Sie mir?

A Denken Sie darüber nach, welcher Gedanke Sie mehr begeistert, und treffen Sie dann Ihre Entscheidung.

F Hilfe! Stimmt es, dass Gerüche in schmutzigen Kleidern nach einigen Tagen verduften? Heißt das, wenn ich mich ein paar Tage ins Bett lege und nicht wasche, bin ich danach wieder sauber?

A Das wäre einen Versuch wert – aber wen wollen Sie fragen, ob Sie gut riechen?

HAUSHALTSGOTT

LEGEN SIE SICH IM BADEZIMMER INS ZEUG. SIE WISSEN, DASS ES SICH LOHNT!

Die Römer hielten Baden für ungemein wichtig, und zweifellos hatten sie recht. Ihre öffentlichen Bäder waren Multi-Media-Unterhaltungszentren für saubere Menschen und verfügten über Bibliotheken, Gärten, Wandelgänge, Balkons zum Sonnenbaden, Theater für Lesungen und Musikvorführungen sowie ein breites Spektrum an Einrichtungen für die Körperhygiene. Auch für viele von uns gehört es zu den großen Vergnügen des Lebens, sich in der Badewanne zu entspannen.

Aber wenn uns am Ende eines harten Tages eine schmutzige Wanne mit einem unübersehbaren ekligen Schmutzrand ins Gesicht lacht, ist die Vorfreude auf ein Bad etwas getrübt. Schließen Sie nicht einfach die Augen und steigen Sie hinein. Putzen Sie die Wanne gründlich mit einem Tuch und einem geeigneten Reinigungsmittel – Geschirrspülmittel löst selbst hartnäckige Verschmutzungen. Wenn Sie lieber ein Hausmittel verwenden möchten, geben Sie eine Paste aus Haushaltsnatron und Wasser auf ein feuchtes Tuch, die Sie unter Anwendung von etwas Muskelkraft auftragen. Anschließend spülen Sie die Wanne mit klarem Wasser gründlich aus. Verwenden Sie aus hygienischen Gründen für Badewanne, Toilette und Fliesen stets verschiedene Putztücher. Waschen Sie die Tücher regelmäßig heiß in der Waschmaschine oder in einer Mischung aus Bleichmittel und Wasser. Graue, verdreckte Tücher, die auf dem Fußboden herumliegen, müssen aus dem Badezimmer verbannt werden.

Nackte Hausarbeit

Weshalb bei der Hausarbeit nicht etwas Freikörperkultur pflegen? Klingt vielleicht überspannt, aber es ist eine praktische Methode, um die Dusche sauber zu halten. Steigen Sie im Adamskostüm hinein. Putzen Sie Fliesen und Trennwände aus Glas mit einem Schwamm und einem handelsüblichen Fliesen- und Glasreiniger. Sie können aber auch ein Hausmittel verwenden. Füllen Sie eine Sprühflasche mit Branntweinessig, den Sie auf alle Flächen sprühen. Lassen Sie ihn einige Minuten einwirken, dann spülen Sie ihn ab und polieren mit einem trockenen Tuch nach. Achten Sie aber bei allen Reinigungsmitteln darauf, dass sie nicht auf Ihre Haut gelangen. Während Sie rückwärts aus der Dusche heraustreten, putzen Sie die Duschwanne mit einem stärkeren, nicht scheuernden Badreiniger und brausen sie anschließend alles gründlich ab. Nun könnten Sie theoretisch in die Dusche zurückklettern und sich selbst waschen. Übrigens: Wenn Sie beim Putzen singen, setzt Ihr Körper die so wichtigen Glückshormone frei.

Einen Duschvorhang aus Kunststoff müssen Sie sauber halten, weil er sonst schimmelt. Säubern Sie ihn mit einem Schwamm, Wasser und Haushaltsnatron, oder geben Sie ihn zusammen mit ein paar Handtüchern in die Waschmaschine. Man kann ihn warm waschen, aber er darf nicht geschleudert werden. Anschließend hängt man ihn sofort auf. Chromarmaturen können mit einem geeigneten Badreiniger oder einem feuchten Tuch und Branntweinessig geputzt werden. Anschließend trocknet und poliert man sie.

Weg mit dem Dreck

Ein Reiniger, der Bleiche enthält, ist nützlich, um hässliche Verfärbungen in den Fugen zu beseitigen. Benutzen Sie zum Putzen eine alte Nagelbürste oder Zahnbürste, aber achten Sie darauf, dass keine Spritzer auf Badematten, Vorhänge oder Ihre Haut gelangen.

Waschbecken

Porzellanwaschbecken putzen Sie mit einem nicht scheuernden Badreiniger. Wenn die Oberfläche beschädigt wird, siedeln sich dort Mikroben an. Anschließend spülen Sie gründlich nach und reiben das Becken trocken. Nun glänzt es wunderschön. Edelstahlbecken können mit Geschirrspülmittel gesäubert werden. Verwenden Sie keine Scheuermittel.

Bidets

Heute verfügen immer mehr Badezimmer über ein Bidet. Nachdem Sie herausgefunden haben, wie Sie Ihr spezielles Modell benutzen müssen, sorgen Sie dafür, dass es sauber bleibt. Putzen Sie Ihr Bidet auf die gleiche Weise wie Ihre Badewanne oder Ihr Waschbecken.

Toilettentaktiken

Toiletten bestehen aus sehr robustem Material, was auch nötig ist, da sie eine der schwierigsten Aufgaben im Haus haben. Sie agieren an vorderster Front und verdienen Respekt. Wenn Sie Ihre Toilette vernachlässigen, bringen Sie sich selbst in Gefahr. Mikroorganismen, Gerüche und andere unerwünschte Begleiterscheinungen werden folgen. Sollten Sie bemerken, dass Ihre Freunde nie Ihr Bad benutzen, fragen Sie sich warum. Vielleicht gilt es als Sperrgebiet – nicht aus Gründen der Wahrung Ihrer Privatsphäre, sondern aus Gründen der Hygiene. Sicherheit, Sauberkeit, Appetitlichkeit sind für Toiletten ein absolutes Muss. Halten Sie Ihre Toilette innen und außen blitzblank. Die Außenseiten reinigen Sie auf die gleiche Weise und mit den gleichen Produkten wie Badewanne, Waschbecken oder Bidet. Die Toilettenschüssel sollten Sie desinfizieren – wählen Sie einen der vielen im Handel erhältlichen WC-Reiniger, aber achten Sie darauf, dass Sie ihn nicht verspritzen, denn viele Mittel enthalten starke Chemikalien. Klappen Sie den Toilettensitz hoch, und verabreichen Sie der gesamten Schüssel mit der Toilettenbürste eine kräftige Abreibung. Vergessen Sie nicht, unter den Rand zu fahren. Dann spülen Sie, um Schüssel und Bürste zu säubern, und klappen Sie den Sitz wieder herunter. Diesen putzen Sie mit einem sauberen Tuch und einem Allzweckreiniger. Klappen Sie den Deckel zu, und waschen Sie sich anschließend gründlich die Hände.

EINE VERSTOPFTE TOILETTE FREI MACHEN/EINER TRÄGEN SPÜLUNG NACHHELFEN

1

Toiletten verstopfen manchmal – das passiert eben. Dann ist Folgendes zu tun. Sie nehmen eine große flache Saugglocke (nötigenfalls ausleihen) und setzen sie auf die Abflussöffnung unten in der Schüssel, nachdem Sie vorhandenes Wasser so weit herausgeschöpft haben, dass die Saugglocke gerade noch bedeckt ist. Nun pumpen Sie kräftig und energisch (etwa zehnmal), und beenden die Arbeit mit einem letzten Tusch.

2

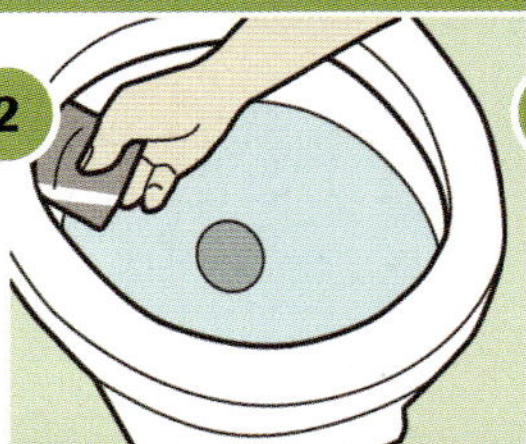

Um festzustellen, ob die Spülwasseröffnungen unter dem Rand vollkommen frei sind, halten Sie einen Spiegel schräg so unter den Rand der Toilettenschüssel, dass Sie die Öffnungen sehen können. Sollten Sie sich dazu den Spiegel Ihrer Liebsten ausleihen, vergessen Sie nicht, ihn anschließend gründlich zu säubern, sonst könnte es Ärger geben.

3

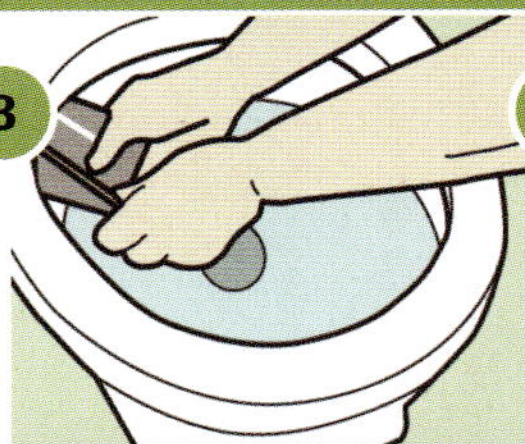

Verstopfte Spülwasseröffnungen macht man frei, indem man mit einer Zange ein kurzes Stück von einem Drahtkleiderbügel abkneift und dieses behutsam in jede Öffnung schiebt. Achten Sie aber darauf, das Porzellan dabei nicht zu beschädigen. Drehen Sie den Draht, um Verkrustungen, die sich vielleicht gebildet haben, zu lockern.

4

Falls diese Taktik versagt, können Sie sich eine Reinigungsspirale leihen – einen flexiblen Stab mit einer Kurbel am oberen Ende. Der Stab wird in die Öffnungen gesteckt, dann dreht man behutsam die Kurbel (meist im Uhrzeigersinn, aber beachten Sie die Bedienungsanleitung), um die verteufelte Blockade zu beseitigen.

BADEZIMMERBENEHMEN

Fußbodenetikette

Werfen Sie Ihr nasses Handtuch nicht auf den Boden, sondern hängen Sie es zum Trocknen auf. Außerdem muss es regelmäßig gewaschen werden und zwar bevor es seltsam zu riechen beginnt. Lassen Sie auch keine Kleidungsstücke auf dem Boden herumliegen. Wechseln Sie einmal pro Woche die Badematte.

Toptipp für Toiletten

Bitten Sie Ihre Großeltern um ein paar Gebissreinigungstabletten, und werfen Sie diese abends in die Toilette. Am nächsten Morgen helfen Sie noch ein bisschen mit der Bürste nach und dann spülen. Eine saubere Sache.

Geruchsvertilger

Wenn Sie unerwünschte Gerüche vertreiben wollen, zünden Sie ein Streichholz an. Das funktioniert tatsächlich. Nach dem Auspusten werfen Sie das Streichholz in den Mülleimer. Wo wir schon bei diesem Thema sind. Rauchen Sie nicht im Badezimmer – nie!

Kämme und Bürsten

Waschen Sie Kämme und Bürsten regelmäßig – möglichst zweimal im Monat. Vielleicht sieht man es nicht, doch sowohl an Ihren Kämmgeräten als auch auf Ihrer Kopfhaut sammeln sich natürliche Körperfette und Shampoorückstände an. Waschen Sie deshalb Bürsten und Kämme in warmem Wasser mit einem milden Waschmittel aus.

Reisereinlichkeit

Ein alter schmutziger Waschbeutel ist ein Tabu. Und leeren Sie bloß nicht seinen ekligen Inhalt während eines Besuchs bei Freunden auf deren sauberen Badezimmerablagen aus, vor allem dann nicht, wenn Ihre Seifendose wie eine Mörtelschale aussieht und Ihre Zahnbürste auch schon bessere Tage gesehen hat. Leisten Sie sich einen anständigen Waschbeutel.

Toilettenreinigung

Das Putzen der Toilette dauert fünf Minuten, verbraucht 50 Kalorien und killt fünf Millionen Keime.

Abflussaktionen

Wenn Sie Gerüche, die aus dem Abfluss aufsteigen, ohne Bleichmittel beseitigen möchten, geben Sie eine Hand voll Salz und etwas kochendes Wasser hinein. Dadurch lösen sich Fettrückstände.

Wellness daheim

Nach all den mühseligen Hausarbeiten haben Sie es sich verdient, dass Sie sich etwas verwöhnen und Zeit zur Entspannung nehmen. Mit einem Schuss Phantasie und ein paar Spritzern Öl verwandeln Sie Ihr Badezimmer in eine Wellnessoase. Es ist nicht notwendig, einen Haufen Geld auf einer Gesundheitsfarm auszugeben. Hausgemachter Luxus ist ebenso schön. Nehmen Sie eine Auszeit, und bringen Sie Ihr Leben wieder in geordnete Bahnen, und das alles zu Hause in Ihren eigenen vier Wänden.
Stimmen Sie den Zeitpunkt mit Ihrer Partnerin und anderen Mitbewohnern ab, denn Sie werden für mehrere Stunden das Badezimmer blockieren. Sollten Sie allein zu Hause sein, schalten Sie alle Telefone und den Fernseher aus. Sonst hängen Sie ein Schild »Bitte nicht stören« an die Badezimmertür. Nehmen Sie etwas Wasser zum Trinken und ein paar der folgenden Dinge mit:

- Entspannende, stimmungsvolle Musik und einen batteriebetriebenen CD-Player oder MP3-player (Wasser und Strom sind ein schlechtes Paar)
- Duftkerzen
- Ätherische Öle
- Sauberes Handtuch
- Glas mit frisch gepresstem Saft oder einem beruhigenden Mixgetränk (probieren Sie mal Banane mit Kokosmilch) und/oder ein Bier
- Geschälte und zerdrückte Avocado
- Honig
- Löffel
- Gesichtspeeling, gekauft oder selbst hergestellt (z. B. aus Erdbeeren, Ananas und Banane)

ZEIT ZUM GENIESSEN

Also, nun ist eine Auszeit für den Haushaltsgott fällig. Vielleicht möchten Sie lieber die Tür abschließen – das ist ganz allein Ihre Entscheidung –, aber vergessen Sie nicht, dass eine Rückenmassage von Ihrer Partnerin ein krönender Abschluss Ihres Wellness-Programms sein kann.

Vorbereitungen

Während das Badewasser einläuft, schalten Sie das Licht aus und illuminieren den Ort des Geschehens mit Kerzen. Wählen Sie sanfte Musik aus. Geben Sie sechs bis acht Tropfen ätherisches Öl (Lavendel, Bergamotte und Kamille sind besonders beruhigend) in das Wasser. Durch die Wärme verdampfen die Öle und verströmen einen wunderbaren Duft, während sie gleichzeitig die Haut zart machen. Ihre Stimmung wird sich heben, und Sie werden sich entspannt und erfrischt fühlen. Wählen Sie ein wohlriechendes ätherisches Öl und geben Sie ein paar Tropfen zusammen mit Wasser in eine Sprühflasche, schon haben Sie einen selbst gebastelten Lufterfrischer. Sollte es Ihnen peinlich sein, dergleichen »Verwöhnartikel« zu kaufen, sagen Sie einfach, die Öle wären für Ihre Mutter, oder entscheiden Sie sich für das anonymere Online-Shopping.

Badeutensilien

Es gibt zahlreiche Dinge, die nach dem Eintauchen ins Wasser den Wohlfühlfaktor erhöhen können wie z. B. ein aufblasbares Wannenkissen, ein Gerät, das Ihre Badewanne in einen Whirlpool verwandelt, ein Fußbad und ein batteriebetriebenes Massagegerät. Keines dieser Dinge ist jedoch so wichtig wie die Öle.

Zehennägel

Nun sind Sie entspannt und erfrischt, und es wird Zeit, dass Sie sich die Zehennägel schneiden und Ihre Füße mit einem Bimsstein abreiben (→ S. 127). Lesen Sie eine Zeitschrift oder meditieren Sie. Machen Sie sich schöne Gedanken. Weg mit dem Hass, her mit der Liebe.

Pflegende Packungen

Zur Pflege der Haut mischen Sie die zerdrückte Avocado mit einem Teelöffel Honig und tragen Sie die Mischung großzügig auf Ihr Gesicht auf, wobei Sie die Augenpartie aussparen. Entspannen Sie sich 15 Minuten, ehe Sie die Maske mit warmem Wasser wieder abwaschen. Niemand muss wissen, dass Sie sich im Namen der Körperpflege mit Obst und Gemüse bestreichen. Da Sie aber schon einmal dabei sind, sollten Sie überlegen, ob Sie sich nicht eine zerdrückte Banane in die Haare schmieren, um sie auf natürliche Weise zu pflegen. Spülen Sie den Bananenbrei gut aus, ehe Sie ein herkömmliches Shampoo anwenden.

Körperübungen
Gönnen Sie sich zur Verbesserung des Muskeltonus ein paar Wannenübungen, aber achten Sie darauf, dass Sie nicht mit Ihrem Zeh am Wasserhahn hängen bleiben. Lachen Sie nicht – das kommt vor. Strecken Sie Ihre Beine, massieren Sie sie sanft und spannen Sie die Gesäßmuskeln an. Nach dem Bad cremen Sie Ihren Körper ein, solange Ihre Haut noch warm und aufnahmefähig ist.

HAUSHALTSGOTT

Nachdem Sie ein entspannendes Bad genossen haben, bereiten Sie eines für Ihre Liebste vor. Erledigen Sie die Hausarbeiten, nehmen Sie die Anrufe entgegen und teilen Sie ihre Freude, während sie das Bad genießt.

TIPPS FÜR EINE GANZHEITLICHE ENTSPANNUNG

Körperhygiene kann Spaß machen und entspannend wirken. Genießen Sie dieses Erlebnis, und probieren Sie aus, wie Sie den Genussfaktor erhöhen können. Hier einige preiswerte Tipps:

Kopfmassage

Sie setzen sich in der Badewanne auf, entspannen die Nackenmuskulatur und schließen die Augen. Stellen Sie sich vor, dass Ihr Kopf an der Decke aufgehängt ist. Atmen Sie tief ein und langsam wieder aus – leeren Sie Ihre Lungen. Wiederholen Sie dies zehnmal, wobei Kopf und Nacken entspannt bleiben. Sie öffnen die Augen, denken an etwas Schönes und lächeln. Das Leben kann herrlich sein.

Schönheit aus der Küche

Gurke entspannt und erfrischt die Augen. Legen Sie auf jedes Auge eine Scheibe. He, niemand sieht Sie! Zitronensaft macht die Haut weich und beseitigt Verfärbungen an den Händen. Tomaten geben der Haut Feuchtigkeit, Aloe vera wirkt beruhigend und aufbauend. Kaufen Sie eine Aloe-vera-Pflanze, schneiden Sie ein Blatt ab, und drücken Sie den Saft direkt auf die Haut.

Benutzen echte Männer Peeling?

Selbst ein Rhinozeros benutzt Peeling, und wenn ein so majestätisches Tier das kann, können Sie das auch. Aus Erdbeeren, Ananas und Banane lassen sich ebenfalls ausgezeichnete natürliche Peelings herstellen, oder reiben Sie Ihr Gesicht einfach mit Avocadoschale ab, um abgestorbene Hautzellen zu entfernen. Sollten Sie dies alles ein wenig verrückt finden, tragen Sie ein Peeling aus der Drogerie auf. Ihr Gesicht wird sich danach so glatt anfühlen wie ein Kinderpopo.

Füße verwöhnen

Während lange Spaziergänge barfuß an einem Sandstrand das beste Mittel sind, um Füße zu peelen, eignet sich eine pfefferminzhaltige Lotion ausgezeichnet, um müffelnde Extremitäten zu erfrischen. Fernab des Meers ist etwas zerdrückte Banane vermischt mit einem Teelöffel Honig und einem Spritzer Zitronensaft eine gute Alternative zu einem Strandspaziergang. Verteilen Sie die Mischung auf dem ganzen Fuß, ziehen Sie ein Paar Baumwollsocken an, und lassen Sie den Bananenbrei über Nacht einwirken.

So wie Kleopatra

Möchten Sie nach Art der alten Römer genießen, gießen Sie etwas frische Milch in das Badewasser – tun Sie so, als sei die Wanne voll mit Frühstückscerealien, und nehmen Sie Milch für etwa drei Portionen. Marcus Antonius schien das zu mögen. Sollte Ihnen der Sinn mehr nach einem Cocktailbad stehen, fügen Sie Kokosmilch, Joghurt und Honig (jeweils etwa einen Esslöffel) und etwas zerdrückte Banane hinzu. Nun entspannen Sie sich.

Gesalzene Abreibung

Wenn Sie ein wenig leiden möchten, reiben Sie Ihren Körper beim Duschen mit Salz aus dem Toten Meer ein (sollten Sie es gerade nicht zur Hand haben, verwenden Sie normales Meersalz). Nach einigen Minuten Einwirkzeit waschen Sie es ab. Wickeln Sie sich in flauschige warme Handtücher. Sie werden sich wie nach einem ausgiebigen Bad im Meer fühlen. Dann cremen Sie sich von oben bis unten ein und machen Sie ein paar sanfte Gymnastikübungen.

Rauhe Zeiten

Sollte die Situation an der Kinnfront rauh werden, versuchen Sie es mit einem Öl, das Aloe vera, Pfefferminze, Teebaumöl oder Vitamin E enthält. Finden Sie ein Öl mit allen vier Komponenten, und Sie werden wie ein Honigkuchenpferd strahlen.

Haarige Sachen

Waschen Sie Ihre Haare nicht mit Duschgel oder Badezusätzen. Diese enthalten oft starke Waschsubstanzen und meist große Mengen an Duftstoffen. Beides kann Ihr Haar schädigen. Verwenden Sie lieber Shampoo. Interessanterweise tut Bier den Haaren gut (selbstverständlich äußerlich angewendet).

FRAGEN UND ANTWORTEN

F

Weshalb soll ich mich waschen? Tiere bleiben auch sauber, obwohl sie keine Badewanne haben.

A

Vielleicht benutzen Tiere keine Seife, aber sie sind bei der Körperpflege äußerst erfinderisch. Zebras wälzen sich auf der Erde und entfernen so wirkungsvoll Schmutz und Ungeziefer. Schimpansen bitten gute Freunde, dieses aus ihrem Fell zu lesen. Katzen putzen sich mit ihrer Zunge (das könnten Sie ja mal versuchen).

F

Ich bade nicht oft, weil ich Wasser sparen möchte. Meine Freundin findet das gar nicht gut. Was soll ich tun?

A

Beim Duschen verbraucht man weniger Wasser als beim Baden – in nicht einmal drei Minuten kann man unter der Dusche eine Ganzkörperwäsche durchführen. Montieren Sie einen Duschkopf, der Wasser spart. An der Ökosparfront gute Arbeit geleistet – bei der persönlichen Hygiene besteht aber noch Handlungsbedarf.

F

Meine Freundin würde gern mit mir in Olivenöl baden. Was soll ich tun?

A

Seifen auf pflanzlicher Basis sind ausgezeichnet und vielerorts erhältlich, auch Olivenölseife. Zudem können Sie mit Ihren ätherischen Ölen ein paar Tropfen Olivenöl in das Badewasser geben, was Ihrer Haut Feuchtigkeit spenden wird.

KREATIVITÄT IN DER BADEWANNE

Also, Jungs – es ist nicht immer nur schlecht, sich nass zu machen. Nach einem harten Tag im Büro ist ein warmes Bad bestens geeignet, um wieder einen klaren Kopf zu bekommen. Übrigens wurden einige der größten Erfindungen und Entdeckungen in der Badewanne gemacht. Erinnern Sie sich an Archimedes? Lehnen Sie sich einfach zurück und entspannen Sie sich, lassen Sie Öl oder Schaum ihre Wirkung tun und: Heureka – Ihnen fällt ein großartiges Geschäftskonzept oder eine Idee für Ihre Doktorarbeit ein. Halten Sie Papier und Bleistift bereit, damit Sie Ihr Geschäftsmodell aufschreiben können.

Erste-Hilfe-Kasten

In jedem Haushalt sollte es einen Erste-Hilfe-Kasten oder einen einfach ausgestatteten Apothekenschrank geben, um kleinere Verletzungen und häufige Beschwerden wie Hals- oder Kopfschmerzen behandeln zu können. Bewahren Sie Ihre Vorräte stets in einem sicheren, vorzugsweise abschließbaren Schrank auf, der für neugierige kleine Leute nicht erreichbar ist.

Sollten Sie bereits eine Hausapotheke besitzen, ist es jetzt an der Zeit, Inventur zu machen. Oho! Ist sie vollgestopft mit Sachen, die Sie nicht zuordnen können? Sind da irgendwelche traurig aussehenden Tuben aus längst vergangenen Zeiten? Und was war das gleich noch für rosa Zeug, das da in der Flasche eingetrocknet ist? Igitt. Zeit für eine PLEE-Aktion.

Die PLEE-Aktion
Prüfen (den Inhalt), lesen (das Etikett), entfernen (die Nesthocker) und ersetzen (durch neue Vorräte).

Was tun, was lassen

- Arzneimittel, deren Identität Sie nicht feststellen können, müssen umgehend risikofrei entsorgt werden.
- Arzneimittel, die jemand anders verordnet wurden, dürfen Sie niemals selbst einnehmen.
- Nehmen Sie von Medikamenten stets die verordnete Menge ein. Bringen Sie den Rest in die Apotheke zurück.
- Ist bei einem Medikament das Haltbarkeitsdatum abgelaufen, weg damit. Es hat seine Wirkung verloren und kann sogar schädlich sein.
- Lassen Sie Medikamente nicht herumliegen. Sie benötigen einen sicheren Platz, und Flaschen sollten kindersichere Verschlüsse haben.

Kater
Nein, hier geht es nicht um vierbeinige Hausgenossen. Es geht darum, dass Ihr Kopf hämmert, das Zimmer sich dreht und Ihnen ziemlich komisch im Magen ist: Sie haben einen Kater. Erfahren Sie im Folgenden, was Sie dagegen tun können.

HAUSMITTEL

Halsschmerzen

Gurgeln Sie mit etwas Salzwasser, und trinken Sie dann eine Mischung aus gleichen Teilen frischem Zitronensaft und Honig, der Sie kochendes Wasser zufügen können. Ein heißes Getränk tut immer gut.

Schnittwunden und Verbrennungen

Auf Verbrennungen und Schnittwunden kann unverdünntes ätherisches Lavendelöl aufgetragen werden, damit sie rascher abheilen.

Ohrenschmerzen

Träufeln Sie ein wenig warmes Olivenöl in das Ohr, um den Schmerz zu lindern. Legen Sie den Kopf auf die Seite, damit das Öl nicht auf Ihr Gesicht tropft – Sie sind kein Salat.

Übelkeit

Ingwer ist ein ausgezeichnetes Mittel gegen Übelkeit. Kauen Sie einfach ein kleines Stück frischen Ingwer, dann werden die Symptome wahrscheinlich rasch verschwinden.

FÜR ALLE FÄLLE

Hier einige Vorschläge für den Inhalt Ihres Erste-Hilfe-Kastens:

- Antiseptische Tücher, Creme, Lotion (oder Spray)
- 2 Baumwollbinden und 2 elastische Binden
- Großes, dreieckiges Tuch für eine Armschlinge
- Perforierte Heftpflaster verschiedener Größe
- Wasserabweisende Folienpflaster verschiedener Größe
- Mullverband
- Fieberthermometer
- Sicherheitsnadeln
- Fixierpflaster
- Scharfe Schere
- Pinzette
- Augenklappe
- Schmerzmittel (Salicylsäurepräparat, salicylsäurefreies Mittel, Kindermittel)
- Antihystamine
- Teebaumöl (ein gutes Antiseptikum)
- Brandsalbe
- Galmeilotion (gegen Sonnenbrand)
- Schleimhautabschwellende Medikamente (für eine verstopfte Nase und andere Erkältungssymptome)
- Hustenmittel
- Pastillen oder Spray gegen Halsschmerzen
- Mittel gegen Durchfall
- Rehydrationslösung für Durchfall
- Antazidum (gegen Sodbrennen und Magenverstimmung)
- Eispackung
- Notfall-Rufnummern
- Erste-Hilfe-Handbuch

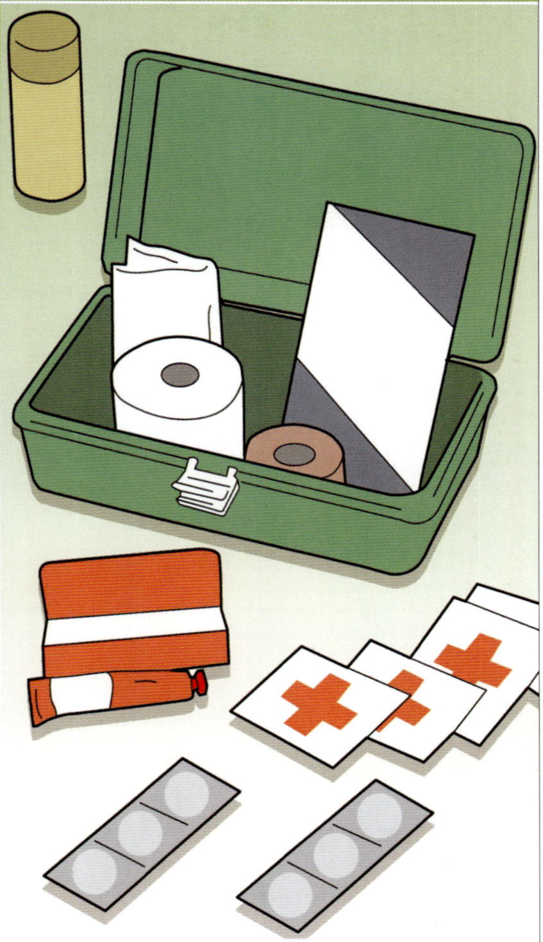

Was kann ich dagegen tun?

- Gegen Ihre Kopfschmerzen könnten Sie Paracetamol einnehmen. Mit Aspirin verstimmen Sie Ihren Magen möglicherweise noch mehr.
- Ersetzen Sie verlorene Vitamine und Mineralien und schwemmen Sie die Giftstoffe aus, indem Sie Wasser und Fruchtsäfte trinken. Hilfreich sind auch Vitamin-C-Tabletten. Eine Tasse Ingwertee wird Ihren Magen beruhigen.
- Bereiten Sie sich aus etwas Banane, Milch und ein wenig Honig ein Mixgetränk zu. Kommen Sie aber nicht auf die Idee, die Mischung auf Ihrem schmerzenden Kopf zu verteilen.
- Versuchen Sie etwas Toast zu essen und, sollten Sie ihn bei sich behalten, ein paar Eier. Sie enthalten viel Cystein, von dem man annimmt, dass es der Leber beim Entgiften hilft, wenn sie Alkohol abbaut. Falls Sie es bis ins nächste Café geschafft haben, bestellen Sie ein großes Frühstück mit Eiern und Speck. Sollte Ihr Magen aber flüstern: »Das schaffe ich nicht«, dann hören Sie auf ihn.
- Schlafen Sie nach Möglichkeit noch eine Runde (lieber im Bett als im Bus oder Büro).
- Nehmen Sie ein ausgiebiges Bad, und fügen Sie etwas beruhigendes ätherisches Öl hinzu. Die Wärme hilft Ihnen, die Giftstoffe auszuschwitzen.
- Gehen Sie an die frische Luft, aber nicht in die Sonne.
- Denken Sie daran, nichts währt ewig. Morgen werden Sie sich besser fühlen.

WIE FUNKTIONIERT DAS?

Seife

Historiker vermuten, dass Seife erstmals um das 1. Jahrhundert v. Chr. hergestellt wurde, und Archäologen glauben, im alten Pompeji die erste Seifenfabrik entdeckt zu haben. Wie es scheint, wurde Seife zunächst nicht für die Körperpflege, sondern zum Waschen von Kleidern verwendet, und sie hatte keine Ähnlichkeit mit den milden, angenehm duftenden Produkten von heute. Frühe Seifen bestanden aus Fetten und Ölen, die mit einer Alkalilösung vermischt wurden. Diese Mischung siedete man in großen Kesseln und fügte Salz hinzu. Am Ende des Herstellungsprozesses stieg die Seife nach oben. Dieser Vorgang wird als Verseifung bezeichnet. Aber probieren Sie die Kesselmethode nicht zu Hause aus. Wählen Sie einfach aus dem riesigen Angebot im örtlichen Supermarkt eine duftende oder unparfümierte Seife. Das ist wesentlich ungefährlicher.

KLEINE SEIFENKUNDE

Ein Seifenmolekül besteht aus Kohlenstoff-, Wasserstoff- und Sauerstoffatomen. Es besitzt einen Kopf aus Carboxyl, der hydrophil, d. h. wasserliebend ist, und einen Schwanz aus Hydrocarbon, der hydrophobisch ist, was bedeutet, dass er Wasser gar nicht mag, aber dafür ist er ganz wild auf Fett.

1

Vor dem Duschen oder Baden sieht Ihre Haut so aus. Anziehend? Nein. Zeit zum Waschen.

2

Jetzt stehen Sie unter der Dusche, und die Seife ist auf Ihrer Haut. Sie hat Kontakt aufgenommen und bereitet den Abgang vor.

3

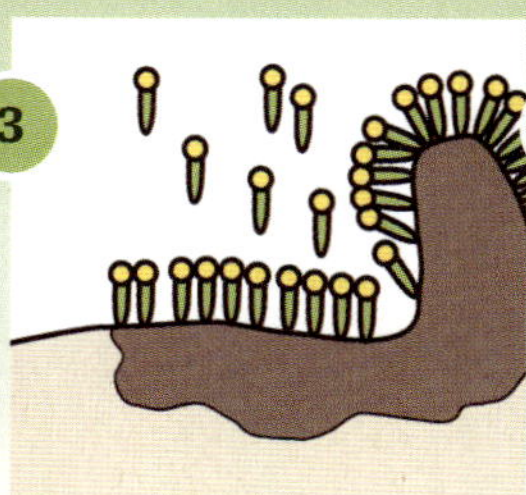

Die hydrophobischen Enden der Seifenmoleküle versuchen zu entkommen. Die hydrophilen Enden sind eine Liaison mit dem Wasser eingegangen, das den Schmutz mitreißt.

4

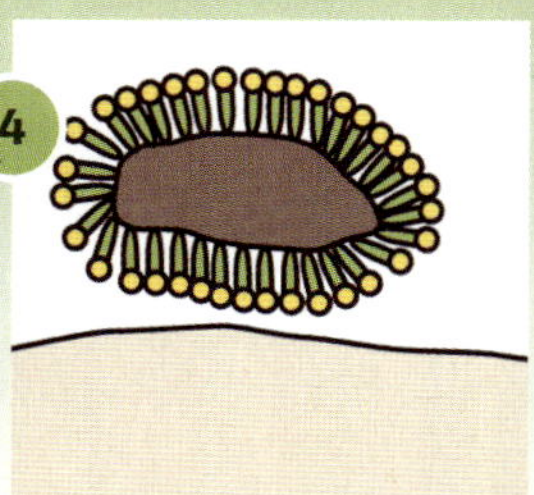

Gemeinsam erfüllen sie die Mission. Für den Schmutz heißt es den Abflug machen. Puh!

HAUSHALTSGOTT

DIE RICHTIGE SEIFE

Die Wahl der Seife ist eine sehr persönliche Angelegenheit. Greifen Sie nicht nach dem erstbesten Stück im Regal. Genau wie die richtige Partnerin müssen Sie auch die richtige Seife finden. Lassen Sie im Fachgeschäft Ihren Hauttyp feststellen und sich eine geeignete Seife empfehlen.

HAUTBILDER

Es ist hilfreich, die Inhaltsstoffe von Seife zu kennen, doch lassen Sie uns zuerst ihr Zielobjekt studieren – die äußere Schicht Ihrer Haut, auch Epidermis genannt. Am dicksten ist sie an Ihren Füßen, am dünnsten in Ihrem Gesicht. Deshalb können Sie Ihre Füße energisch schrubben, müssen mit Ihrer Gesichtshaut aber erheblich behutsamer umgehen.

IMMER SAUBER BLEIBEN, JUNGS!

Denken Sie daran: Wenn Sie sich nicht waschen, laden Sie Mikroorganismen und Schmutz dazu ein, sich auf Ihrer Haut häuslich niederzulassen und zu vermehren. Und das ist etwa so, als würden Sie in einen schmutzigen Teppich gehüllt herumlaufen. Sieht nicht gut aus und ist wenig anziehend.

SCHÄDLICHE EINFLÜSSE

Es gibt fettige, trockene und normale Haut, Mischhaut und empfindliche Haut. Mit dem Älterwerden verändert sich die Haut, und wenn sie nicht vor Sonne geschützt wird, nimmt sie Schaden. Auch Rauchen, Luftverschmutzung, exzessives Peeling und zu viel Alkohol können der Haut zusetzen.

SANFT IST GUT

Behandeln Sie Ihr Gesicht nicht zu unsanft, denn dadurch könnten Sie den natürlichen Fettfilm auf der Haut komplett zerstören. Wenn Sie empfindliche oder fettige Haut haben, müssen Sie bei der Wahl Ihrer Seife besonders sorgfältig sein. Bei trockener Haut empfehlen sich Seifen mit einem niedrigen Alkaligehalt. Wählen Sie eine milde Seife mit einem neutralen pH-Wert.

Oberflächenspannung

Wenn Sie das nächste Mal unter der Dusche stehen, achten Sie darauf, wie das Wasser auf Ihrer Haut Perlen bildet. Das ist so, weil die Oberflächenspannung des Wassers verhindert, dass das Wasser an der Haut haften kann. Wenn nun Seife dazukommt, versuchen die hydrophobischen Enden der Seifenmoleküle möglichst großen Abstand zum Wasser zu halten, während sich die wasserliebenden Enden unwiderstehlich zu dem H_2O hingezogen fühlen. Dadurch entsteht ein Film, der die Oberflächenspannung zerstört.

Eine verhängnisvolle Affäre

Ihre Haut besitzt eine schützende Schicht aus Fett, die eine Barriere bildet und verhindert, dass Schmutz in Ihre Poren eindringen kann. Aber bedauerlicherweise ist der in der Fettschicht eingeschlossene Schmutz für das bloße Auge sichtbar, und man sieht schmutzig aus. Wenn nun Seife auf die Haut gelangt, heften sich die fettliebenden Schwänze der Seifenmoleküle an die Fettschicht. Kommt Wasser dazu, zerren die wasserliebenden Köpfe der Seifenmoleküle die Schwänze mitsamt Schmutz und Fett von der Haut fort, und Sie werden sauber. Ist das nicht einfach?

Seifenoper

Heute ist Seife ein großes Geschäft. Die Hersteller schneiden, modellieren und pressen sie in vielfältige Formen, parfümieren und raspeln sie. Man bekommt sie in allen Größen. Sie stimuliert, entfernt alte Haut, beruhigt, spendet Feuchtigkeit und Nährstoffe und verwöhnt. Ach ja, und sie säubert Ihre Haut. Sie ist fest, manchmal auch glitschig und glatt, reinlich und sinnlich. Sie kann ätherische Öle, Olivenöl, Teebaumöl, Ziegenmilch, Honig, Schokolade, Traubenkerne und Aloe vera enthalten. Ohne Seife kann man nicht leben.

Gesichtspunkte

Verwenden Sie desodorierende Seife nur für den Körper, nicht für das Gesicht. Parfümierte Seifen können bei empfindlicher Haut Reizungen hervorrufen, weshalb man sie auch nur unterhalb des Halses benutzen sollte. Und denken Sie daran, dass antibakterielle Seifen auch nützliche Bakterien töten können. Wenn Ihre Haut Feuchtigkeit braucht, verwenden Sie eine Seife, die Olivenöl enthält.

GARAGE

Räder
Ein gutes Fahrrad hat Aluminiumfelgen und Speichen aus Edelstahl.

Ersatzrad
Räder brauchen gute Pflege. Sind sie abgenutzt oder beschädigt, sollten sie ersetzt werden, sonst kommen Sie nicht weit.

Bremsen
Prüfen Sie sowohl vor langen als auch kurzen Fahrten unbedingt Ihre Bremsen.

»Nichts sorgt beim Autofahren für mehr Sicherheit als ein Cop im Rückspiegel.«

DUDLEY MOORE

Reifen
Tauschen Sie die Reifen regelmäßig, um eine gleichmäßigere Abnutzung sicherzustellen.

Karosserie
Der äußere Schein kann trügen – nur regelmäßige, gründliche Pflege verhindert, dass Ihr Auto rostet.

IHR AUTO

Außen

Ehe Sie sich in einen coolen Overall werfen und sich einen nagelneuen Schraubenschlüssel schnappen, sollten Sie Ihr Wissen über die äußeren Teile Ihres Autos ein wenig erweitern. Auf den ersten Blick mag alles ganz einfach erscheinen, falls Sie aber Nabendeckel und Tankdeckel verwechseln, wird sowohl Ihr Auto als auch Ihre Selbstachtung darunter leiden.

1 WINDSCHUTZSCHEIBE: Die Windschutzscheibe darf weder zerkratzt noch schmutzig sein. Bei einem einzelnen Kratzer muss aber nicht gleich eine neue Windschutzscheibe eingesetzt werden. Versuchen Sie ihn zunächst mit Glaspolitur oder Zahnpasta (kein Scherz) zu entfernen. Funktioniert das nicht, ziehen Sie einen Spezialisten zu Rate. Denken Sie auch an die Scheibenwischer. Ihre Blätter müssen sauber sein.

2 RÜCKLICHTER: Sie bestehen aus fünf Komponenten – Rückleuchten, Bremsleuchten, Rückfahrscheinwerfer, Blinkern und Nebelschlussleuchte. In einigen Ländern Europas besteht die Pflicht, Ersatzbirnen mit sich zu führen. Es ist aber immer sinnvoll, Reservebirnen im Auto aufzubewahren.

3 TANKDECKEL: Hier wird der Kraftstoff eingefüllt. Ob man sich einen Benziner oder einen Diesel zulegt, ist eine schwierige Entscheidung. Am verbreitetsten sind Benziner, die in der Anschaffung meist günstiger sind. Dieselfahrzeuge erfreuen sich jedoch wachsender Beliebtheit, da sie weniger CO_2 ausstoßen und weniger Kraftstoff verbrauchen.

4 ANTRIEB: Ein Aspekt beim Kauf eines Autos ist die Entscheidung über Front- oder Heckantrieb. Bei Autos mit Frontantrieb befindet sich der Motor vorn im Wagen, wodurch Passagiere und Gepäck mehr Platz haben. Bei einem Frontantrieb ziehen die Vorderräder das Auto, während es beim Heckantrieb von den Hinterrädern geschoben wird.

5 VORDERLICHTER: Zu ihnen gehören Frontscheinwerfer, Standlicht und Blinker, die immer voll funktionstüchtig sein müssen. Achten Sie vor allem auf Ihre Fahrtrichtungsanzeiger (Blinker), die pro Sekunde ein- oder zweimal aufleuchten sollten.

Zunächst aber eine Anmerkung zur Sicherheit. Da Ihr Auto eine Menge Geld kostet (siehe rechts) und vielleicht sogar der teuerste Gegenstand ist, den Sie besitzen, möchten Sie es sicher gern behalten. Eine Lösung wäre, ein Auto mit einem hochmodernen Sicherungssystem zu kaufen. Eine Deadlock-Verriegelung etwa verhindert, dass sich Türen öffnen lassen, selbst wenn ein Fenster eingeschlagen wurde, während eine elektronische Wegfahrsperre das Auto fahrunfähig macht. Diebe haben dann keine Chance.

WERTVERLUST VERMEIDEN

Ja, das gefürchtete W-Wort (d. h. Wertverlust, sollten Sie noch nie versucht haben, ein Auto wieder zu verkaufen) ist der Ruin vieler Autobesitzer. Sie sollten Ihr Auto nicht nur aus Sicherheitsgründen in Topzustand halten, sondern dabei auch an die Zukunft denken – eine Auto ist eine große Investition, die Sie sicher nicht leichtfertig verspielen möchten.

- Sorgen Sie dafür, dass Ihr Auto innen wie außen regelmäßig durchgecheckt und gereinigt wird. Lackschäden müssen Sie sofort ausbessern, ehe sie zu rosten beginnen.
- Auch die Kilometerleistung trägt zum Wertverlust bei. Erwarten Sie keinen Spitzenpreis für ihr Auto, wenn Sie in ihm endlos durch die Weltgeschichte gegurkt sind.
- Wählen Sie eine beliebte Marke und Farbe, die sich gut wiederverkaufen lässt. Einige zuverlässige Marken sind auf dem Gebrauchtwagenmarkt praktisch Selbstläufer.
- Übertreiben Sie nicht bei der Ausstattung. Megalautsprecher und plüschige Ledersitze wirken in einer alten Kutsche deplaziert und sind dem Wiederverkauf wenig förderlich.
- Die meisten Autos verlieren im ersten Jahr stark an Wert, und nach drei Jahren bekommt man für sie nicht einmal mehr die Hälfte des Neupreises. Stört Sie dies, kaufen Sie besser einen Gebrauchtwagen.
- Rauchen Sie nicht im Auto. Kalter Tabakrauch hält sich oft hartnäckig und wird viele potentielle Käufer abschrecken.

IHR AUTO

Innenraum

Und nun ein Blick ins Innere. Hier spielt die Musik – und für Sie als Fahrer wird dieser Raum gewissermaßen zum zweiten Wohnzimmer. Wenn Sie Ihre Führerscheinprüfung bestanden haben, sollten Sie mit den diversen Pedalen und dem Schaltknüppel vertraut sein. Aber wissen Sie auch, wo sich der Hebel befindet, mit dem man die Motorhaube öffnet (wichtig, wenn Sie nach dem Motor sehen müssen)?

LENKRAD UND HUPE

Wenn Sie beide Hände auf das Lenkrad gelegt haben, sollten Ihre Arme leicht angewinkelt sein. Andernfalls stellen Sie Ihren Sitz entsprechend ein. Der Blinker kann sich links oder rechts vom Lenkrad befinden. Die Hupe – mitunter sitzt sie in der Mitte des Lenkrads, mitunter am Blinkerhebel – muss immer voll funktionstüchtig sein. Manche Nobelkarossen haben am Lenkrad eine automatische Gangschaltung, die aus der Formel-1-Technologie stammt, bei anderen kann man dort Sender und Lautstärke der Stereoanlage einstellen, ohne die Hände vom Lenkrad zu nehmen. Falls es zu einem Unfall kommt, sollte ein Airbag (sofern Ihr Auto Airbags besitzt) Sie vor einem Aufprall auf dem Lenkrad bewahren.

FUSSPEDALE

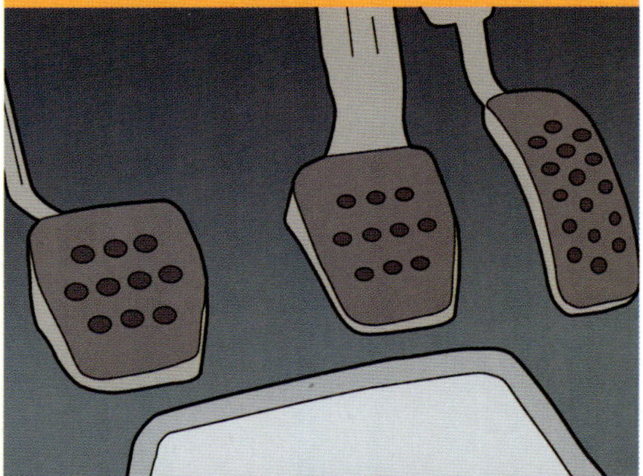

Sie bewegen und stoppen den Wagen. Rechts befindet sich das Gaspedal, über das die Geschwindigkeit des Autos gesteuert wird, daneben die Bremse – wird sie betätigt, leuchten die Bremslichter auf. Dann ist da noch die Kupplung, die man beim Anfahren, Schalten und Bremsen tritt. Einige Autos verfügen über eine Geschwindigkeitsregelanlage. Hier kann man einen Schalter umlegen und muss die Pedale gar nicht mehr bedienen (vor allem auf Autobahnen nützlich). Wagen mit Automatikgetriebe besitzen kein Kupplungspedal, oft ist das Bremspedal aber sehr breit und kann den gesamten Raum von Brems- und Kupplungspedal einnehmen. Neben diesem Bereich befindet sich häufig der Hebel zum Öffnen der Motorhaube. Seine genaue Position verrät Ihnen die Bedienungsanleitung Ihres Autos.

Eine kurze Erinnerung, weshalb das Putzen des Innenraums so wichtig ist. Also, Sie möchten, dass Ihr Auto funktionstüchtig bleibt und nicht an Wert verliert, oder? Deshalb sollten Sitze, Fußmatten, Boden und Kofferraum regelmäßig gesaugt, Armaturenbrett, Fensterscheiben und Armauflagen mit Reinigungsmittel und einem feuchten Wildledertuch regelmäßig geputzt werden (wir sagten ja bereits, dass es sich hier um eine Art Wohnzimmer handelt).

SCHALTKNÜPPEL

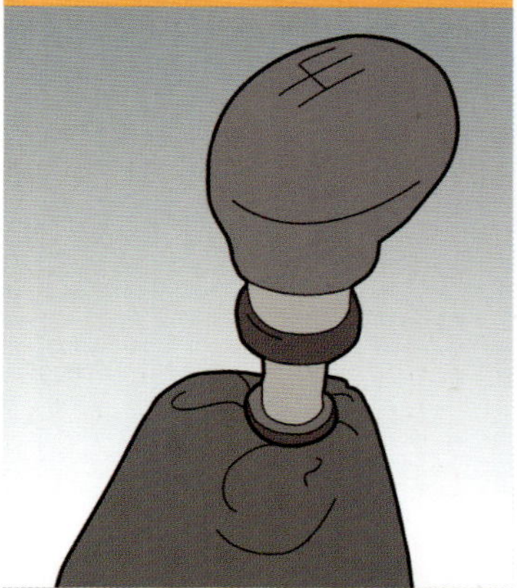

Ob Sie nun einen Wagen mit Automatik- oder Handgetriebe fahren, Sie werden einen Schaltknüppel haben. Mit ihm werden die Gänge je nach Geschwindigkeit, Gelände und Wetterverhältnissen eingelegt. Der Schaltknüppel kann sich jedoch an unterschiedlichen Positionen befinden. Bei einigen älteren Automodellen etwa sitzt er an der Lenksäule (ungefähr an der gleichen Stelle wie ein Blinker), bei anderen befindet er sich am Armaturenbrett.

HANDBREMSE

Sie ist für Notbremsungen erforderlich und verhindert zudem, dass Ihr geparktes Auto Hügel herunterrollt. Eine richtig eingestellte Handbremse klickt vier- oder fünfmal, ehe sie ihre Endposition erreicht hat. Auch die Handbremse kann an unterschiedlichen Positionen sitzen. Bei einigen Autos befindet sie sich im Fußraum nahe bei den Fußpedalen und ist praktisch eine Fußbremse mit der Funktion einer Handbremse. Ganz schön verwirrend!

SITZEINSTELLUNG

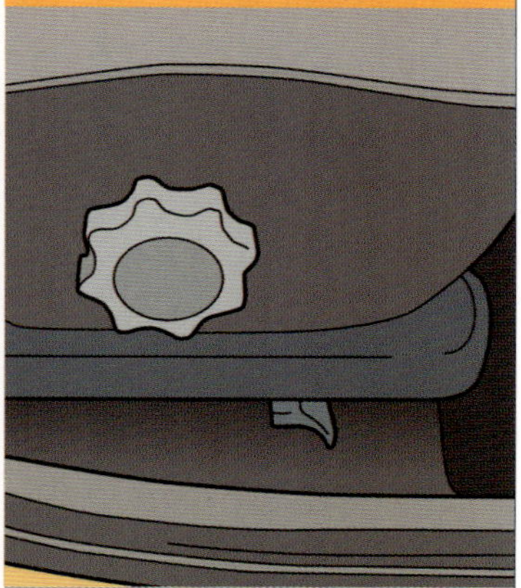

Autos verfügen über einen Hebel, um den Sitz vor- und zurückzuschieben, und ein Handrad, um die Neigung der Sitzlehne einzustellen. Bei manchen Autos kann man auch die Sitzhöhe verändern. Nobelkarossen sind mitunter mit einem computergesteuerten System ausgestattet, das die optimale Sitzposition selbst erkennt und einstellt. Ein falsch eingestellter Sitz – von dem aus Sie die Fußpedale schlecht erreichen – kann Fahrfehler nach sich ziehen.

Auto-Grundausrüstung

Einkaufstüten, eine Paar Gummistiefel und eine alte Regenjacke im Kofferraum werden Ihnen im Fall einer Panne wenig nutzen. Tatsächlich brauchen Sie, auch wenn das langweilig klingt, einen Werkzeugkasten. Und nein, ein Reserverad und ein Wagenheber reichen nicht aus. Die folgenden Gegenstände – plus etwas Knowhow – sind hilfreich, damit der heimliche Mechaniker in Ihnen kleine Probleme selbst beheben kann. Funktioniert eine Kleinigkeit an Ihrem Auto nicht, kann dies enorme Auswirkungen auf seine Leistung haben oder den langen Arm des Gesetzes auf den Plan rufen. Investieren Sie Ihr Geld und wappnen Sie sich – später werden Sie einmal froh darüber sein.

Druckmessgerät

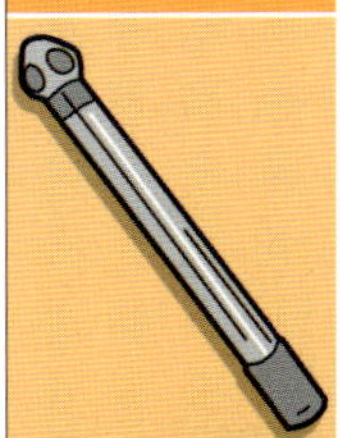

Am besten im Handschuhfach aufbewahren – Geräte an Tankstellen sind weniger genau.

Zange

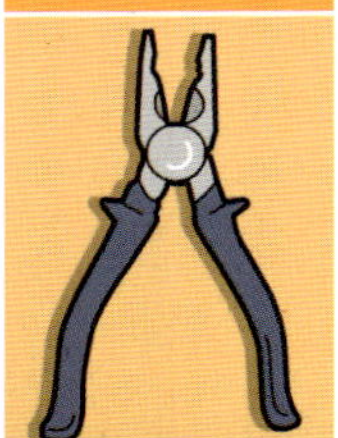

Die Pinzette der Werkzeugwelt findet millionenfach Verwendung.

Schraubendreher

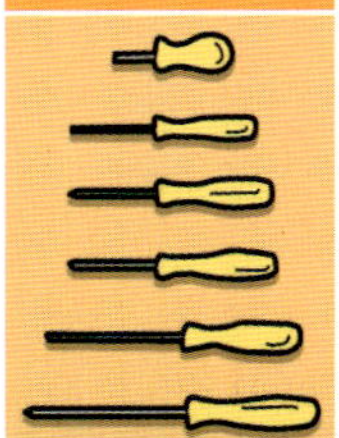

Hier dürfen ein Flachschraubendreher und ein Kreuzschlitzschraubendreher nicht fehlen.

Schraubenschlüssel

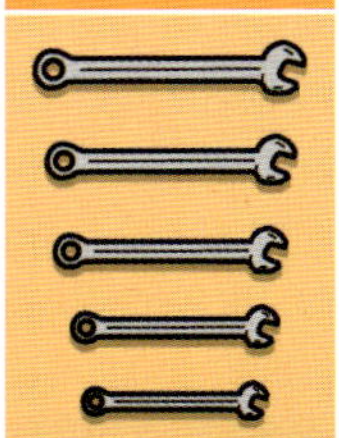

Kaufen Sie ein Set mit Größen von 10–19 mm.

Radschlüssel

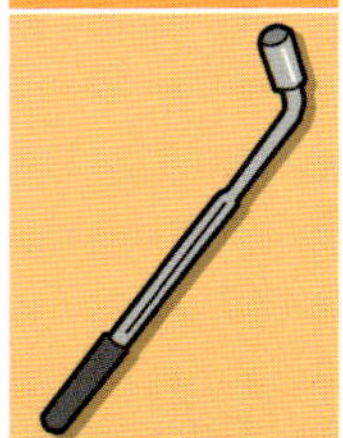

Am besten eignet sich ein Radschlüssel mit ausziehbarem Griff – für Muttern ist er unverzichtbar!

Saubere Lappen

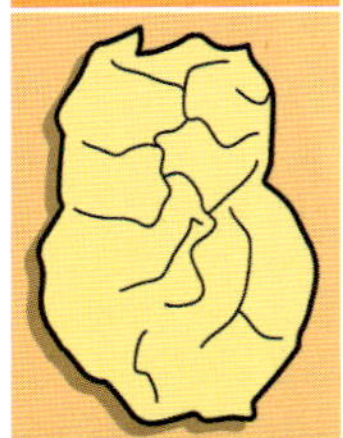

Reparaturen sind eine schmutzige Angelegenheit, aber Sie sollten sauber bleiben.

Isolierband

Kann nützlich sein, wenn Kabelverbindungen sich lösen.

Feuerlöscher

Leicht erreichbar unter einem Sitz aufbewahren, denn im Fall eines Brands muss rasch gehandelt werden.

Warndreieck

Ein Warndreieck im Kofferraum ist Pflicht. Bei einem Notfall muss es mindestens 50 m hinter dem Auto aufgestellt werden.

Ersatzbirnen

Nur in einigen Ländern Europas Pflicht, aber in jedem Fall eine gute Idee.

Verbandskasten

Ist in Deutschland Pflicht, außerdem in vielen Ländern auch Warnwesten.

Handy

Perfekt, um Hilfe zu rufen (oder die Fußballergebnisse zu checken). Beim Fahren aber nur mit Freisprechanlage benutzen.

Bedienungsanleitung

Sie werden nicht glauben, wie viele Menschen sie zu Hause lassen, wo sie nun vollkommen nutzlos ist.

Taschenlampe

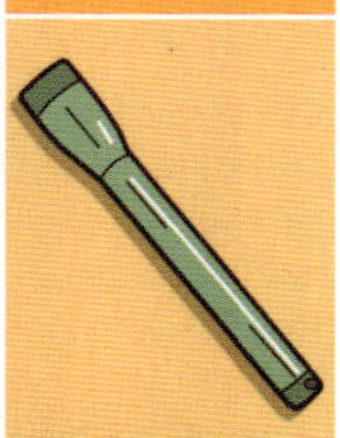

Wetten, es ist dunkel, wenn ein Problem an Ihrem Auto auftritt und Sie unter die Motorhaube schauen müssen?

FÜR ÜBERVORSICHTIGE

Es ist gar nicht so einfach, die notwendige Ausrüstung für Notfälle zu verstauen, ohne zu viel Platz zu belegen. Sollten Sie ängstlich veranlagt sein, sind aber vielleicht auch folgende Dinge nützlich.

Windschutzscheibenenteiser und Eiskratzer
Bei Eiseskälte werden Sie froh sein, dieses Duo dabei zu haben.

Ersatzsicherungen (10, 20 und 30 Ampere)

Kontaktspray
Hilfreich bei feuchtem und schwülem Wetter. Nebel etwa kann den Motor feucht werden lassen; einmal kurz gesprüht, und er läuft wieder

Trichter

Motoröl
Achten Sie darauf, dass es für Ihren Motor geeignet ist.

Scheibenwischwasser

Leerer Benzinkanister

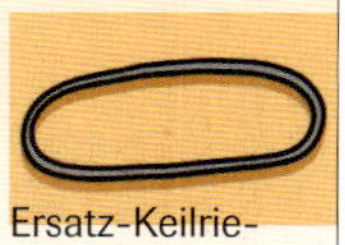

Ersatz-Keilriemen/Zahnriemen
Notfalls tut es auch die Strumpfhose einer Mitfahrerin.

Abschleppseil

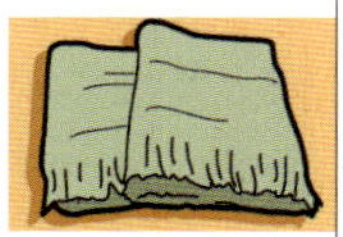

Reisedecken

Tupflack
Zur sofortigen Ausbesserung von Steinschlägen, ehe die Stellen zu rosten beginnen.

Der Werkzeugkasten

Ein Chirurg kann ohne Instrumente nicht arbeiten, und auch ein Mechaniker benötigt das richtige Werkzeug. Ehe Sie sich schmutzig machen, besorgen Sie sich die rechts abgebildeten Werkzeuge, denn die Standardausrüstung Ihres Autos reicht nicht aus. Deponieren Sie möglichst viele der Werkzeuge in Ihrem Kofferraum – Pannen habe die hässliche Angewohnheit, völlig unerwartet aufzutreten – und die übrigen in Ihrer Garage für die heimische Grundwartung.

PFLEGE DES MOTORS

Denken Sie daran, Ihr Auto immer in Schuss zu halten. Was bedeutet, Fenster und Karosserie regelmäßig zu putzen (mehr dazu → S. 158 und 159). Zudem sollten Sie Kratzer im Lack sofort ausbessern – dies erspart Ihnen später umfangreichere Arbeiten.

Scheibenwischwasser: Ihre Waschanlage muss stets genügend Wasser enthalten.

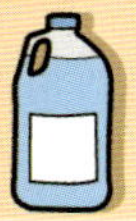

Saubere Lappen: Legen Sie Lappen bereit, damit Sie sich nicht zu schmutzig machen.

Tupflack: Sollte stets zur Hand sein, damit Sie Kratzer ausbessern können, ehe sie zu rosten beginnen.

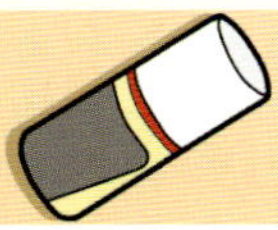

Reinigungsmittel und Wachs: Notwendig für Pflege und Wartung.

Ehe Sie mit dem Basteln beginnen, sollten Sie sich folgende Regeln für Werkzeuge einprägen:

Regel Eins: Nur das Beste

Wie bei den meisten Dingen des Lebens hat auch hier Qualität ihren Preis. Kaufen Sie die teuersten Werkzeuge, die Sie sich leisten können. Billige Werkzeuge gehen schnell kaputt und können sogar Schaden anrichten. Hochwertige Werkzeuge halten ein Leben lang.

Sollten Sie knapp bei Kasse sein, investieren Sie vor allem in die Werkzeuge, die Sie vermutlich am häufigsten benutzen werden, und zwar in einen Satz Schraubendreher, einige Zangen und einen Rollgabelschlüssel.

Regel Zwei: Gute Behandlung

Lassen Sie Ihre Werkzeuge nicht vergammeln. Sorgen Sie dafür, dass sie stets ordentlich in einer Werkzeugkiste aufbewahrt werden und immer sauber sind. Und sie dürfen wirklich niemals nass herumliegen, denn dann rosten sie und werden unbrauchbar. Werden Werkzeuge nicht benutzt, überzieht man die Metallteile mit einer dünnen Schicht Öl. Dadurch bleiben sie so makellos wie am ersten Tag.

Regel Drei: Vorsicht

Ihr Auto mag ziemlich robust sein, ist aber sicher kein Panzer. Lernen Sie Ihre Werkzeuge richtig zu benutzen, sonst ruinieren Sie Ihren Motor vielleicht für immer.

Ziehen Sie zum Beispiel Muttern und Schrauben niemals zu fest an. Sollten Sie Ihre Kräfte nicht unter Kontrolle haben, kaufen Sie am besten einen Drehmomentschlüssel, der laut klickt oder knackt, wenn die erforderliche Kraft ausgeübt wurde.

Vorsicht ist auch bei allen Arbeiten mit dem Hammer geboten. Kleine Dellen etwa lassen sich mit einem in ein Tuch gewickelten Hammer vorsichtig ausbeulen. Sollten Sie aber glauben, dass Sie dafür zu ungeschickt sind, überlassen Sie diese Arbeit besser den Profis.

Schraubendreher sollten nur dazu eingesetzt werden, wozu sie bestimmt sind – zum Festziehen oder Lösen von Schrauben – und nicht als Brechstange oder Meißel. Dadurch ruiniert man lediglich die Klingen und verbiegt die Werkzeuge.

Regel Vier: Schutz vor Schmutz

Die Instandhaltung des Autos kann eine schmutzige Angelegenheit sein. Weshalb Sie stets Kleidung tragen sollten, um die es nicht schade ist (am besten einen Overall), egal ob Sie unter die Motorhaube schauen oder einen Reifen wechseln. Legen Sie einen Haufen sauberer Lumpen und einen Stoß Zeitungen bereit. Nehmen Sie Schmuck ab und schützen Sie Ihre Hände mit Gummihandschuhen – am besten Einweghandschuhen aus dem Drogeriemarkt.

Dann können Sie loslegen. Viel Glück!

DAS WUNDERBARE KÄSTCHEN

Amateurmechaniker sollten sich alle unten gezeigten Werkzeuge anschaffen und diese zusammen in einem stabilen Werkzeugkasten in der Garage aufbewahren.

1. Wagenheber: Hebt das Auto an, damit Sie Reifen wechseln können.

2. Drehmomentschlüssel: Klickt laut, sobald genügend Kraft aufgewendet wurde, um eine Mutter oder eine Schraube anzuziehen.

3. Radschlüssel: Unverzichtbar beim Abmontieren eines Rads.

4. Schraubendreher: Von jedem Typ ist mindestens ein Exemplar erforderlich.

5. Schraubenschlüssel: Ein Satz mit den Größen 10–19 mm sollte ausreichen.

6. Luftpumpe: Zum Aufpumpen der Reifen (inklusive Reserverad), sollten sie nicht mehr genügend Luft enthalten.

7. Zange: Immer nützlich zum Befestigen und Entfernen diverser Bauteile.

8. Luftdruckmesser: Unverzichtbar zum Messen des Reifendrucks, inklusive Reserverad – lesen Sie in der Betriebsanleitung den Reifendruck nach.

9. Isolierband: Wichtig zum Flicken von Kabelverbindungen, die der Reparatur bedürfen.

10. Ersatzbirnen und -sicherungen: Man weiß nie, wann eine Birne den Geist aufgibt. Nützlich sind auch Sicherungen mit 10, 20 und 30 Ampere.

11. Taschenlampe: Perfekt für schlecht sichtbare Problemzonen.

Wartung und Reparaturen

Zunächst einige Sicherheitsmaßnahmen. Legen Sie etwaige Uhren und Ringe ab und einen Overall und Gummihandschuhe an - so wirken Sie nicht nur glaubwürdiger, sondern schonen auch Ihre Sachen. Lassen Sie das Garagentor offen, um gute Belüftung sicherzustellen. Rauchen Sie nicht, denn Ihr Auto könnte explodieren. Studieren Sie zunächst die Bedienungsanleitung – sie enthält alle notwendigen Informationen – und arbeiten Sie nie an einem glühend heißen Motor. Bei Erstellung des Arbeitsplans unten wurde davon ausgegangen, dass Sie täglich mit Ihrem Auto fahren. Wenn Sie die Anweisungen gewissenhaft befolgen, müssen Sie nicht nur weniger Geld für Werkstattreparaturen ausgeben, sondern reduzieren auch den Wertverlust.

ARBEITSPLAN: WAS TUE ICH WANN?

TÄGLICH:

- Auf Plattfüße achten
- Um den Wagen herumgehen und nachsehen, ob alles in Ordnung ist, dabei besonders auf Vorder- und Rücklichter achten.
- Prüfen, ob Licht und Blinker richtig funktionieren.
- Sicherstellen, dass Windschutzscheibe und Fenster sauber sind.
- Die Bremsen prüfen, indem Sie nach dem Anfahren kurz das Bremspedal treten.

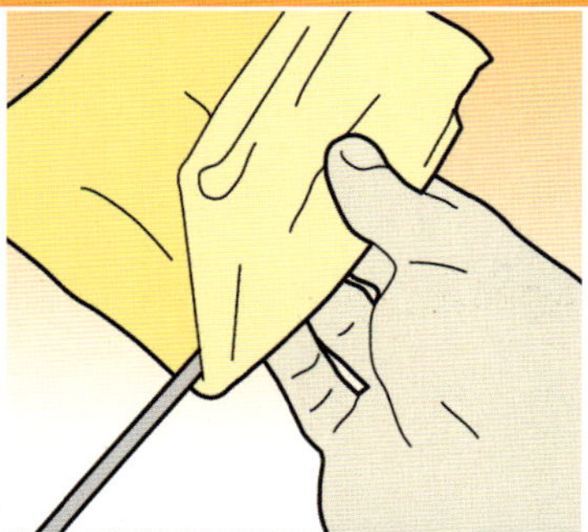

WÖCHENTLICH:

- Auf die Benzinuhr schauen – der Tank sollte stets mindestens bis zur Hälfte gefüllt sein – auch auf Lecks achten.
- Den Ölstand messen. Er muss zwischen der oberen und der unteren Markierung liegen. Auch hier auf Lecks achten.
- Brems- und Kupplungsflüssigkeit kontrollieren, dabei auf Lecks achten.
- Das Kühlwasser prüfen – aber nur, wenn der Motor kalt ist. Wiederum auf Lecks achten.
- Den Wasserstand in der Scheibenwaschanlage kontrollieren.
- Die Autobatterie prüfen. Die Kabel müssen fest sitzen und die Pole sauber sein. Ggf. destilliertes Wasser (niemals Leitungswasser) nachfüllen (bei wartungsfreien Batterien nicht notwendig)

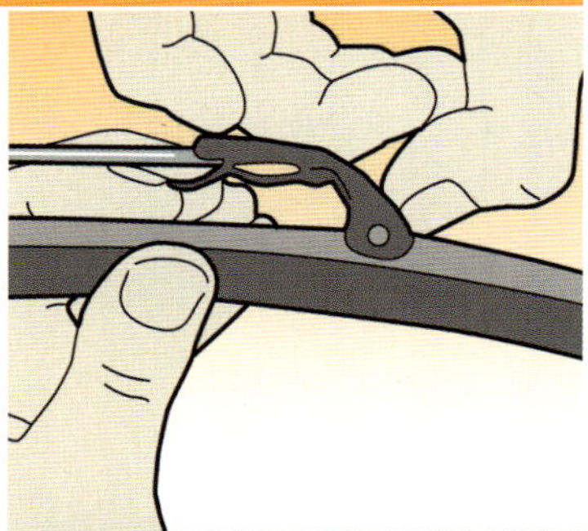

MONATLICH:

- Den Reifendruck der kalten Reifen messen – und das Reserverad nicht vergessen. Die Profiltiefe prüfen.
- Prüfen, ob der Keilriemen ausreichend gespannt und nicht abgenutzt ist.
- Scheibenwischblätter kontrollieren und nötigenfalls ersetzen.
- Auto waschen und polieren.
- Werden meist nur kurze Strecken mit dem Auto zurückgelegt, das Auto länger fahren. Das ist gut für den Motor und lädt die Batterie auf.

ETWA ALLE SECHS MONATE:

- Kfz-Teile überprüfen – Luftfilter, Kraftstofffilter und Zündkerzen sollten beim Kundendienst ausgewechselt werden.
  Kundendienstintervalle siehe Bedienungsanleitung des Wagens

X TABUS

1. DER TANK IST WENIGER ALS ZUR HÄLFTE GEFÜLLT

Es mag übertrieben vorsichtig klingen, aber der Tank sollte immer mindestens halb voll sein. Wenn er leerzulaufen beginnt, gelangen möglicherweise Rückstände aus dem Tank in den Motor, was zu schwerwiegenderen Problemen führen kann. Ein halbleerer Tank begünstigt auch die Bildung von Wasserdampfbläschen. Ein weiterer Punkt zum Kraftstoff: Wechseln Sie nicht ständig die Sorte, weil sonst Ihr Motor durcheinander gerät. Halten Sie sich an die Angaben in Ihrer Bedienungsanleitung.

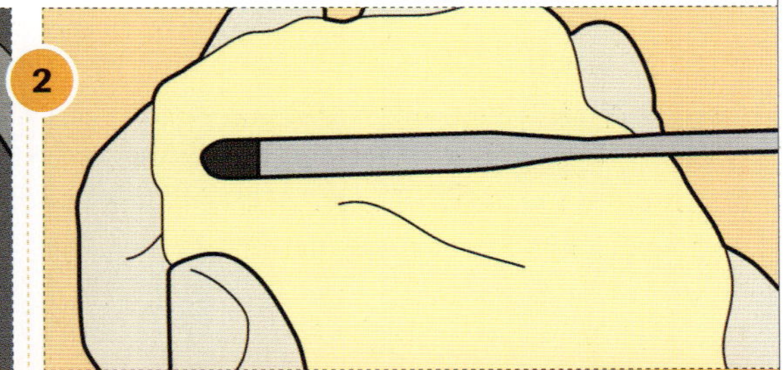

2. ANDERE FLÜSSIGKEITEN VERGESSEN

Gemeint sind Öl, Bremsflüssigkeit, Kupplungsflüssigkeit und Kühlwasser. Ihren Stand sollten Sie wöchentlich prüfen und dabei auf Lecks achten. Sinkt etwa der Ölstand zu weit ab, kann Ihr Motor Schaden nehmen, und Sie müssen vielleicht ein Vermögen für die Reparatur ausgeben. Oder wenn Sie versäumen Kühlwasser nachzufüllen, kann sich Ihr Motor überhitzen. Ein 5-Minuten-Check, und Sie können beim Autofahren entspannen.

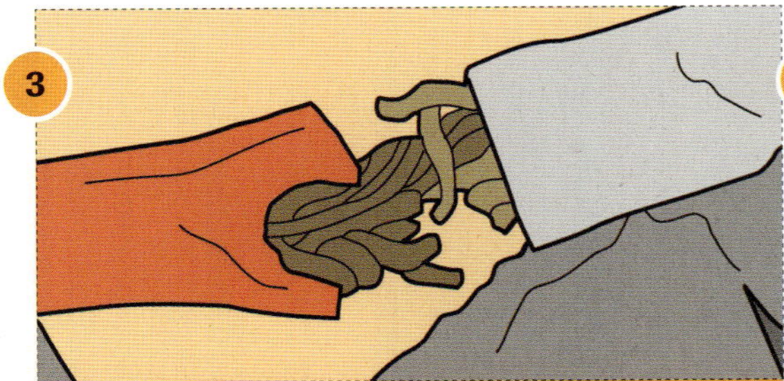

3. DIE BATTERIE VERNACHLÄSSIGEN

Reparaturen jeder Art an der Fahrzeugelektrik sollten nur vom Profi durchgeführt werden. Was nicht bedeutet, dass man sie vollständig ignorieren kann, da defekte Batterien eine Hauptursache für Pannen sind. Schalten Sie zuerst den Motor aus. Dann suchen Sie nach äußerlichen Beschädigungen an Batterie und Kabeln. Die meisten Batterien sind wartungsfrei, einige müssen jedoch regelmäßig überprüft werden, um nötigenfalls destilliertes Wasser nachfüllen zu können. Sollten sich an den Polen weiße pulvrige Ablagerungen befinden, gießt man heißes Wasser darüber und fettet sie mit Vaseline ein.

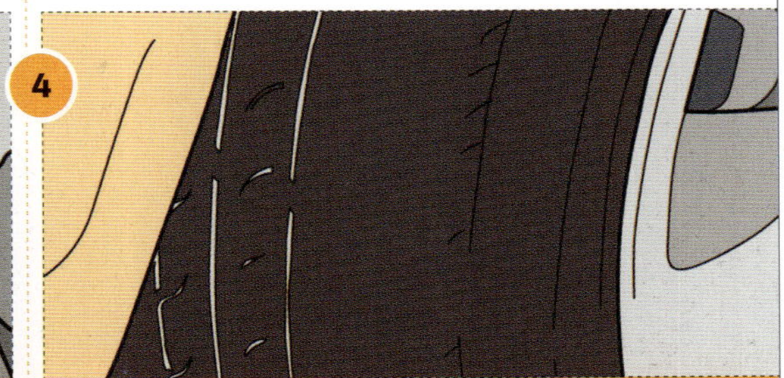

4. DIE REIFEN IGNORIEREN

Da die Reifen den einzigen Kontakt zur Straße bilden, sollte man sie mit dem Respekt behandeln, den sie verdienen. Ein gutes Profil ist für schlechtes Wetter und widrige Straßenbedingungen unerlässlich. Sommerreifen müssen mindestens 1,6 mm, Winterreifen je nach Bauart mindestens 4 bzw. 5 mm Profiltiefe haben. Reifen, in denen sich nicht genügend Luft befindet, nehmen leichter Schaden, zudem lassen sie den Benzinverbrauch des Fahrzeugs ansteigen. Reifen mit zu viel Luft nutzen sich rascher ab. Beides eine kostspielige Sache.

Unter Druck

Wählen Sie die richtigen Reifen für Ihr Automodell und die bestehenden Straßenverhältnisse – und kaufen Sie stets die besten, die Sie sich leisten können. Für die Wartung der Reifen benötigen Sie zwei Dinge: einen Profiltiefenmesser und ein Luftdruckmessgerät. Die Investition in ein eigenes Luftdruckmessgerät lohnt sich, da die Geräte an Tankstellen manchmal sehr ungenau sind. Das Reifenprofil kann man theoretisch mit einer Münze messen, aber auch das ist wahrscheinlich sehr unpräzise.

REIFENDRUCK MESSEN

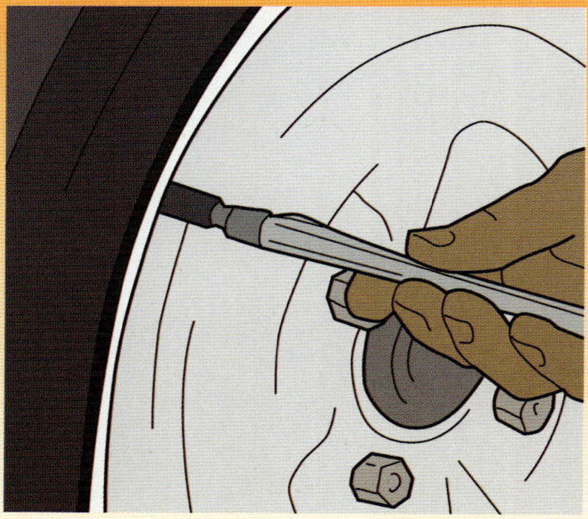

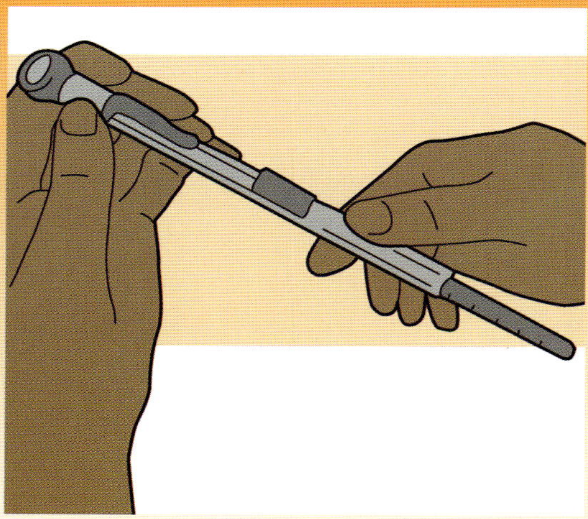

Der richtige Reifendruck ist von allergrößter Bedeutung – zu wenig oder zu viel Luft, und die Reifen nutzen sich weitaus rascher ab. Da bei sinkenden Temperaturen der Reifendruck geringer werden kann, sollte man ihn vor allem im Winter regelmäßig prüfen.

1. Den Reifendruck messen, wenn die Reifen kalt sind (was heißt, das Auto wurde mindestens 30 Minuten nicht bewegt). Bei warmen Reifen kann der Messwert irreführend sein.
2. Der Reifendruck wird in bar gemessen. Den richtigen Reifendruck für Ihr Auto finden Sie wiederum in Ihrer Bedienungsanleitung. Oft sind für Vorder- und Hinterreifen unterschiedliche Werte erforderlich.
3. Die Kappe vom Ventilschaft entfernen.
4. Den Stutzen des Messgeräts gegen den Ventilschaft drücken. Darauf achten, dass keine Luft entweicht.
5. Das Messgerät entfernen.
6. Das Messgerät ablesen.
7. Auf diese Weise mit allen vier Reifen verfahren.
8. Oh, und vergessen Sie das Reserverad nicht!

IM GLEICHGEWICHT

Selbst nagelneue Reifen weisen Unregelmäßigkeiten auf. Die Lösung? Lassen Sie Ihre Reifen regelmäßig auswuchten. Dies ist aber eine Aufgabe für den Profi – versuchen Sie diese Arbeit niemals zu Hause auszuführen.

Wenn der Reifendruck zu hoch ist:
Drücken Sie den Stift in der Mitte des Ventils behutsam nach unten, um Luft abzulassen, und zwar immer nur ein wenig.

Wenn der Reifendruck zu gering ist:
Suchen Sie möglichst rasch die nächstgelegene Tankstelle auf, um mit dem Luftdruckgerät Luft aufzufüllen. Sollten Sie eine eigene Pumpe besitzen, benutzen Sie diese.

DAS REIFENPROFIL PRÜFEN

Eine gute Profiltiefe ist bei schlechten Wetterbedingungen und Straßenverhältnissen unabdingbar. Hat ein Sommerreifen nur noch 1,6 mm Profiltiefe, sollte er umgehend ersetzt werden. Prüfen Sie jeden Reifen an zwei verschiedenen Stellen. Achten Sie dabei auch auf andere Zeichen der Abnutzung.
Ein weiterer Supertipp: Tauschen Sie die Reifen, um eine gleichmäßige Abnutzung zu gewährleisten – mit anderen Worten, montieren Sie regelmäßig die Vorderreifen hinten und umgekehrt. Lassen Sie diese Arbeit in einer Werkstatt durchführen. Beziehen Sie das Reserverad in den Wechsel mit ein, sofern es sich nicht um ein Notrad handelt.
Ist das Reifenprofil auf einer Seite stärker abgenutzt, muss möglicherweise die Spur eingestellt werden. Ein Besuch in einer Werkstatt oder bei einem Reifenspezialisten sollte hier Klarheit bringen.

Durstiger Typ

Ihr Auto braucht erstaunlich viel Saft, damit es richtig läuft – und zwar Motoröl, Kühlwasser, Bremsflüssigkeit, Kupplungsflüssigkeit und vielleicht sogar Servolenkungsöl. Bei allen diesen Flüssigkeiten muss regelmäßig der Stand und ihr Behälter auf Lecks überprüft werden.

MOTORÖL

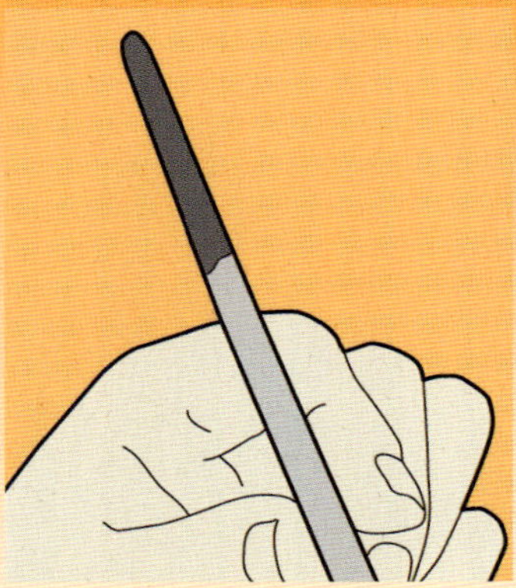

Wenn Ihr Motor nicht die richtige Menge – und Sorte – Öl bekommt, kann er ernsthaft Schaden nehmen. Schauen Sie in der Bedienungsanleitung, welches Öl Ihr Auto braucht. Zum Prüfen des Ölstands …

1. Sorgen Sie dafür, dass der Motor kalt ist und das Auto auf ebenem Untergrund steht.
2. Der Ölstand wird mit dem Ölmessstab gemessen. Ziehen Sie ihn heraus und wischen Sie ihn mit einem sauberen Lappen ab. Schieben Sie den Stab bis zum Anschlag wieder hinein und nehmen Sie ihn dann erneut heraus.
3. Der Ölstand sollte über der unteren Markierung liegen, aber auch nicht deutlich über der oberen.

Öl nachfüllen:

1. Suchen Sie den Deckel der Öl-Einfüllöffnung (meist steht »Öl« darauf).
2. Schrauben Sie ihn ab und füllen Sie eine kleine Menge Öl ein – ein Trichter kann hier hilfreich sein.
3. Warten Sie kurz und prüfen Sie dann mit dem Messstab erneut den Ölstand.
4. Wischen Sie verschüttetes Öl sorgfältig auf.
5. Schrauben Sie den Deckel wieder auf. Achten Sie darauf, dass er fest sitzt und der Messstab ganz in seiner Röhre steckt.
6. Ein Tipp zum Schluss: Bei einem zu hohen Ölstand können ernsthafte Schäden am Motor drohen. Füllen Sie Öl daher stets nach und nach in kleinen Mengen ein.

KÜHLWASSER

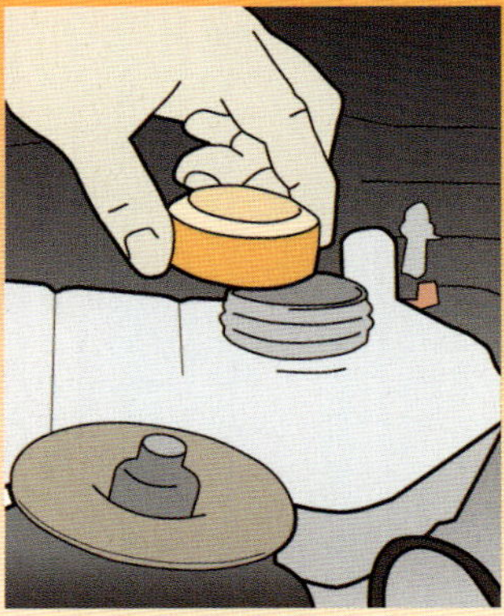

Kühlwasser besteht aus einem Drittel Frostschutzmittel und zwei Dritteln Wasser. Es verhindert, dass der Motor zu heiß wird und der Kühler rostet. Die Bedienungsanleitung Ihres Autos gibt Auskunft, welches Frostschutzmittel geeignet ist.

1. Parken Sie Ihr Auto auf ebenem Grund. Suchen Sie im Motorraum nach einem Kunststoffbehälter mit Minimum-/Maximummarken.
2. Prüfen Sie den Stand des Wassers bei kaltem Motor. Es sollte fast bis zur Maximummarke reichen. Andernfalls Wasser nachfüllen.
3. Achten Sie auch auf Lecks. Müssen Sie häufig Wasser nachfüllen (sagen wir alle zwei Monate), ist vielleicht irgendwo ein Leck vorhanden.

SERVOLENKUNGSÖL

Möglicherweise braucht Ihr Auto auch Servolenkungsöl. Sehen Sie in der Bedienungsanleitung nach, ob dafür ein eigener Behälter vorhanden ist. Wenn ja, füllen Sie das von Ihrem Hersteller empfohlene Öl auf die gleiche Weise auf wie unter »Kupplungsflüssigkeit« beschrieben.

HAUSHALTSGOTT

Ziehen Sie zum Prüfen jeder Art von Flüssigkeit Einweghandschuhe an und legen Sie einen sauberen Lumpen bereit, da die Angelegenheit schmutzig werden kann. Dies gilt besonders für Bremsflüssigkeit – sie hat viele ähnliche Eigenschaften wie Abbeizer, deshalb Spritzer sofort von der Haut abwischen.

BREMSFLÜSSIGKEIT

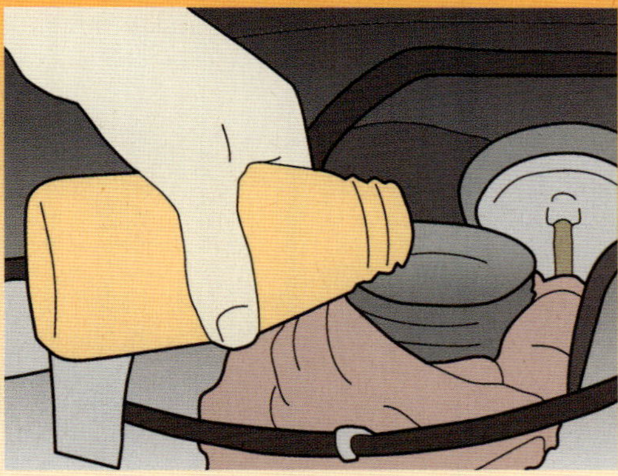

Ist zu wenig Bremsflüssigkeit vorhanden, funktionieren die Bremsen nicht richtig – oder gar nicht. Das Prüfen der Bremsen muss rasch erfolgen, denn sie mögen keinen Kontakt mit Luft oder Feuchtigkeit.

1. Das Auto muss auf ebenem Boden stehen. Öffnen Sie die Motorhaube und suchen Sie den Bremsflüssigkeitsbehälter – er sollte sich hinter dem Motor befinden.
2. Schrauben Sie den Deckel ab und prüfen Sie den Stand. Liegt er unter der Maximummarke, füllen Sie Flüssigkeit nach. Verwenden Sie immer einen neuen Kanister. Schon ein kurzer Kontakt mit Luft verunreinigt die Flüssigkeit.
3. Prüfen Sie die Qualität der alten Flüssigkeit, indem Sie einen Finger hineintauchen und sie dann zwischen den Händen reiben. Fühlt sie sich sandig an, sollte sie in einer Werkstatt gewechselt werden.
4. Wenn Bremsen sich abnutzen, sinkt die Bremsflüssigkeit ab – das ist normal. Muss sie aber regelmäßig nachgefüllt werden, ist vielleicht ein Leck vorhanden, das einer sofortigen Reparatur bedarf.

KUPPLUNGSFLÜSSIGKEIT

Verwirrenderweise wird hier ebenfalls Bremsflüssigkeit verwendet. Stellen Sie in der Bedienungsanleitung des Autos die richtige Sorte fest. Mitunter befinden sich Brems- und Kupplungsflüssigkeit im gleichen Behälter. Einzelheiten finden Sie in der Bedienungsanleitung. Die Kupplungsflüssigkeit sorgt für ein reibungsloses Funktionieren der Kupplung beim Schalten. Hat Ihr Auto eine mechanische (also keine hydraulische) Kupplung, gibt es keinen Flüssigkeitsbehälter.

1. Parken Sie Ihr Auto auf ebenem Grund – der Behälter für die Kupplungsflüssigkeit sollte sich hinter dem Motor befinden.
2. Der Flüssigkeitsstand sollte zwischen Minimum- und Maximummarke liegen.
3. Muss Flüssigkeit nachgefüllt werden, schrauben Sie den Deckel ab. Verwenden Sie auch hier stets Flüssigkeit aus einer frisch geöffneten Flasche und werfen Sie Reste weg.
4. Sollte viel Flüssigkeit fehlen, ist möglicherweise ein Leck vorhanden. Holen Sie sofort den Rat eines Profis ein.

Den Durchblick bewahren

Windschutzscheiben werden bei der Autopflege gern vergessen. Man sollte glauben, dass Probleme dort offenkundig sind, da man täglich durch die Scheibe schaut, aber weit gefehlt. Und wetten, Sie haben nicht an Ihre Scheibenwischer gedacht? (Funktionierende Scheibenwischer sind tatsächlich Pflicht.) Oder gar an den Tank der Scheibenwaschanlage …

WARTUNG DER SCHEIBENWISCHER

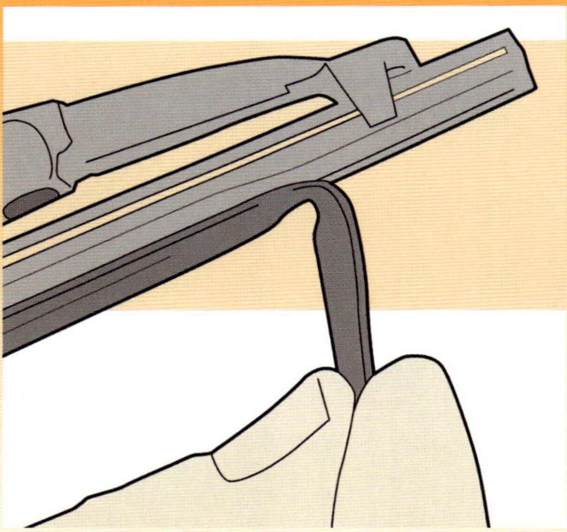

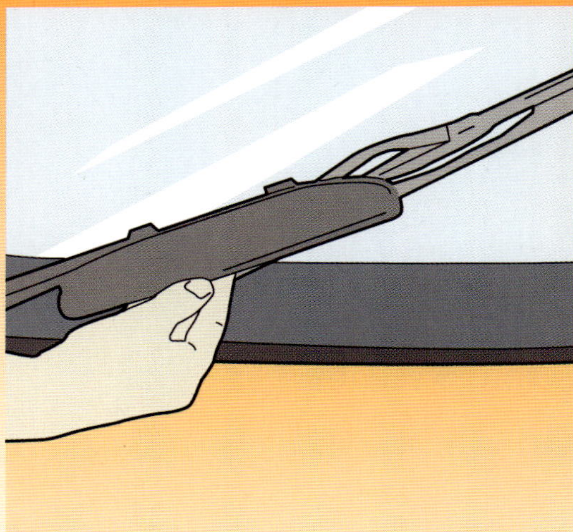

Warten Sie nicht, bis Sie in ein Unwetter kommen und nichts mehr sehen. Neue Wischerblätter kosten nicht viel und lassen sich leicht montieren.

1. Überprüfen Sie die Scheibenwischerblätter ab und zu auf Abnutzung – und vergessen Sie den Heckscheibenwischer nicht. Sie müssen sicherstellen, dass alle Scheibenwischer gut funktionieren.
2. Klappen Sie den Wischerarm von der Scheibe weg. Prüfen Sie die Gummilippe und wischen Sie dann die Kante des Blatts mit etwas Scheibenreiniger und einem Tuch ab.
3. Quietschen die Wischerblätter? Hinterlassen sie Schlieren? Wenn ja, müssen sie ersetzt werden. Achten Sie darauf, die richtigen Blätter für Automarke und Modell zu kaufen.

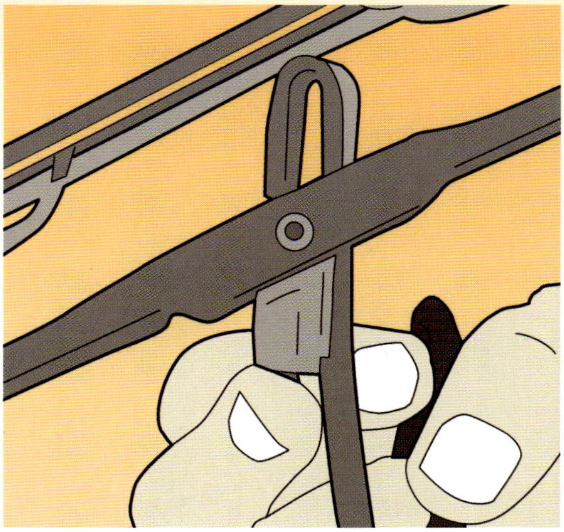

HAUSHALTSGOTT

Vielleicht sollten Sie etwas Windschutzscheibenreiniger in den Kofferraum legen – man weiß nie, wann Sie ihn brauchen werden. Und noch ein Tipp: Lassen Sie die Scheibenwischer bei Regen nicht rascher laufen als notwendig, weil sie sich dadurch schneller abnutzen würden.

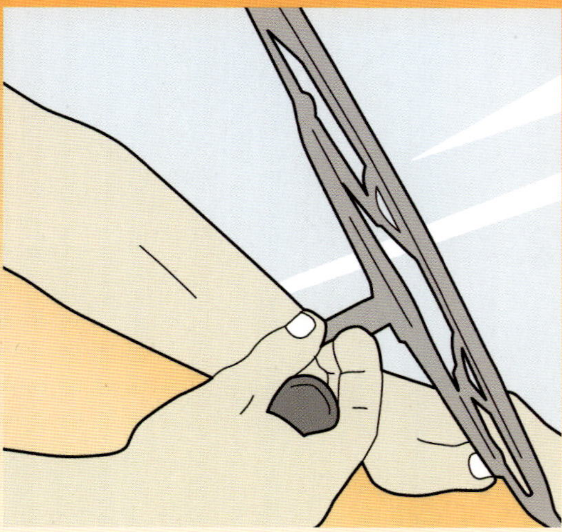

4. Zum Austauschen der Blätter schalten Sie zunächst den Motor aus.
5. Klappen Sie den Wischerarm zurück, bis er einrastet.
6. Entfernen Sie das Wischerblatt. Drehen Sie es im rechten Winkel zum Wischerarm und ziehen Sie es dann heraus. Den Arm nicht zurückklappen lassen.
7. Montieren Sie das neue Blatt – die genaue Anleitung befindet sich auf der Verpackung – und setzen Sie den Scheibenwischer wieder auf die Windschutzscheibe.
8. Prüfen Sie vor der nächsten Fahrt, ob die Scheibenwischer richtig funktionieren.
9. Im Winter können die Wischerblätter an der Scheibe festfrieren, aber hier hilft Enteiser.

WASSERTANKWARTUNG

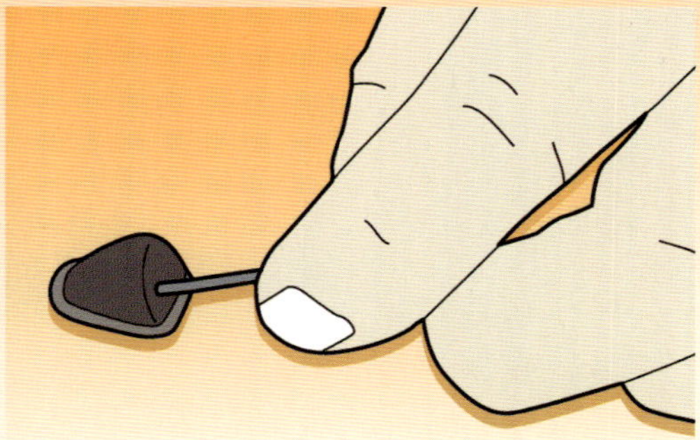

Auch der Wassertank sollte wöchentlich überprüft werden.

1. Öffnen Sie die Motorhaube, unter der sich der Wassertank befindet. Meist wird auch der Heckscheibenwischer aus ihm gespeist. Andernfalls gibt es einen Tank im Kofferraum.
2. Der Tank sollte voll sein. Wenn nicht, füllt man mit einem Trichter Waschflüssigkeit ein. Man bekommt sogar Spezialflüssigkeit für den Sommer (sie entfernt tote Insekten) und für den Winter (sie friert nicht ein). Sollten Sie ein solches Mittel verwenden, denken Sie daran, es entsprechend der Jahreszeit auszutauschen.
3. Prüfen Sie auch die Düsen. Sie sprühen die Flüssigkeit auf die Windschutzscheibe und können leicht verstopfen. Entfernen Sie Schmutz mit einem spitzen Gegenstand wie einer Nadel aus den Düsen. Überprüfen Sie gleichzeitig die Position der Düsen, um sie ggf. neu einzustellen.

Autowäsche

Gutes Aussehen kommt nicht von ungefähr. Was Autos betrifft, verhindert sorgfältige Reinigung und Pflege nicht nur, dass Ihr Auto Ihnen wegrostet, sondern sie ist auch hilfreich für den Wiederverkauf. Halten Sie Ihr Auto in Bestzustand, und die Sache sollte super laufen. Schließlich wollen Sie unterwegs doch auch eine gute Figur machen, oder?

REINIGUNGSSET

- Autoshampoo
- Schwamm
- Eimer
- Schlauch
- Reichlich saubere Lappen
- Bürste für die Reifen
- Wachs
- Chrom-/Metallpolitur
- Ledertücher
- Staubsauger mit Fugendüse
- Verschiedene Reiniger für den Innenraum

WASCHEN UND WACHSEN

1. Warten Sie, bis das Auto abgekühlt ist. Waschen und trocknen Sie Ihr Auto nicht in direkter Sonne.
2. Beginnen Sie mit den Rädern. Sie werden zuerst nassgespritzt und anschließend mit einer Bürste, reichlich Autoshampoo und Wasser gesäubert.
3. Nun zur Karosserie. Beginnen Sie mit dem Dach und arbeiten Sie sich mit einem Schwamm und reichlich Autoshampoo nach unten vor. Dann spritzen Sie das Auto sorgfältig mit dem Schlauch ab, während Sie auf Lackschäden achten, und wischen mit einem Ledertuch nach.

DEN MOTOR SÄUBERN

Entfernen Sie mit einem sauberen Tuch den gesamten Schmutz von Flüssigkeitsbehältern, Kühler, Motorhaubeninnenseite und Batterie. Das macht den Motor nicht nur schöner, sondern fördert auch ein reibungsloses Funktionieren.

4. Nun ist es Zeit zum Wachsen – was Rosten verhindert. Auch dies sollte nicht in praller Sonne geschehen. Am einfachsten lässt sich flüssiges Wachs auftragen.
5. Bringen Sie das Wachs mit einem Lappen auf und polieren Sie mit einem anderen Lappen nach. Bearbeiten Sie immer nur eine kleine Fläche.
6. Zum Schluss polieren Sie mit Spezialpolitur alle Chrom- und Metallteile.

HAUSHALTSGOTT

VERGESSEN SIE DIE FENSTER NICHT …
Sie werden wie Fenster im Haus behandelt. Spritzen Sie einen Glasreiniger auf (verwenden Sie ein Spezialmittel für Autos) und wischen Sie mit einem Ledertuch nach. Denken Sie auch an die Windschutzscheibe – die Scheibenwischer können schließlich nicht alles machen. Und rauchen Sie nicht im Auto, sonst werden die Scheiben noch schmutziger.

ROST, KRATZER UND DELLEN BESEITIGEN

Rost sollte behandelt werden, sobald man ihn entdeckt. Kratzen Sie ihn mit einer Drahtbürste ab und arbeiten Sie mit Schmirgelpapier nach. Dann pinseln Sie ein Rostschutzmittel auf, das in allen guten Fachgeschäften erhältlich ist. Zum Schluss tragen Sie etwas Tupflack oder Farbspray auf – achten Sie darauf, dass Sie genau den richtigen Farbton verwenden.
Finden Sie einen Kratzer, säubern Sie die Stelle mit Wasser und tragen dann Tupflack auf – arbeiten Sie dabei langsam und vorsichtig in einer Richtung. Warten Sie einige Tage, bis der Lack ausgehärtet ist, dann polieren Sie die Fläche. Eine kleine Delle kann mit einem in ein Tuch gewickelten Hammer behutsam ausgebeult werden. Aber hier sollten Sie, wenn Sie sich etwas unsicher fühlen, wie bei allen anderen Arbeiten die Aufgabe den Profis überlassen. Möglicherweise richten Sie sonst nur noch mehr Schaden an Ihrem Auto an.

DEN INNENRAUM REINIGEN

Wir haben den Innenraum Ihres Autos bereits mit Ihrem Wohnzimmer verglichen – behandeln Sie ihn also auch so. Zuerst wird er entmüllt – entfernen Sie leere Getränkedosen und Bonbonpapiere. Dann saugen Sie die Sitze, wobei Sie besonders auf die Lehnen achten, wo sich Krümel gern zusammenrotten. Entfernen Sie Flecken mit einem geeigneten Fleckenentferner. Beim Reinigen des Bodens denken Sie daran, die Fußmatten herauszunehmen. Zum Schluss putzen Sie Details wie Armaturenbrett und Armlehnen mit einem geeigneten Reinigungsmittel. Möglicherweise müssen sie auch nur mit einem feuchten Ledertuch abgewischt werden.

Fehlersuche – Fragen & Antworten

Wenn Ihr Auto nicht anspringt, ist möglicherweise einfach der Tank leer. Aber es könnte auch ein ernsthafteres Problem vorliegen. Gehen Sie beim Ermitteln der Ursache methodisch vor. Lässt sie sich einfach beseitigen, reparieren Sie das Auto mit Hilfe dieses Buchs selbst. Andernfalls müssen Sie sofort einen Profi hinzuziehen. Ein Defekt am Auto kann gefährlich sein.

PROBLEM	URSACHE & LÖSUNG
AUTO SPRINGT NICHT AN ▶ Hmmm, Sie haben den Zündschlüssel im Schloss gedreht, können das Auto aber nicht starten.	**TANK ODER BATTERIE** ▶ Ist der Tank leer? Oder die Batterie? Ist dies nicht der Fall, könnte ein Defekt in der Elektrik vorliegen, der von einem Profi behoben werden muss.
SELTSAME GERÄUSCHE BEIM ANLASSEN ▶ Beim Anlassen des Autos ertönt ein seltsames surrendes Geräusch.	**ANLASSER ODER ANTRIEBSWELLE** ▶ Möglicherweise ist der Anlasser oder die Antriebswelle defekt. In beiden Fällen müssen Sie eine Werkstatt aufsuchen.
BATTERIEANZEIGE LEUCHTET AUF ▶ Die Batterieanzeige auf dem Armaturenbrett leuchtet während des Fahrens rot – wirkt wie eine Warnung.	**BATTERIE** ▶ Vielleicht ist Ihre Batterie leer oder der Motor funktioniert nicht richtig. Motor ausschalten und Batterie prüfen, dann Hilfe beim Profi suchen.
SCHWAMMIGE BREMSEN ▶ Die Bremsen fühlen sich beim Darauftreten schwammig an und nicht gerade sicher.	**BREMSFLÜSSIGKEIT** ▶ Prüfen Sie die Bremsflüssigkeit – ist genügend vorhanden? Wenn ja, haben Sie vielleicht Probleme mit Bremssatteln oder Bremsschläuchen, die nur ein Profi beheben kann.
ZISCHENDES GERÄUSCH ▶ Beim Ausschalten des Motors ertönt unter der Motorhaube ein zischendes Geräusch.	**KÜHLER** ▶ Öffnen Sie – vorsichtig – die Haube und schauen Sie den Kühler an. Sehen Sie ein offensichtliches Leck oder einen Defekt? Falls nicht, begeben Sie sich umgebend in eine Werkstatt.

PROBLEM	URSACHE & LÖSUNG
GANGSCHALTUNG GEHT SCHWER Die Gänge lassen sich nur schwer und mit einem dumpfen Geräusch einlegen.	**GETRIEBE** Prüfen Sie die Getriebeflüssigkeit. Bleibt das Problem bestehen, brauchen Sie vielleicht Hilfe. Warten Sie nicht zu lange, denn das könnte teuer werden.
BREMSEN QUIETSCHEN Sie treten auf die Bremse, um anzuhalten – und sie quietscht.	**BREMSBELÄGE** Ist das neu? Manche Bremsen quietschen einfach. Waren Ihre Bremsen bisher aber mucksmäuschenstill, brauchen Sie vielleicht neue Bremsbeläge.
LACHE UNTER DEM AUTO Auf der Straße unter Ihrem Auto befindet sich eine Pfütze.	**FLÜSSIGKEITEN** Was ist das für eine Flüssigkeit? Sollte es pures Wasser sein, handelt es sich lediglich um ein Abfallprodukt Ihrer Klimaanlage. Alles andere weist auf ein Leck hin, das ein Profi reparieren muss.
MOTOR STIRBT AB Ihr Motor stirbt bei Kälte häufiger ab, als er sollte.	**BATTERIE ODER LUFTFILTER** Prüfen Sie Luftfilter und Batterie. Dort gibt es keine Probleme? Dann rufen Sie einen Mechaniker.
LENKEN IST SCHWIERIG Sie haben plötzlich Mühe beim Lenken.	**REIFEN ODER RÄDER** Sehen Sie zuerst nach, ob Ihre Reifen zu wenig Luft haben oder ein Reifen platt ist. Wenn nicht, könnten Ihre Räder ein Problem haben, das nur ein Profi beseitigen kann.

Achtung, fertig ... los!

Der 10-Minuten-Verkehrscheck

In einem Auto fühlen Sie sich vielleicht weniger verletzlich als auf einem Motorrad und nicht so unsicher wie auf einem Fahrrad, was aber nicht heißt, dass Sie unbesiegbar sind. Wenn Sie Ihr Auto nachlässig warten, gefährden Sie sich und andere. Sorgen Sie also dafür, dass Sie die folgenden Dinge möglichst oft kurz durchchecken – im Idealfall vor jedem Start oder zu Beginn jeder längeren Fahrt.

1 SPIEGEL: Prüfen Sie, ob sie richtig eingestellt und unbeschädigt sind.

2 LICHTER: Scheinwerfer, Rückleuchten, Bremslichter, Nebelschlussleuchte, Standlicht und Blinker – alle müssen richtig funktionieren und kaputte Birnen sofort ersetzt werden.

3 KRAFTSTOFF: Der Tank sollte mindestens halbvoll sein. Nach all der harten Arbeit wollen Sie doch nicht stehen bleiben!

4 RÄDER UND REIFEN: Sie sollten vor jeder Reise in Augenschein genommen werden. Achten Sie auf Beschädigungen und Fremdkörper und den Allgemeinzustand des Profils. Stellen Sie sicher, dass der Reifendruck stimmt. Und vergessen Sie dabei das Reserverad nicht.

5 WINDSCHUTZSCHEIBE: Sie sollte keine Risse, Kratzer oder Schlieren aufweisen. Die Scheibenwischerblätter dürfen nicht abgenutzt und der Tank der Waschanlage muss voll sein.

6 FLÜSSIGKEITEN: Füllen Sie nötigenfalls folgende Flüssigkeiten nach: Motoröl, Bremsflüssigkeit, Kühlwasser, Kupplungsflüssigkeit und ggf. Servolenkungsöl. Achten Sie auch auf Lecks.

7 KEILRIEMEN: Muss unbeschädigt und richtig gespannt sein.

8 HUPE: Muss einwandfrei funktionieren.

9 BREMSEN: Fahren Sie ein kurzes Stück und testen Sie Ihre Bremsen – sie sollten sich nicht schwammig anfühlen. Bei Problemen prüfen Sie sofort die Bremsflüssigkeit oder rufen einen Mechaniker. Vergessen Sie die Handbremse nicht – auch sie muss jederzeit perfekt funktionieren.

Ihr Fahrrad

Kleine Fahrradkunde

Sie haben sich schlau gemacht und sind nun stolzer Besitzer des perfekten Fahrrads. Aber es gibt noch einiges zu lernen. Früher waren Fahrräder aus Stahl und Kunststoff – ziemlich einfachen Werkstoffen. Heute werden NASA-Materialien mit geringem Gewicht wie Carbon und Titan für aerodynamische Räder in computergestütztem Hightechdesign verwendet.

1 LENKER: Eigentlich müssen Sie nur wissen, dass Sie hier drei Möglichkeiten haben: Rennlenker (Renn- und Tourenräder), Flachlenker (Reise-, Hybrid- und Gebrauchsfahrräder) und Hochlenker (Gebrauchsfahrräder und Mountainbikes). Die Wahl ist eine Frage der persönlichen Vorlieben.

2 SATTEL: Entscheidend ist hier Komfort. Sättel werden in einer Vielzahl von Materialien, Formen und Größen und mit unterschiedlicher Polsterung angeboten. Probieren Sie möglichst viele aus. Auch Gelsättel sind eine gute Option, die sich dem Allerwertesten des Fahrers anpassen.

3 BREMSEN: Cantilever- und V-Bremsen drücken auf die Radfelge (die sich direkt beim Reifen befindet), um das Rad zu Stehen zu bringen. Trommelbremsen arbeiten ähnlich, wirken jedoch auf die Radnabe. Hydraulikbremsen funktionieren ähnlich wie die eines Autos.

4 GANGSCHALTUNG: Am verbreitetsten ist die Kettenschaltung (abgebildet) – beim Wechseln der Gänge springt die Kette von einem Ritzel zum anderen. Zudem gibt es Nabenschaltungen, die in die Nabe des Hinterrads eingebaut sind.

5 RÄDER: Sie bestehen aus Reifen, Schlauch, Felge, Speichen und Nabe. Ein gutes Fahrrad hat Aluminiumfelgen (sie sitzen direkt neben den Reifen), die leicht sind und nicht rosten. Schauen Sie auch nach Edelstahlspeichen, die ebenfalls wenig rostanfällig sind.

Und das ist noch nicht alles. Eine weitere Entwicklung sind Front- und Heckfederung – bei vielen Mountainbikes heute Standard –, die es erlauben, in fast jedem Gelände zu fahren. Und dann sind da sind die Gänge. Ursprünglich waren einmal drei Gänge die Norm, heute haben manche Räder 27 Gänge und mehr.

Anstrengend, oder? Aber keine Sorge. Treten, Lenken oder Bremsen funktioniert noch genau so wie in den Zeiten des Hochrads.

TOPTIPPS

Es gibt ein riesiges Spektrum an Fahrrädern und Fahrradhändlern. Werfen Sie vor einem Kauf einen Blick auf diese Liste, damit Sie die optimale Wahl treffen:

FAHRRADTYP
Überlegen Sie zuerst, wie Sie Ihr Fahrrad nutzen wollen – möchten Sie mit ihm in der Stadt herumflitzen oder am Wochenende Schlamm durchpflügen? Was ist Ihnen wichtiger – Komfort, Laufruhe oder Geschwindigkeit?

KAUFEN SIE IN EINEM SERIÖSEN FAHRRADGESCHÄFT
Sowohl Anfänger als auch erfahrene Profis sollten ihr Fahrrad besser bei einem vertrauenswürdigen Händler kaufen, mit dem man reden kann, statt bei jemandem, der auf schnelles Geld aus ist. Er ist vielleicht teurer, wird es Ihnen aber auch nicht übel nehmen, wenn Sie ihm scheinbar dumme Fragen stellen.

PREIS
Je mehr Sie ausgeben, desto besser sind Qualität und Fahreigenschaften und damit das Fahrvergnügen. Berücksichtigen Sie im Budget auch Dinge wie Helm und Schloss.

DIE RICHTIGE GRÖSSE
Stellen Sie sich, die Füße in einem Abstand von etwa 30 cm, über das Oberrohr (Verbindungsstück zwischen Lenker und Sattel). Sie sollten nun das Vorderrad 3–5 cm anheben können.

TESTFAHRT
Jeder anständige Händler wird einem Kaufinteressenten erlauben, vor dem geplanten Kauf eine kleine Spritztour zu machen.

MACHEN SIE SICH KUNDIG
Recherchieren Sie möglichst viel, ehe Sie einen Fuß in den Laden setzen. Dann ist das Risiko geringer, dass Sie für dumm verkauft werden.

Fahrrad-Grundausstattung

Stellen Sie die Cowboystiefel weg. So langweilig das klingen mag – Sie brauchen vernünftige Schuhe, eng anliegende, aber flexible Kleidung und einen Helm. Möchten oder müssen Sie irgendwo aufgerüscht erscheinen, packen Sie ein Outfit zum Umziehen in Ihre Satteltaschen. Vielleicht finden Sie auch noch ein paar Accessoires für Ihr Fahrrad, damit es sich nicht vernachlässigt fühlt. Hier einige Vorschläge für die richtige Ausrüstung und Kleidung bei jedem Wetter.

SHIRT

Ein Hemd in einer Signalfarbe, allen voran Gelb, und man wird Sie nicht übersehen können.

RADLERHOSE

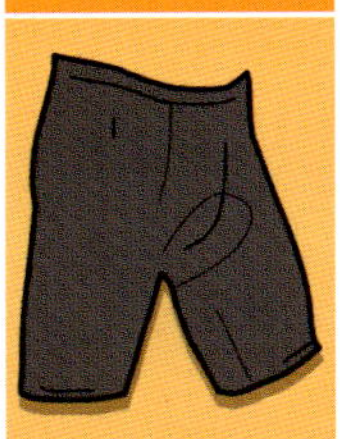

Kein bloßes Moderelikt aus den 1980ern. Sie ist auch bei Hitze angenehm kühl und bequem.

SCHUHE

Sie können spezielle Fahrradschuhe kaufen, aber Turnschuhe eignen sich auch.

FLEECE-JACKE

Das beste Mittel, um nicht auszukühlen. Wie gut sie schützt, hängt von der Materialdicke ab.

RADHAND-SCHUHE

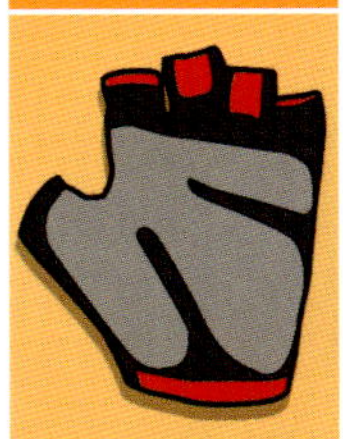

Meist fingerlos, außen Netzmaterial, innen Geleinsätze. Auf langen Fahrten sehr bequem.

REGEN-KLEIDUNG

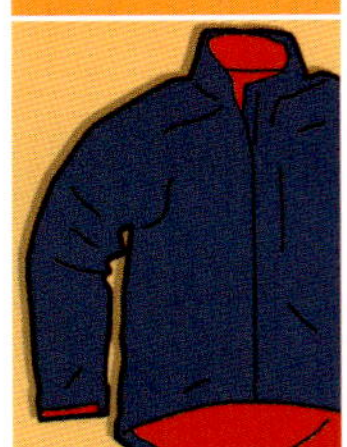

Sollte am besten aus Material sein, das regenfest, aber trotzdem atmungsaktiv ist.

BELEUCHTUNG

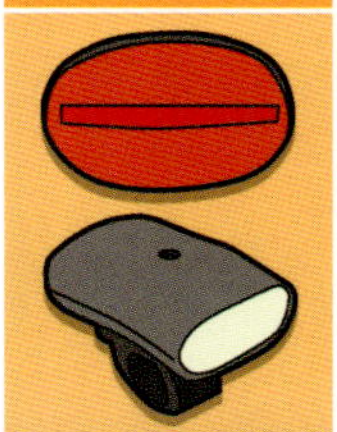

Vorgeschrieben sind ein Frontscheinwerfer und ein roter Rückstrahler.

FAHRRAD-TASCHE

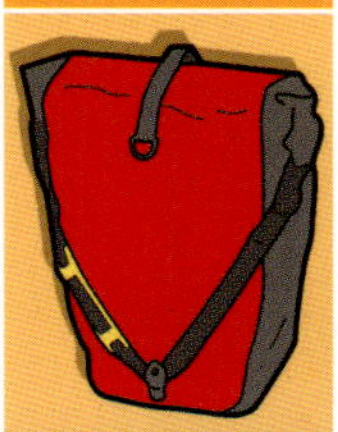

Diese Tasche passt auf einen Gepäckträger, der sich meist hinten am Fahrrad befindet. Gut für schwere Lasten geeignet.

SCHLOSS

Größte Sicherheit bietet ein stabiles Bügelschloss. Im Großstadtdschungel sollten Sie vielleicht in ein zweites Schloss investieren.

SCHUTZ-BLECHE

Im Winter unverzichtbar, außer Sie stehen auf Schmuddellook.

REFLEKTOREN

Unverzichtbar für Nachtfahrten und eine notwendige Ergänzung der Beleuchtung.

WASSER-FLASCHE

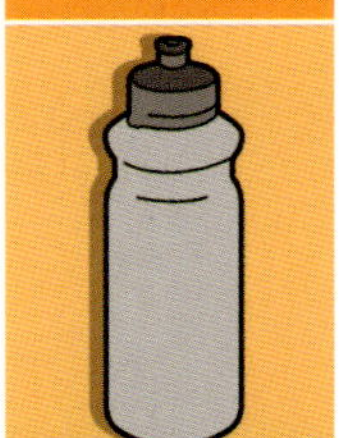

Fahrradfahren kann durstig machen, vor allem bei Hitze.

LUFTPUMPE

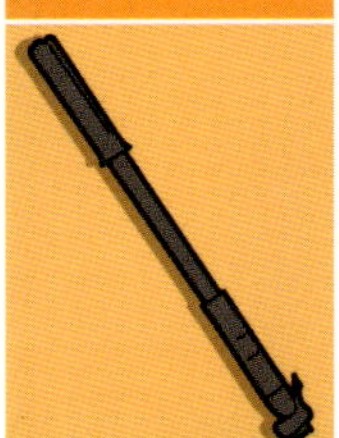

Achten Sie darauf, dass sie auf Ihre Ventile passt.

MULTITOOL

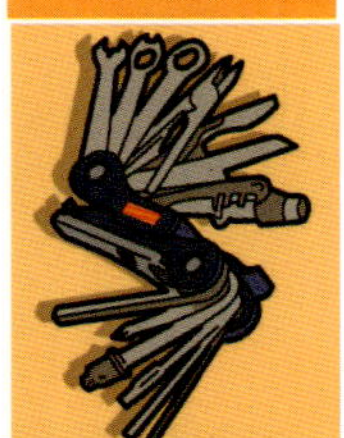

Zu diesem tollen Werkzeug gehören u.a. Schrauben- und Inbusschlüssel in verschiedenen Größen.

HELMHILFE

Die größte Zahl tödlicher Fahrradunfälle ist auf Kopfverletzungen zurückzuführen. Noch besteht keine Helmpflicht, doch nur Dummköpfe fahren ohne Helm und ernten dafür heute oft schräge Blicke. Hier einige Tipps, worauf Sie beim Helmkauf achten sollten:

1. Gehen Sie zu einem gut sortierten Händler. Helme müssen bestimmte Sicherheitsstandards erfüllen. Achten Sie auf Prüfzeichen.
2. Ein qualitativ hochwertiger Helm sollte gut belüftet sein und viele Belüftungsschlitze haben, die von vorn nach hinten verlaufen.
3. Der Helm sollte weit nach vorn zu den Augenbrauen geschoben werden, aber nicht so weit, dass die Sicht geradeaus und seitwärts beeinträchtigt wird. Ein zwei Finger breiter Abstand zwischen Augenbrauen und Helm sollten ausreichen.
4. Sitzt der Helm richtig? Wenn der Kinnriemen korrekt eingestellt ist, sollte man den Helm mit den Händen nicht mehr vor und zurück bewegen können.
5. Denken Sie auch an den Nackenriemen. Sitzt er richtig (knapp unter der Auswölbung des Schädels), sollte er verhindern, dass der Helm nach hinten rutscht.
6. Ersetzen Sie den Helm nach jedem noch so kleinen Unfall bzw. nach zwei bis drei Jahren. Der Schaumstoff im Innern versprödet mit der Zeit.

Wartung und Reparaturen

Das Fahrrad ist weltweit das beliebteste Fortbewegungsmittel: Schätzungsweise acht von zehn Menschen auf der Welt besitzen ein Fahrrad oder haben Zugriff darauf. Aber glauben Sie, alle diese Leute hätten eine Ahnung, was bei einer Reifenpanne zu tun ist? Oder wenn sich die Kette gelöst hat? Weit gefehlt. Mit etwas Engagement und Schulung können Sie sich jedoch zu einem der wenigen Praktiker mausern. Im allgemeinen sind Fahrradreparaturen nicht kompliziert. Sie erfordern nur ein wenig Knowhow und etwas gesunden Menschenverstand. Was auch für die allgemeine Wartung gilt. Widmen Sie Ihrem Rad etwas liebevolle Pflege, und es hält Ihr ganzes Leben.

ARBEITSPLAN: WAS TUE ICH WANN?

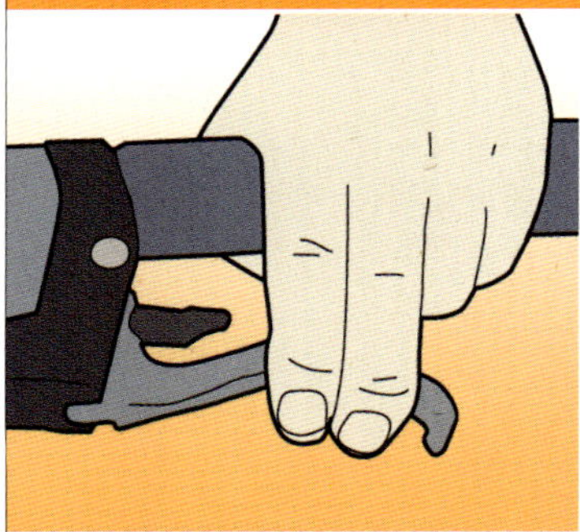

TÄGLICH:

- Die Bremsen prüfen: Dazu einige Meter fahren und dann kräftig bremsen. Die Pedale sollten sich nur halb nach unten treten lassen, wenn sie richtig funktionieren. Andernfalls benutzen Sie das Rad besser nicht mehr.
- Reifen: den Luftdruck messen und die Reifen auf Fremdkörper (wie Nägel) überprüfen.
- Räder: Darauf achten, dass die Speichen nicht beschädigt und Räder richtig ausgerichtet sind.
- Die Beleuchtung kontrollieren.
- Die Klingel testen.
- Den Sattel überprüfen – er sollte sich nicht bewegen lassen.
- Das komplette Rad kurz mit einem Tuch abwischen.

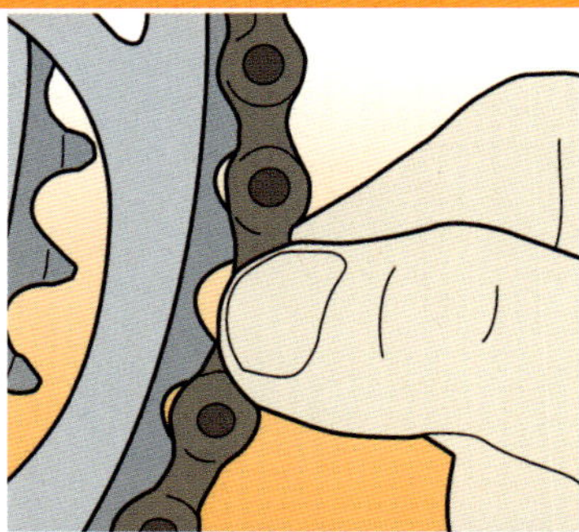

ZWEIWÖCHENTLICH:

- Sicherstellen, dass die Kette geölt und richtig eingestellt ist.
- Die Bremsbeläge in Augenschein nehmen (den Teil der Bremse, der beim Ziehen des Bremshebels gegen die Felge drückt). Es sollte noch ausreichend Gummi vorhanden sein (mindestens 1 mm).
- Prüfen, ob sich der Steuersatz glatt bewegt. Dabei besonders auf Bewegung zwischen Radgabel (sie verbindet den Lenker mit dem Vorderrad) und Rahmen achten. Gibt es hier Probleme, lässt sich Ihr Rad vielleicht schwer lenken.
- Halten Sie ein Pedal fest und versuchen Sie das andere zu drehen. Falls es sich bewegt, die Muttern anziehen.

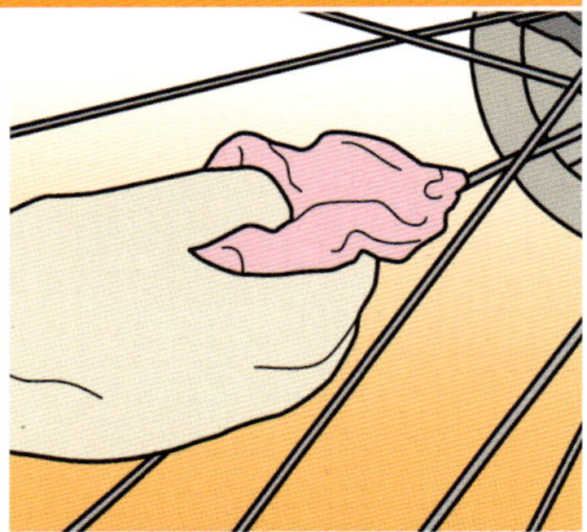

MONATLICH:

- Die Schmierung der Bremsen, Radnaben, Gänge und Radlager (sie minimieren die Reibung zwischen unbeweglichen und beweglichen Fahrradteilen) prüfen. Wie Sie sicherlich schon vermutet haben, gibt es an einem Fahrrad eine Menge beweglicher Teile, und ein Tropfen Öl ist sehr hilfreich, damit alles reibungslos funktioniert.
- Alle sichtbaren Muttern und Schrauben anziehen, etwa an Ständer, Bremshebeln und Gangschaltung.
- Auf Beschädigungen an Leitungen und Kabeln achten.
- Das Fahrrad einer gründlichen Wäsche unterziehen, bei der Fettlöser, Bürsten und Schwämme zum Einsatz kommen.

X TABUS

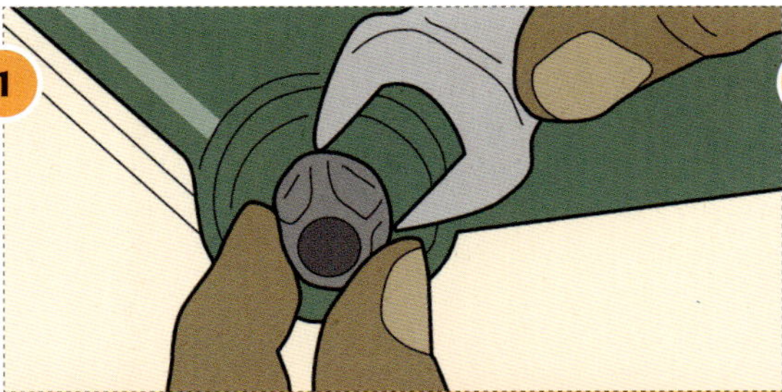

1. MUSKELPROTZEREI

Gehen Sie beim Lösen und Befestigen von Fahrradteilen mit einem Schraubenschlüssel behutsam vor. Fahrradteile bestehen meist aus leichten Materialien, die strapazierfähig, aber nicht unzerstörbar sind. Arbeiten Sie daher beim Lösen und Anziehen von Muttern und Schrauben entschlossen, aber vorsichtig. Denken Sie auch daran, dass sie im Uhrzeigersinn angezogen und im Gegenuhrzeigersinn gelöst werden.

2. SCHLECHTE BELEUCHTUNG

Mangelhafte Beleuchtung bringt Sie mit dem Gesetz in Konflikt. In vielen Ländern sind ein weißer Scheinwerfer und ein rotes Rücklicht vorgeschrieben. Eingeweihte empfehlen zudem eine Blinkleuchte mit einer lichtemittierenden Diode (LED), die die oben genannte Beleuchtung aber lediglich ergänzen darf (was viele Radfahrer ärgert). In einigen Ländern ist es sogar verboten, Blinkleuchten am Fahrrad anzubringen.

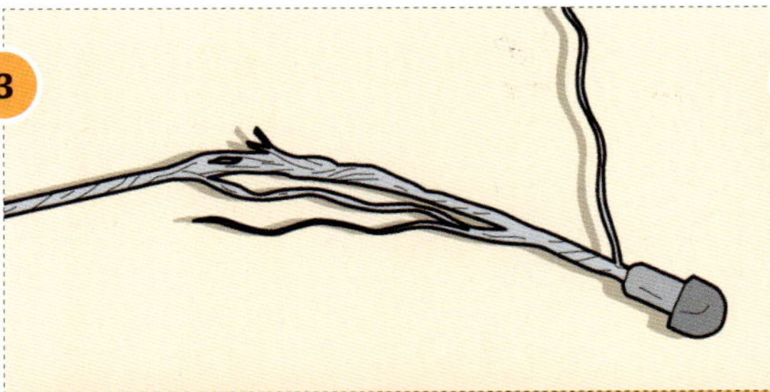

3. LIEBLOSE BEHANDLUNG DER BREMSEN

Andernfalls wird es Sie vom Fahrrad hauen. Ihre Bremsen sind die Teile des Fahrrads, die für die Sicherheit am wichtigsten sind. Weshalb sie auch die meiste Pflege und Aufmerksamkeit brauchen. Prüfen Sie vor Antritt jeder Fahrt, ob alle Muttern und Schrauben vorhanden und richtig angezogen sind. Nehmen Sie in die routinemäßige Wartung des Rads eine Checkliste für die Bremsen auf. Testen Sie einmal wöchentlich, ob sie richtig funktionieren, inspizieren Sie vierzehntäglich die Bremsbeläge und prüfen Sie monatlich Schmierung und Leitungen.

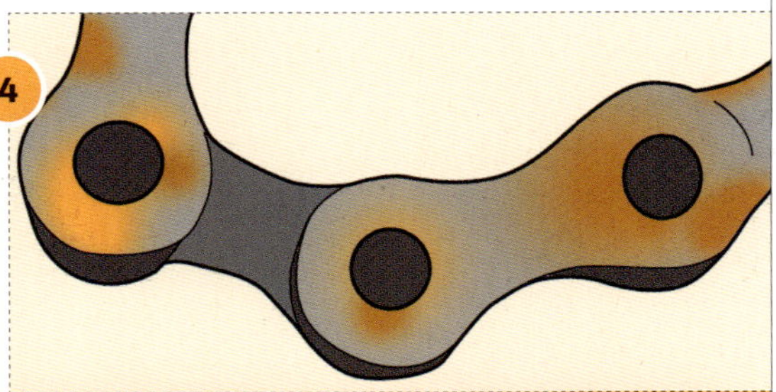

4. VERNACHLÄSSIGUNG

Wenn Sie schon so viel Zeit auf die Wartung verwenden, sollten Sie keine so dummen Dinge tun wie das Rad nach einer Regenfahrt einfach wegzustellen – denn dann wird es vermutlich rosten. Warten Sie besseres Wetter ab, und machen Sie eine kurze Fahrt, um Wasser aus den Lagern zu entfernen. Sollten Sie eine rostige Mutter oder Schraube entdecken, ölen Sie diese ein und versuchen dann sie zu lösen. Wichtig ist auch Sicherheit. Empfehlenswert ist ein schweres Bügelschloss. Befestigen Sie Rahmen und Hinterrad an einem unbeweglichen Gegenstand wie einem Laternenpfahl. Das Vorderrad schrauben Sie ab oder sichern es mit einem zweiten Schloss.

Reifenprobleme

Alles lief wie geschmiert. Sie sind fröhlich die Straße entlang geradelt und dann – Ups! – taucht ein Schlagloch auf, oder Sie fahren über eine Glasscherbe. Jedenfalls haben Sie jetzt einen Plattfuß. Aber keine Bange. Sofern es sich nicht um einen riesigen Schnitt handelt, lässt sich der Schaden leicht beheben.

PANNENSET

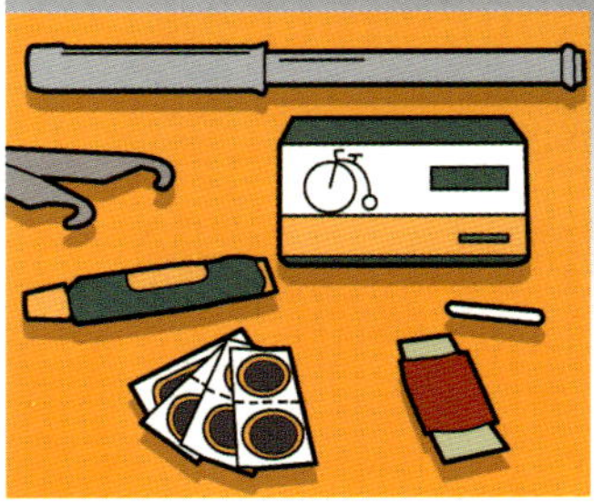

- Luftpumpe
- Montierhebel
- Schlauchflicken
- Kreide
- Klebstoff
- Schmirgelpapier

WAS ZU TUN IST

Ehe Sie ein Loch flicken, montieren Sie nach Möglichkeit den Reifen ab. Dies vereinfacht die Arbeit, ist aber nicht zwingend notwendig.

Reifen und Schlauch abmontieren:

1. Lassen Sie die gesamte Luft aus dem Reifen ab und entfernen Sie die Ventilmutter (sofern vorhanden).
2. Drücken Sie den Reifen von der Felgenflanke zur Felgenmitte, um ihn von der Felge zu lösen.
3. Schieben Sie das runde Ende eines Montierhebels unter die Reifenwulst und hebeln Sie dann die Wulst über den Felgenrand.
4. Haken Sie das andere Ende des Montierhebels an einer Speiche fest. Wiederholen Sie diesen Arbeitsschritt in etwa 10 cm Entfernung mit einem zweiten Montierhebel und schließlich mit einem dritten – mehr sollten nicht nötig sein.
5. Nun lösen Sie mit dem Daumen die Reifenflanke rundum von der Felge.
6. Entfernen Sie einen der Montierhebel und führen Sie ihn zwischen Felge und Reifen entlang, während Sie den Rest des Reifens über den Felgenrand heben.
7. Nun sollte eine Seite des Reifens von der Felge gelöst sein. Greifen Sie hinein und ziehen Sie den Schlauch vorsichtig heraus.

Den Schlauch flicken:

1. Den Schlauch auf Fremdkörper oder Beschädigungen überprüfen.
2. Suchen Sie das Loch im Reifen. Am einfachsten gelingt dies, wenn Sie den Schlauch vor Entfernen aufpumpen und dann auf das verräterische Zischen lauschen. Oder Sie legen den herausgenommenen Schlauch in Wasser – etwa eine Pfütze – und achten auf austretende Luftblasen.
3. Zeichnen Sie das Loch rundum mit Kreide an.
4. Rauhen Sie die Fläche um das Loch mit Schmirgelpapier auf, damit Schmutz entfernt wird und der Klebstoff besser hält.
5. Tragen Sie rund um das Loch dünn Klebstoff auf.

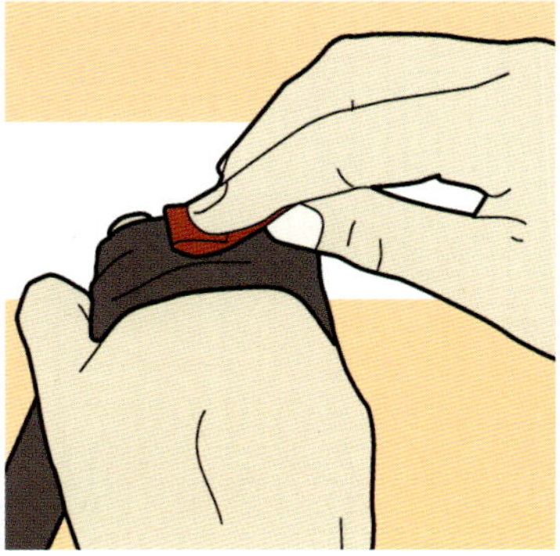

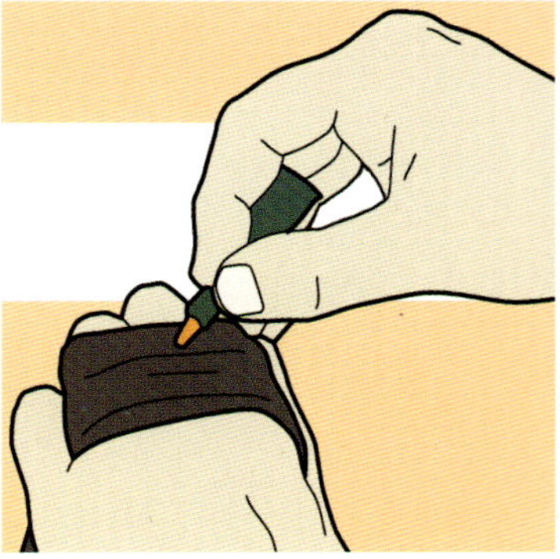

KRIEG DEN LÖCHERN

Haben Sie zu viele Reifenpannen? Vielleicht sind Ihre Reifen einfach nur alt – dann kaufen Sie neue. Oder vielleicht pumpen Sie Ihre Reifen falsch auf. Der richtige Reifendruck liegt bei Mountainbikes zwischen 2,1–3,4 bar (30–50 psi), bei anderen Rädern mit 700c-Reifen 6,2–8,3 bar (90–120 psi) – schlagen Sie den genauen Wert in der Bedienungsanleitung nach oder fragen Sie Ihren Händler. Prüfen Sie alle zwei Wochen den Reifendruck.

HAUSHALTSGOTT

Führen Sie stets einen Ersatzschlauch bei sich. Er nimmt nicht viel Platz weg, und man weiß nie, wann man ihn braucht. Vielleicht sollten Sie auch in einen Faltreifen investieren, den Sie in allen guten Fahrradgeschäften bekommen. Diese großartige Erfindung können Sie problemlos unter Ihrem Sattel verstauen, und sie erspart Ihnen möglicherweise einen langen Fußweg nach Hause.

6. Lassen Sie den Klebstoff ablüften.
7. Legen Sie den Flicken so auf, dass sich die Flickenmitte über dem Loch befindet. Den Flicken glatt streifen, dabei Lufteinschlüsse vermeiden. Das Ende eines Montierhebels fest daraufdrücken.

Reifen und Schlauch wieder montieren:

1. Etwas Luft in den Schlauch pumpen.
2. Das Schlauchstück mit dem Ventilschaft in den Reifen schieben und den Ventilschaft durch die Öffnung in der Felge stecken. Die Mutter wird später aufgeschraubt.
3. Legen Sie nun nach und nach den Schlauch in den tiefsten Bereich der Felge, ohne dass er Falten wirft.
4. Dann drücken Sie am Ventil beginnend die Reifenwulst nach und nach über den Rand der Felge. Halten Sie dabei das untere Ende des Ventilschafts von der Felge fern, damit er nicht eingeklemmt wird.
5. Wenn der Reifen richtig montiert ist, pumpen Sie ihn auf.
6. Prüfen Sie, ob das Ventil gerade steht. Schrauben Sie die Mutter auf und drehen Sie das Rad.
7. Jetzt sollte alles perfekt sein. Falls nicht, müssen Sie leider von vorn beginnen.
8. Wenn das Loch geflickt ist – hurra! Sie können jetzt in den Sonnenuntergang reiten. Aber nach zwei oder drei Pannen sollte vielleicht der Schlauch ausgetauscht werden. Irgendwann könnte einer der Flicken abplatzen …

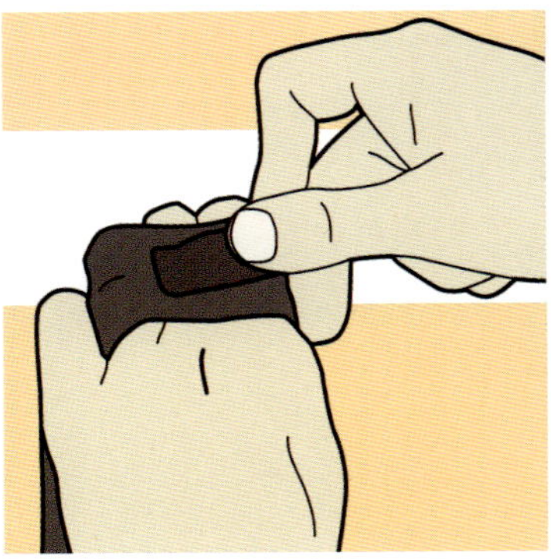

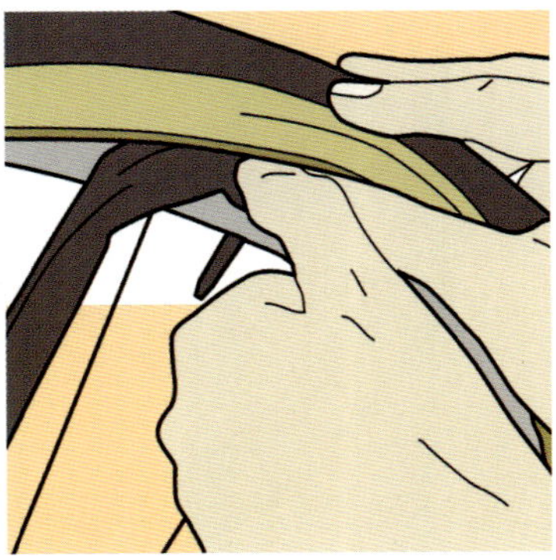

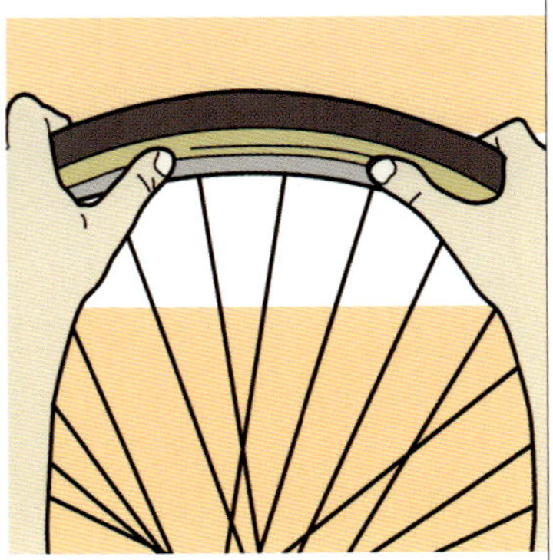

Achtung, fertig ... los!

Der 10-Minuten-Straßencheck

Führen Sie diesen Check so oft wie möglich durch – Sie sollten sich davon überzeugen, dass alles funktioniert, ehe Sie zu einer Fahrt aufbrechen. Fahrräder können ein Quell großer Freude sein und das Gefühl von Freiheit geben, vergessen Sie jedoch nicht, dass Sie als Radfahrer größeren Risiken ausgesetzt sind als andere Verkehrsteilnehmer. Aber wenn Sie Ihren Drahtesel in perfektem Zustand halten, werden Sie sicherer und souveräner unterwegs sein.

1 RÄDER UND REIFEN: Achten Sie auf Risse, Fremdkörper und allgemeine Abnutzung. Stellen Sie sicher, dass der Reifendruck stimmt. Drehen Sie die Reifen, um festzustellen, ob sie »rund« laufen.

2 GANGSCHALTUNG: Drehen Sie die Pedale und schalten Sie alle Gänge durch – die Kette sollte sich glatt bewegen. Prüfen Sie den Schaltzug. Drehen Sie die Ritzel. Sie dürfen nicht klemmen. Stellen Sie fest, ob sich die Kettenführung parallel zur Kette befindet.

3 KETTE: Tretkurbel rückwärts drehen und auf verbogene Kettenglieder achten.

4 TRETKURBEL: Testen Sie den Sitz der Schrauben, indem Sie einen Kurbelarm festhalten und den anderen zu bewegen versuchen. Ist dies möglich, ziehen Sie die Schrauben an. Dann nehmen Sie die Kette ab und prüfen, ob die Tretkurbel rund läuft. Kontrollieren Sie die Kettenblattschrauben mit einem Inbusschlüssel. Schauen Sie von oben auf Tretkurbel und Kettenblatt, um festzustellen, ob sie gerade sind.

HAUSHALTSGOTT

Denken Sie auch an Ihre Pedale. Sie brauchen gute Pedale, trotzdem drehen Ihnen Fahrradhersteller häufig die billigsten Modelle an. Sollten die Pedale nicht den Erwartungen entsprechen, ersetzt man sie durch Pedale mit ausreichend großen Pedalkörpern und guten Lagern. Reinigen und schmieren Sie die Pedale zudem regelmäßig. Knacken Pedale, sind möglicherweise die Lager in der Tretkurbel trocken. Die Pedale entfernen und die Achse mit ihren Kugellagern einfetten.

5 STEUERSATZ: Achten Sie auf Risse. Gibt es zwischen Lenker und Rahmen Spiel, muss der Steuersatz neu eingestellt werden.

6 BREMSEN: Prüfen Sie die Bremsen. Ziehen Sie die Bremshebel – wenn sie halb angezogen sind, sollte das Rad vollständig bremsen. Die Bremsbeläge dürfen nicht abgenutzt und Leitungen nicht beschädigt sein.

7 BELEUCHTUNG UND REFLEKTOREN: Stellen Sie sicher, dass Ihre Beleuchtung funktioniert. Vermeiden Sie beim Wechseln einer Birne die direkte Berührung des Glases. Nehmen Sie ein Taschentuch zu Hilfe.

8 RAHMEN: Inspizieren Sie den Rahmen auf Risse und prüfen Sie zudem, ob der Sattel fest sitzt.

Index

Hätten Sie's gewusst? Die Antworten

Wie oft oder wann sollten Sie die Badewanne putzen?
a

Wie oft oder wann sollten Sie Ihre Bettwäsche wechseln?
b

Wie lange können Sie für gewöhnlich eine geöffnete Konservendose im Kühlschrank aufbewahren?
a

Weshalb sollten Sie regelmässig Staub wischen?
c

Wie sollte Ihr Schlafzimmer aussehen?
a

Welche Kleidungsstücke haben in Ihrem Wohnzimmer Aufenthaltsrecht?
d

Wer sollte reinlicher sein – Sie oder Ihr Hund?
a

Wie oft sollten Sie den Abfalleimer leeren?
a